First Step in
Area Studies

地域研究のファーストステップ

現代ロシア政治

油本真理・溝口修平 編
Mari Aburamoto & Shuhei Mizoguchi

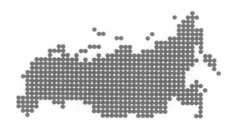

法律文化社

はしがき

ロシア政治の現在──体制転換から戦争へ

　現在のロシア連邦は1991年末のソ連解体によってその姿を現した。当初のロシアは，ソ連の影から抜け出そうとしているように見えた。急速な市場経済化が進み，また政治面では民主化の実現が期待された。さらに，その国際的な地位は，1990年代には低下していたものの，2000年に登場したプーチン大統領の下で次第に回復していった。ロシアはソ連崩壊後の厳しい移行期を乗り越え，「普通の国」になっていくかのようであった。また，同国はBRICsの一角を占めるとされ，これからの世界経済を牽引していく存在とみられた。

　ところが，ロシアは期待された道を歩むことはなかった。確かに市場経済化は進んだものの，オリガルヒと呼ばれる新興財閥が富を独占し，政治家や官僚と密接な関係を結ぶ縁故資本主義となった。政治面でも多くの課題が残っていた。プーチン大統領は国家の安定を掲げて制度化・集権化を目指したが，これは個人独裁の強化につながった。こうした傾向は2010年代に入るとより顕著になった。プーチンは憲法の3選禁止規定をすり抜ける形で大統領に返り咲き，2020年には自身の大統領任期をリセットした。2014年にはウクライナ領のクリミア半島を一方的に併合するなど，欧米諸国を敵視する行動をとり始めた。

　ソ連解体後の経過は，ロシアにとっても望みどおりのものではなかった。市場経済化によって手に入ると思われた豊かさは，体制転換後の不況が長引いたため，多くの国民にとってなかなか実感できないものであった。国際社会においてもロシアが望むような立場は得られなかった。冷戦終結後に期待された国際協調は，一時的なものを除いて実現しなかった。そして，ロシアの意向に反してNATOの東方拡大やコソヴォの独立が行われたことによって，同国は欧米諸国に対する不信感を深めていくことになった。

　プーチン政権が行き着いたのはウクライナへの軍事侵攻であった。ウクライナとロシアの間ではすでに2014年から紛争が続いていたが，2022年2月の侵攻をきっかけに，これが国家間戦争へと発展するに至ったのである。当初，ロシア側はウクライナを容易に侵略できると想定していたとみられるが，ウクライ

ナ側からの厳しい反撃に直面し，計画は目論見通りには進まなかった。ウクライナは当初占領された領土の一部を奪還したが，ロシアによる攻撃もやまず，戦線は膠着状態にある。本稿を執筆している2023年3月の段階で戦争は長期化の兆しをみせている。

　この間，ロシアでは一体何が起こったのか。結果としてこのような道が選択されたのはいったいなぜなのか。そして，ロシアはこれからどうなっていくのか。これらの問いは，今，かつてないほどアクチュアルなものとして立ち現れている。

本書の目的・構成・使い方

　本書は，大学で初めてロシア政治を学ぶ学部生を主な対象としたテキストであるが，ロシアのウクライナ侵略によってロシア政治への関心が高まっていることも踏まえ，できるだけ多くの人々に読まれることを目指して編まれたものである。近年のロシアは「侵略国家」として注目を集めているが，その歴史や経緯が十分に知られているわけではない。本書は，これまでロシア政治に関心はあっても体系立った情報に触れる機会のなかった読者に対し，ロシア政治についての見取り図を提供することを目的としている。そのために，本書では，幅広いテーマを網羅すると同時に，なるべく長いタイムスパンで論じることを意識した。

　第Ⅰ部は現代政治史を取り扱う。第1章では，ロシアの前身となるソ連体制の特徴について論じる。ソ連は共産主義をイデオロギーとして掲げ，その政治，経済，社会のあり方は独自の特徴を有していた。第2章は，ソ連が解体へと至るプロセスを明らかにする。ソ連では1980年代後半からペレストロイカが始まり，そのなかで経済改革，政治改革が進展した。さらに，こうした変革は連邦制の問題を浮上させることにもなり，最終的にソ連の解体につながった。第3章は，ソ連解体後，現在に至るまでの政治史を概観する。同章では，1990年代の混乱からプーチン大統領登場後，さらには現在に至るまでの大まかな流れに加え，中央政界の状況や市民社会の動向も取り上げている。第Ⅰ部を通して読めば，ソ連成立以降のロシア政治の流れを通時的に理解することができる。

　第Ⅱ部は国内政治の様々なトピックを取り上げる。第**4**章は，ロシアの基本的な政治制度を規定する憲法を主題とする。1993年に制定された憲法の下での政治制度が持っていた特徴を明らかにしたうえで，2020年に行われた憲法修正が何を意味するのかについて検討する。第**5**章は，ロシアにおける政党と選挙を取り上げる。1990年代のロシアでは政党システムが安定しなかったが，2000年代に入ると「統一ロシア」が巨大化し，同党によって政治空間が独占されるようになった。その変化は選挙のあり方にも大きな影響を与えている。第**6**章の主題は議会政治である。執行権力が優位に立つロシアにおいて，議会は単にその追認をするだけの「ラバー・スタンプ（ゴム印）」と形容されることもあるが，同章の検討からは，必ずしもそうとも言えない側面が明らかになる。第**7**章はビジネスと政治の関係を取り扱う。政治体制と経済体制の同時移行を経験したロシアにおいては，ビジネスと政治が近い関係にあり，このことは政治にも大きな影響を与えている。同章では，その関係性の変化を跡づけることで，ロシア政治の性質について考察している。第**8**章はロシアの連邦制とチェチェンをテーマとする。ロシアは1990年代の過度な分権化を経て2000年以降は急速な中央集権化を経験した。同章は分権化から集権化へと至る流れを明らかにしたうえで，そのなかでも特異な位置づけにあるチェチェンの動向に焦点を当てる。第**9**章では，多民族を抱えるロシアにおける国民統合・ナショナリズムについて検討する。同章からは，多様な人々をまとめる理念の難しさと，「ロシア人」の範囲の伸縮自在ぶりが明らかになる。多くの読者にとって，ロシア国内の動向は分かりづらいものだと考えられるが，第Ⅱ部の各章を通じて読者はロシア政治のあり方を制度面と実態面の双方から立体的に理解することができる。

　第Ⅲ部では国際関係について論じる。第10章は，世界を米ソ二大陣営に分断した冷戦がどのように始まり，変化し，そして終焉を迎えたのかを，主にアメリカとヨーロッパとの関係に注目して解説する。第11章は冷戦後のロシア外交について検討する。同章では，ソ連崩壊後に繰り広げられたアイデンティティ論争，および外交政策の決定プロセスを紹介したのち，地域（ヨーロッパ・大西洋地域，旧ソ連地域，アジア・太平洋地域）別の外交政策を概観している。ロシアの対外関係のうち，日ロ関係については第12章で取り上げる。同章では，国家

間関係の基本となる境界画定に注目し，長きにわたり一筋縄ではいかなかった日ロ関係の変遷を論じている。軍事を主題とする第13章では，冷戦期以降の軍事力の時系列的変化を明らかにしたうえで，現在のロシアの軍事力を，主要国との比較も含めて多面的に考察している。冷戦期とポスト冷戦期を通じて，ロシアが国際社会の中でどう振る舞ってきたのかを理解することは，多くの読者にとって関心の高い問題であるだろう。

　各章は独立しているので，どの部分から読み始めても構わないが，各章のテーマは相互に深く関係している。章をまたいだテーマの連関についてはクロスレファレンスを付しているので，ぜひ活用されたい。また，本書では，各章では必ずしも十分には触れられなかったものの，現代ロシア政治を理解するうえで無視することのできない重要な諸テーマをコラムとして取り上げ，よりニュアンスに富んだロシア政治理解ができるように工夫した。各章の冒頭ではその章で学習すべきポイントをまとめ，末尾には各トピックをより深く知るための読書案内や，映画の案内を付した。ぜひこうした情報も活用し，関心を持ったテーマをより深く知るためのきっかけとしてほしい。

　戦争の悲惨さは世界中に大きなショックを与え，ロシアに対する関心が高まった一方で，巷に溢れる情報は玉石混交である。そうであるからこそ，歴史や文脈を踏まえたうえで議論をすることは重要な意味を持つ。この教科書が，ロシアの来し方行く末を考えるための一助となれば幸いである。

目　次

はしがき

第 I 部　政治史

第II部　国内政治

第 III 部　国際関係

地図①　ロシア連邦

＊ロシアが併合したと一方的に主張しているクリミア半島やウクライナ東部・南部4州はここには含まれない。

地図② ソヴィエト連邦

ロシア・ソヴィエト連邦社会主義共和国

カザフ・ソヴィエト
社会主義共和国

1　エストニア・ソヴィエト社会主義共和国　　2　ラトヴィア・ソヴィエト社会主義共和国　　3　リトアニア・ソヴィエト社会主義共和国　　4　ベラルーシ（ベロルシア）・ソヴィエト社会主義共和国　　5　ウクライナ・ソヴィエト社会主義共和国　　6　モルダヴィア・ソヴィエト社会主義共和国　　7　グルジア・ソヴィエト社会主義共和国　8 アルメニア・ソヴィエト社会主義共和国　　9　アゼルバイジャン・ソヴィエト社会主義共和国　　10　トルクメン・ソヴィエト社会主義共和国　　11　ウズベク・ソヴィエト社会主義共和国　　12　タジク・ソヴィエト社会主義共和国　　13　キルギス・ソヴィエト社会主義共和国

地図③　ウクライナとその周辺

1）2014年3月18日，ロシアはウクライナ領のクリミア半島を併合した。クリミア半島に位置するクリミア自治共和国・セヴァストポリ特別市は，それぞれクリミア共和国・セヴァストポリ連邦市としてロシア連邦の構成主体とされ，同国の実効支配下に置かれている。国際連合やウクライナなどは主権・領土の一体性やウクライナ憲法違反などを理由としてこれを認めず，併合は国際的な承認を得られていない。
2）2022年9月30日，ロシアはウクライナ東部・南部4州（ドネツィク，ルハンシク，ザポリージャ，ヘルソン）の併合を宣言した。しかし，当該地域の全域がロシアの実効支配下にあるわけではない。

地図④　ロシアの占領地域（ウクライナ）（2023年2月時点）

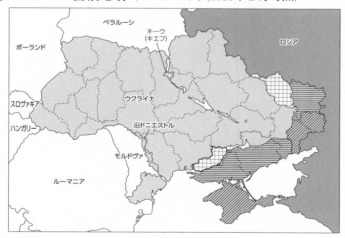

▨▨▨ 2022年2月24日以前のロシアおよび人民共和国の実効支配地域
▤▤▤ 2022年2月24日以降にロシアが占領した地域（2023年2月時点）
▦▦▦ ロシア占領後にウクライナが奪還した地域（2023年2月時点）

出典：Institute for Study of War（https://storymaps.arcgis.com/stories/36a7f6a6f5a9448496de641cf64bd375, Retrieved February 6, 2023）.

地図⑤　コーカサス地方における係争地域

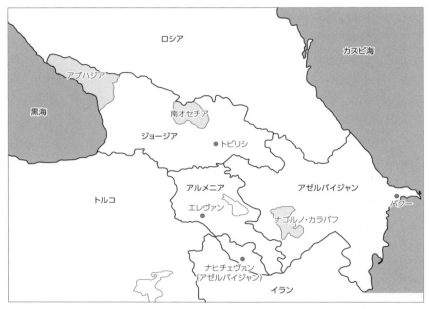

コーカサス地方の南オセチア，アブハジア，ナゴルノ・カラバフは，それぞれの法的親国からの独立を宣言し，事実上の独立状態となるが国際的な承認を得られていない「未承認国家」である。

第 **I** 部

政 治 史

第1章　ソ連体制の特徴

　ロシアは歴史的に巨大かつ劇的な変化を何度も遂げてきた。まず，ロシアと呼ばれる領域がどのように変遷してきたかについて，1で簡単に確認する。次いで，ロシアの政治体制の変化について，2で概説する。その際，現在のロシア連邦の前身たるソ連に特に注目し，社会主義を掲げたソヴィエト政権がどのような構造的特徴を有していたかについて，重要な論点をいくつか挙げて解説する。最後に，3において，1917年の革命から1980年代半ばのペレストロイカ開始直前までの歴史を簡単に振り返る。こうした内容を持つ本章の目的は，読者がロシア連邦以前の状態についての知識を得ることで，次章以降で論じられる内容をより深く理解できるように助力することである。

1　ロシア帝国，ソ連邦，ロシア連邦

　ロシアと呼ばれる領域は歴史的に変遷してきた。どのように変わってきたか概観しておこう。

■1　ロシア帝国から社会主義のソ連へ

　ロシアは長期にわたり支配領域を拡大させてきた。20世紀初頭のロシア帝国は，ヨーロッパからアジアにかけて，広大な領域を支配下に置いていた。

　大きな変化が起きたのは，第一次世界大戦中に起きた革命の後である。帝国は倒れ，ポーランド，フィンランド，リトアニア，ラトヴィア，エストニアが分離し，それぞれ独立国家となった。ベッサラビアは，ルーマニアに併合された。内戦・干渉戦を経て，そのほかの地域には，社会主義を目指すソヴィエト政権が樹立されていった。

　1922年末，4つのソヴィエト社会主義共和国によって連邦が結成された。構成国は，ロシア・ソヴィエト連邦社会主義共和国（ロシア共和国），ウクライナ，ベラルーシ（ベロルシア），ザカフカース連邦である。こうして，ソ連は，

民族名を冠する共和国を単位とする連邦国家として存在することとなった。領域的にみれば，ソ連は旧ロシア帝国領の大部分を引き継いだといえる。このことゆえに，ソ連全体がロシアと呼ばれることも珍しくはなかった。

　その後，ロシア共和国から一定の民族領域が切り離されていくなどした結果，1936年までの間にウズベク，トルクメン，タジク，キルギス，カザフの各共和国が連邦に直接加盟した。また，ザカフカース連邦を構成していたジョージア（グルジア），アゼルバイジャン，アルメニアも，1936年に連邦に直接加盟した。共和国は11を数えた。

②　ソ連からロシア連邦へ

　第二次世界大戦時に，ソ連は領土を拡大させた。ソ連末期まで存在する15の共和国がここでそろうことになる。

　ソ連の西側では，東ガリツィア，北ブコヴィナ，またベッサラビアの一部がウクライナ領とされ，ベッサラビアの大部分は，ウクライナ内のモルダヴィア自治共和国の一部と併せて，新たにモルダヴィア共和国としてソ連に組み入れられた。さらに，革命後に独立していたリトアニア，ラトヴィア，エストニアがそれぞれ連邦加入を強いられた。加えて，フィンランドから東カレリアを割譲させた（⇒地図②）。

　東側では，ソ連は対日戦争に参加した結果として，南樺太および千島列島をロシア領とした。今日，日本とロシアとの間で争われている北方領土（南千島）は，ロシア側は千島列島の一部をなすとするが，日本政府は千島列島に入らないと主張している（⇒第12章3）。

　ソ連末期には，連邦内の遠心力が止まらなくなり，分離独立を目指す共和国が相次いだ。1991年12月8日，ロシア，ウクライナ，ベラルーシ（ベロルシア）の各共和国首脳が集まり，ソ連の解体と独立国家共同体（CIS）の結成を決定した。この結果，ソ連邦は解体し，連邦を構成していた15の共和国が独立した。ただし，境界線をどう引くかは必ずしも自明視されず，紛争となった場合，解決は困難となっている（⇒コラム1）。

　新生ロシア連邦は，ソ連内の一共和国，ロシア共和国のみを領土とした（⇒地図①）。ソ連以前の歴史も含めて長期にわたりロシアと称されえた領域のか

なりの部分が失われたことになる。このことをどう評価するかは，ロシアのアイデンティティをどう構築するかという問題に連なる（⇒第**9**章）。

　他方，保持された部分もある。ロシア連邦はソ連の継承国として，ソ連が有していた権利と義務を引き継いだ。例えば，ロシア連邦は国連安保理で拒否権を持つ常任理事国となり，ソ連が負っていた債務を返済することにもなった。さらに，交渉の結果，ベラルーシ，ウクライナ，カザフスタンに配備されていた核兵器がロシアに引き渡され，ロシアは旧連邦構成共和国のなかで唯一の核保有国となった。このような事情もあり，ロシア連邦とソ連は，他の共和国とソ連よりも連続的に捉えられている。

2　ソ連における社会主義・共産主義への挑戦

　1917年の十月革命で発足した政権は，世界初の社会主義政権であった。このことの意味を考えてみよう。

■1　革命家の世界観

　十月革命を起こしたのは，ボリシェヴィキというマルクス主義者の革命政党である。彼らの見方では，経済のあり方が政治を決める。すなわち経済社会を支配する者が，政治の世界も支配する。その支配は一方的なものであり，支配者と被支配者の利害は相容れない。ここには，多様な利益同士が交渉し，妥協しあって決定するという意味での政治はなく，権力を握った階級がすべてを支配する。

　資本家が支配する社会において革命を起こすと目されていたのは労働者であった。資本家に搾取されている労働者が権力を握り，誰も搾取されない世の中を作るという展望が革命の先にあった。そのためには，私有財産制度を廃止することで，資本家から工場などの生産手段を奪い，公有化する必要がある。このような経済的平等の追求を通して，社会の多数派を占める無産者は，有産者による支配から解放されて自由を手に入れると考えられた。

　十月革命を主導したレーニンの青写真によれば，労働者たちが権力を握った後，プロレタリアートの独裁が成立する（Ленин 1962）。この独裁は，労働者を

含む搾取しない勤労者という利益を同じくする人々にとってのみの民主政であり，彼らとは利益を異にする資本家たちにとっての抑圧体制である。レーニンにとって民主政とは治者と被治者の一致であり，それは両者が利益を同じくすることを意味していた。利益の同質化はプロレタリアートの独裁のもとで進行する。すなわち，私有財産制の廃止によって経済的な平等がもたらされると，資本家も勤労者の仲間入りをし，やがて階級の差異がなくなる。すると，すべての人が民主政に取り込まれ，ここに勤労者の利益のみが存在しうる社会主義国家が成立する。

　その後，全人民が順番に統治に携わり，それに慣れていくと，人々は国家に強制されずとも適切な行動をとるようになり，統治の必要がない状態となる。ここまでくれば国家という機構は不要となり，共産主義社会が到来する。

　こうした見通しは多分にユートピア的なものであり，実際のところ，このような展開になったわけではない。しかし，これがあるべき将来像だという点はソ連末期まで否定されず，ソ連独自の統治のあり方を生み出した。

❷　ソヴィエト民主主義

　上に述べたように，経済的な平等による利益の同質化は，ソ連における民主主義の根幹をなす。利益の同質性は，公私の区分の必要性を失わせる。社会全体で利益が同質的であるならば，それとは異なる個別の私的な利益があったとして，それを尊重する必要がないからである。したがって，多様な価値観は擁護されず，社会主義的な価値だけが社会の隅々まで浸透するのが当然となり，公私の区分を設ける必要はなくなる。ゆえに多元的な利益の存在を擁護する自由主義は，ソ連では採用されない。このような非自由主義的な民主主義を，ソ連では社会主義的民主主義あるいはソヴィエト民主主義と呼んだ。ソ連の政治体制がしばしば全体主義と評される理由は，この自由主義の欠如にある。

　ソヴィエト民主主義のもとでは，政治参加は義務であり，自由主義社会でのように政治に背を向ける自由はない。自らを統治するのが民主政であるからには，参加しない選択肢はない。政権は，投票への参加はもちろん，直接的な政治参加を奨励し続けた（松戸 2017）。一般の市民が直接的に参加しやすい形態として，投書がある。人々は党や国家の機関あるいは新聞等のメディアに大量

の手紙を送り，苦情や救済を申し立てたり，新たな政策について提案したりした。政権はこれらの提案を取り入れることを民主的であると位置づけていた。

　自由主義の否定は，統治機構に及ぶ。利益を同じくする人民の権力は一元的でなければならず，自由主義に基づく権力分立は否定される。すなわち，権力分立は，権力を複数の機関に分けて機関間の抑制と均衡を図り，それによって個人の自由の余地を確保しようとするものであるのに対し，利益が一体的なソヴィエト民主主義においては権力分割の必要がそもそもなく，むしろ権力を分割すれば人民の権力が削がれかねないからである。したがって，ソ連邦の国名にあるソヴィエト（ロシア語で会議の意）は，執行と立法の機能を併せ持ち，国家の最高機関として統治にあたる。また，司法についていえば，連邦レベルのソヴィエトである連邦最高会議の幹部会は，法律を解釈する権限を持ち，裁判所に優越すると解される。

　ソヴィエトの代議員は専業であってはならず，必ず他に本業を持つ。専業の代議員は，政治階級化して独自の利害を持ちかねず，人民全体の利害から離れてしまうと危惧されたからである。本業があるとの前提ゆえに，例えば連邦最高会議本会議は，年に2度，短い会期でのみ開かれる。幹部会と複数ある常任委員会だけが会期と会期の間に活動し，必要な業務を遂行する。こうした運用ゆえに，ソヴィエトでの審議は形骸化しがちであった。ソヴィエトがもっと実質的に機能すべきであるとの批判が表立ってなされるようになるのはペレストロイカ期に入ってからである。

　では，ソヴィエト民主主義が要請する利益は，どの程度，同質的でなければならないだろうか。ソ連史をたどると，勤労者の利益と認識されるものには幅があることがわかる。もっとも狭くなったのは，スターリン支配の時代であった。後述する階級闘争激化論は，労働者のなかに紛れ込んだ反革命的な異分子を探し出し，外国のスパイとして弾圧することを要求し，大テロルと呼ばれる政治的抑圧の理論的基礎となった。少々の逸脱が敵としてのレッテル張りにつながりかねないという意味で，利益の幅は相当に狭まったと言える。

　スターリンの死後，利益の幅は意図的に広げられていく（河本 2017）。社会主義下での矛盾の存在が，発展をもたらすものと捉えられ，利益が複数あることが肯定的に捉えられた。もちろん，社会主義的に容認されうる範囲という限

定は残っており，複数の利益といっても互いに敵対的に矛盾することは想定されず，終局的な予定調和が想定されていた。それでも，利益の幅を広げたことにより，ソヴィエト社会の自由は拡大したと言える。

❸　ソ連共産党の役割とその限界

　革命前のロシアは圧倒的に農村社会であり，労働者による革命に適した国ではなかった。したがって，革命をロシアで起こすならば，先導役が必要である。この先導役が，前衛というソ連共産党（以下，共産党）の役割であった。先導役たる共産党は，革命後も，社会主義を実現させ，共産主義社会へと人民を導いていく任務を自ら負った。

　このような任務を果たすため，共産党は政治および社会のいたるところに出現し，影響力を行使し，ソヴィエト民主主義が要請する利益の同質性を確保しようとする。特に急激な社会主義化の後，国家と党は一体化したと言われるほどに緊密に結びついた。国家の政策決定過程にも党は組み込まれており，少なくとも党中央の担当部局が了承しなければ政策過程は前に進まない。したがって，選挙で選ばれた代議員からなるソヴィエトよりも，共産党，特にその指導部が国家運営において強い決定権を持っていた。1977年憲法では，共産党はソヴィエト社会を導く力かつ政治体制の中核と規定され，憲法によって一党支配が正統化された。利益の同質性を担保するという役目からすれば，共産党の役割が重要なのは当然である。他方で，選挙で選出されたソヴィエトが，選挙によらない共産党に従わねばならないのは，民主的と言えるのかという問題は生じざるをえない。

　ソ連における選挙自体も民主的か問われうる。というのも，村から連邦まですべてのレベルのソヴィエトが直接選挙で選ばれるようになった1936年以降，定数と立候補者数が等しくなるのが通例だったからである。候補者選出過程は一定程度競争的であり，稀ではあるが過半数を得票できずに候補者が落選するケースもあったが，共産党が認めない候補は出る余地がない。このことも，利益の同質性で説明される。すなわち，同じ利益を代表するのだから，複数の候補を立てる必要がないというわけである（Коток 1960：20）。こうして選挙は非競争的なものとなり，今日の自由主義的な民主主義理解からすれば，およそ民

主的とみなされない。

　ソヴィエト民主主義の要請に従えば，利益の同質性は，共産党によって担保される必要がある。しかし，共産党の役割が正当化されるのは，共産党の権威が当然と受け止められ，利益の同質性が人々に受け入れられる限りにおいてである。共産党が信用を失えば，ソヴィエト民主主義の維持は困難になる。

４　計画経済

　経済を計画的に運営するという発想自体は，広く西側諸国でもみられたものである。自由主義的なレッセ・フェールが信用できなくなった時代においては，市場への国家介入が正当化された。また，総力戦の経験も，国家による経済管理に現実味を与えた。社会主義者にとって，計画経済には，市場に任せた無秩序な生産から逃れ，組織的に効率的に生産できるメリットがあり，階級闘争をする必要のないソ連では生産により多くの力を注げると考えられた。

　ソヴィエト政権下で，戦時統制経済としての戦時共産主義，市場的要素を取り入れた新経済政策（ネップ）を経て，市場を代替する五カ年計画が1920年代末に導入された。計画は，経済の国家への従属を意味した。企業は計画を通じて国家と垂直的な関係を持ち，価格も市場による調整を経るのではなく，国家が決定した。こうした仕組みを，「指令経済」「行政命令システム」と呼んでいる。

　計画経済においては企業の赤字は国家から補填されるため，企業は赤字を気にせず，コネも駆使して原材料と労働力を蓄積しようとする。こうして常に需要が過剰となり，不足が常態化する。計画経済の負の側面と言えるが，労働者にとっては転職先をみつけやすく，また，労働規律が厳しく問われにくい状態を後にもたらすこととなった。

　計画作成の中心となるのは，国家計画委員会（ゴスプラン）である。ゴスプランは，前の期の実施状況を踏まえて計画の方向性を決め，企業と計画について折衝し，需給のバランスを計算する。こうした膨大な仕事が計画策定には必要であった。

　このようなやり方は，経済構造が単純な間は発展をもたらした一方，経済構造が複雑化してくると，集権的な計画による硬直性の方が大きくなったと考え

られた。スターリン後には，このような限界を乗り越えるべく，効率化が分権化という形で試みられたが，問題解決には至らなかった。原因として，政治の中央集権性が考えられる。経済を分権化しても，決定をつかさどる政治は集権的なままだった。また，そもそもソ連の計画経済は，社会主義的関心に基づいた優先順位を持っており，例えば，人民の福祉のために生活必需品の価格を安く抑えるべく，効率を劣位に置いていた。

⑤　亀裂のないはずの社会

　利益が同質的であるため，社会主義化後のソヴィエト社会からは敵対的な階級が消え，社会的亀裂はないことになる。あるとすれば，それは最悪の場合，社会主義国家にもぐりこんだ敵が作り出したものと認識されうる。

　亀裂をただすための介入は，理論的には，どの領域に対しても何に対しても可能である。利益の同質性により公私の区分が明確ではないため，どのような問題であっても，いつでも政治問題化しうる。介入がなされれば，反革命的分子として抑圧される場合もあるが，介入によって政策的に亀裂が治癒され平等が促進される場合もある。後者の典型はジェンダー平等であろう（⇒**コラム6**）。

　他方，党あるいは国家からの一方的な介入だけがなされるわけではない。対立する当事者も，当局を引き込んで自分に有利な決着を図ろうとした。研究者の間で，学説上の対立が発生した際に，一方当事者が党の担当部局に訴えたケースもある（立石 2011：189，198）。

　社会主義との関係でもっとも悩ましい問題をもたらしたのは，民族の存在と言ってよいだろう。そもそも，勤労者の利益を擁護する社会主義は，民族ではなく階級を重視する。労働者階級の利益と乖離する民族の利益は正当化できない。階級的利益はむしろ民族も国境も超えるインターナショナルなものである。しかし，多民族を擁するロシアにおいて革命を成功させるためには，諸民族を惹きつける民族自決のスローガンは重要であった。また，内戦の過程で諸民族が発揮した強烈なナショナリズムは，革命政権に衝撃を与え，対処の必要が生じていた。かくして，ソヴィエト政権は民族政策に取り組まざるをえなかった。

　諸民族は，その規模等に応じて領域を与えられ，連邦構成共和国，自治共和国，自治州，自治管区に，それぞれの民族の名が冠された。このように民族に自治の単位を与えることで，社会主義に敵対的なナショナリストから独立という大義を失わせ，自治単位のなかで階級闘争をさせ，ソヴィエト政権に取り込んでいく方針がとられた。この方針に従い，現地民族の幹部養成・登用を含む現地化政策（コレニザーツィア）が実施された。

　民族政策のなかで，特異な地位を占めるのがロシア人である。ロシア人は他の民族とは異なり，帝政下で支配側にあった民族であり，大国主義的な行動が危惧されたからである。ボリシェヴィキの活動家が現地で少数派のロシア人に頼ることを止めさせるためにもコレニザーツィアは必要だった。こうした政策は，これまでとの比較で相対的に劣位に置かれるロシア人に被害者意識を持たせることにつながった。ロシア共和国には他の共和国にあるような機関がない——例えばウクライナ共産党はあってもロシア共和国独自の共産党はない——という状態は，ロシア・ナショナリズムをひそかに刺激し続け，ペレストロイカ期に，他の諸民族の運動と並んで噴出することになる。とはいえ，ソ連の中枢には結局のところロシア人が多く，独自の共産党組織がなくともソ連共産党がロシアのモスクワから各共和国共産党を指揮していた。いわばロシアはソ連に溶け込んでおり，ロシア・ナショナリズムは，ソヴィエト愛国主義に重なる形でソ連を支えていたとも言える。

3　ソ連史を振り返る

■1　戦争・革命・内戦による痛手と復興

二月革命と帝政の終焉

　第一次世界大戦のさなか，ロシアでは長期化する戦争に厭戦気分が広がっていた。1917年2月23日（ユリウス暦。グレゴリオ暦では3月8日）の国際女性デーに，首都ペトログラード（旧サンクト・ペテルブルク，後のレニングラード，現サンクト・ペテルブルク）の女性労働者がパンを求めてデモを始めると，運動は急速に拡大していき，鎮圧を命じられた軍からもデモ側に寝返る動きがでた。皇帝ニコライ2世には事態を抑える力はすでになく，退位を余儀なくされた。後を

継ぐべき皇太子アレクセイが病身であったため，ニコライ2世は，弟であるミハイル大公に譲位しようとしたが，ミハイル大公はこれを固辞し，この結果，帝政は終焉を迎えた。

　権力を獲得した臨時政府は，自由主義者を中心として発足し，労働者と兵士の代表機関として作られたペトログラード・ソヴィエトと一定の協力関係を築いた。しかし，同盟国との関係を重視して戦争を継続した臨時政府と，社会に広がる厭戦気分を反映するソヴィエトとの関係は不安定なものであった。

十月革命

　レーニンは，ソヴィエトで左派に位置するボリシェヴィキの指導者であり，1917年4月，臨時政府ではなくソヴィエトが権力を握ることを主張した。秋に，ボリシェヴィキは臨時政府を倒すべく武装蜂起し，10月25日（グレゴリオ暦で11月7日）に権力の掌握を宣言した。ソヴィエトでは，権力奪取に抗議する代議員たちが退場した後，無併合，無賠償，民族自決に基づく戦争の終結を呼びかける「平和に関する布告」，皇室や地主の土地を没収する「土地に関する布告」が採択された。同時に，レーニンを首班とする臨時労農政府がボリシェヴィキの単独政権として成立した。世界初の社会主義政権誕生である。

　二月革命以降に成立した政府にいずれも臨時と付されているのは，憲法制定会議で国制を決めることになっていたからである。憲法制定会議の構成を決める選挙は11月に行われ，会議は1918年1月に開かれた。憲法制定会議ではボリシェヴィキは多数派とならず，同会議は臨時労農政府に批判的であったため，開会の翌日に閉鎖された。このことは，ボリシェヴィキ政権への抵抗を正当化する要因となった。

対独講和と内戦・干渉戦から復興へ

　戦争終結を求めた政権は，すぐにドイツとの講和交渉に入った。とはいえ，ドイツ側には無併合・無賠償での講和に応じるつもりはなく，他方でソヴィエト政権は，ヨーロッパでの革命勃発に期待をかけて交渉を引き延ばした。交渉は上手くいかず，ドイツが戦闘再開を決めたため，政権は広大な領土を事実上割譲する形での講和締結を強いられた。

　このように妥協しても，求めていた平和は訪れず，政権は国内の反革命勢力と戦うとともに，英仏米日等の連合国からの軍事干渉にも対応することとなっ

た。内戦の過程で，ボリシェヴィキに対抗するソヴィエト内の諸勢力が抑え込まれていき，一党支配の様相を呈するようになった。

　政権は，戦時共産主義と呼ばれる集権的な経済運営を実施して，かろうじて危機を切り抜けた。しかし，この政策のもとで穀物を強制的に徴発された農民が反乱を起こし，政権は事態を深刻に受け止めざるをえなかった。そこで内戦・干渉戦が収束すると，農民への妥協が模索され，市場的要素を取り入れたネップが導入された。この政策のもとで，農民は，税として納めた残りの収穫物を市場で売ることができるようになった。内戦中の強権も緩み，社会に一定の自由が生じた。

ソ連邦の成立

　内戦を経て旧帝国領にロシアを含めて複数のソヴィエト政権が誕生していた。これらのソヴィエト政権同士の関係を明確化することが決定され，どのような形とするかが争点となった。この点に関し，スターリンは，各ソヴィエト共和国を自治共和国としてロシア共和国に統合する自治化案を提起した。これはロシア以外の民族共和国を格下げするものであり，反対の声が上がった。レーニンもスターリン案に反対したため修正が施され，1922年12月，4つの共和国が対等な立場でソ連邦を結成した。

　連邦は自発的なもので，いつでも離脱できるとされた。しかし，実質的に離脱は不可能であった。また，構成共和国同士は形式的に対等であったが，各共和国レベルの共産党は，連邦レベルの共産党に支部として従属していた。すなわち，共産党は，理念上は対等な諸共和国を，連邦中央に垂直的に統合する背骨の役目を果たしていた。

　諸民族は対等との建前はあったが，ロシア共和国は頭抜けて巨大であり，ソ連におけるロシアの主導性は覆い隠せなかった。この状態を建前に近づけるべく，現地民族からの幹部養成・優先登用や現地語教育などの文化振興策を含むコレニザーツィアが実施された。

スターリンの台頭と一国社会主義

　1922年4月，スターリンは，新設された党書記長のポストに就いた。翌月，レーニンが脳卒中の発作を起こして後継問題が浮上するなか，スターリンは，拡大する党機構の運営を通じて影響力を伸ばしていった。

　レーニンが死去した1924年には，ロシアでの革命を助けると考えられたヨーロッパでの革命は期待できなくなっていた。スターリンはソ連1国でも社会主義を実現できるという路線を打ち出し，党内で支持を得た。路線闘争は権力闘争を伴い，1920年代後半には，スターリンはトロツキー，ジノヴィエフ，カーメネフといったライバルを追い落とし，党内で最有力のリーダーとなっていた。

❷　スターリン支配の時代

　一国社会主義路線をとるならば，ソ連を急速に工業化して自給可能な経済体制を作る必要がある。スターリンは，権力闘争の最中にはトロツキーが唱えた急速な工業化路線を批判していたが，権力闘争に勝利したのち，結局はこの路線を追求した。1920年代末に始まる政策の大転換は，上からの革命と呼ばれ，社会に激烈な変化をもたらした。

急進的社会主義化

　1928年春，必要な穀物を調達できないという危機が発生した際，政権は，富農が穀物を売り惜しみしているのが原因だとして，強制的に農民に穀物を供出させた。その後，抵抗する農民を富農として抑圧し，政権は農業集団化を強力に推し進めた。穀物は，工業化の資金獲得のために国外に輸出された。この意味で，野心的な工業化は，農村から資金を収奪することによって行われたと言える。もはや農民に融和的なネップは維持されないことが明らかとなった。

　急進的な工業化を含む第一次五カ年計画は，市場ではなく計画によって経済を動かす「指令経済」あるいは「行政命令システム」を構築した。優先された重工業部門では，複数の巨大プロジェクトにより重工業の基盤が作られ，生産は確かに伸びた。ソ連は工業国への転身を遂げていき，世界恐慌の時代における成果は，世界的にも注目された。ただし，野心的に過ぎる計画は資源の浪費を引き起こし，他方で優先度の低い軽工業部門での生産はふるわなかった。農業集団化も推進され続けて農民の抵抗を招き，政権はこれに暴力的に対応した。

　急進的な社会主義化に伴う諸々の困難は，敵対的な勢力による妨害工作と説明された。敵として名指しされがちであったのは，旧体制のもとで教育を受け

たいわゆるブルジョワ専門家や富農という，階級として敵性を帯びた存在であった。

社会主義の実現と大テロル

　スターリンは，1934年の第17回党大会で社会主義化の成功を宣言し，この認識に基づいて，新たな憲法が1936年に制定された。この憲法は，民主化の側面も持っていた。すなわち，従来は資本家等の階級敵には選挙権・被選挙権が与えられていなかったが，1936年憲法はこの区別を廃し，すべての市民に選挙権と被選挙権を与えた。社会主義化により階級敵が極小化したという理解が前提となっている。

　皮肉なことに，民主化と並行して，大テロルと呼ばれる大規模な政治的抑圧が進行していた。背景には，農村への暴力を伴う工業化政策に対する批判があり，スターリンは自己の路線を守る必要性に駆られていた。スターリンに対抗しうる党の有力者たちは，反革命活動を行う外国のスパイという濡れ衣を着せられて見世物裁判にかけられ，次々と処刑されていった。さらに，抑圧の対象はエリートのみならず，より広い範囲に拡大され，多くの人々がゆえなくして強制収容所（グラーグ）送りとなった。この過程で，コレニザーツィアも民族主義を助長するとして終焉を迎えた。

　大テロルを基礎づけたのは，社会主義化が進めば進むほど，資本家などの階級敵が追い詰められ，より激しく攻撃をしかけてくるという階級闘争激化論であった。社会主義化の成功により国内に敵がいなくなったはずであったため，こうした敵が存在するとすれば，それらは外国からソ連を害するものであり，容赦なく弾圧することが正当化された。

　政権は学術・芸術でも，道徳面でも社会主義の名のもとに統制をかけた。こうして，ネップ期に生じていた自由と多様性は極小化された。

第二次世界大戦から冷戦へ

　急進的な社会主義化は，国際環境の悪化に対応するものでもあった。戦争が迫っているという認識のもと，頼れる同盟国を持たないソ連は，結局，潜在的な敵であるナチス・ドイツとの間に不可侵条約を結んだ。その直後，ドイツがポーランドに侵攻して，第二次世界大戦が勃発し，ソ連も軍事力で西方に領土を広げ，対独戦に備えた。

　1941年6月，ドイツはソ連に電撃的に侵攻し，独ソ戦が始まった。ソ連は緒戦で大混乱に陥ったものの態勢を立て直し，イギリスおよびアメリカと大連合を組んで民主主義側に立って，ナチス・ドイツと戦った。政権は愛国心に訴えかけ，多くの若者が自ら前線に赴いた。また，政権は，対敵協力者を出したとみなされた多数の民族を強制的に移住させた。最終的に，ソ連はベルリンまで軍を進め，勝利を収めた。2700万人とも推計される巨大な犠牲を出したこの戦争を，ソ連では大祖国戦争と呼んだ。

　戦後，ソ連は東欧諸国を勢力圏として取り込んだ。他方で，イギリス，アメリカとの協調関係は維持できなかった。こうして，ソ連を頂点とする社会主義陣営と，アメリカを頂点とする自由主義陣営が対峙する冷戦の構造が出現し，両陣営は自分たちこそが真の民主主義を体現していると主張しあった（⇒第**10**章）。

晩年のスターリン

　1952年の第19回党大会では，スターリンではなくマレンコフが中央委員会報告を行い，マレンコフが後継者であることが印象づけられた。この前後に，スターリン後を意識した権力闘争が起き，逮捕され処刑される者も出た。老いて衰えたスターリンは猜疑心を周囲に向け，1930年代後半の大規模な抑圧が繰り返されるかに思われた。しかし，1953年3月5日，病に倒れたスターリンが死去し，それ以上の抑圧は行われなかった。

　多くの人々がスターリンの死を悼んだ。長年にわたる指導者の喪失を，スターリンの負の側面を知らない者はもちろん悲しみ，家族や自身が弾圧された者でも先行きに不安を覚えて涙することは珍しくなかった。

❸　後期社会主義

　スターリン死後からペレストロイカ直前までの時期を指して，しばしば後期社会主義と呼ばれる。戦争と抑圧の時代が後景に退き，東西冷戦が続いていたとはいえ，比較的安定した時代をソ連は初めて迎えた。

集団指導体制とその破綻

　スターリンの死後，彼のような絶対的なリーダーを作り出さないことが合意され，マレンコフ，ベリヤ，フルシチョフを中心とする集団指導体制が構築さ

れた。しかし，治安機関を押さえていたベリヤはイニシアティヴを握ろうとして，他の指導者たちから強く警戒され，最終的に，罪に問われ処刑された。政治指導者の処刑はこれが最後である。その後，マレンコフは追い落とされ，フルシチョフが最有力の指導者となった。

非スターリン化──雪どけ

抑圧的なスターリンのもとで生じた硬直的な状況をいかに改善するかは，後継者たちの大きな課題であった。スターリンの死の翌年には，社会主義のもとで一定の多元性を肯定する学術論文が公表され，狭まっていた自由の再拡大が試みられた。作家エレンブルクの作品『雪どけ』がこの自由化を反映し，同書のタイトルは時代を象徴する言葉となった。

1956年2月に開かれた第20回党大会において，フルシチョフは，スターリンを批判する秘密報告を行い，彼が行わせた大テロル等についてその責任を問うた。同年中にグラーグは閉鎖され，強制移住させられた民族の名誉回復も行われていった。こうしてスターリン批判は，過去の政策を見直しやすくしたが，同時に支配体制に対する攻撃的な批判も惹起させることとなり，指導部はスターリン批判の行き過ぎを警戒し，食い止めようとするようになった。ただし，フルシチョフ後も含め，スターリン批判そのものが撤回されることはなかった。

冒険的改革

スターリンを批判したフルシチョフは，レーニンの革命への回帰を訴え，共産主義社会の実現を目指した。フルシチョフは，酷い戦争を体験したソ連社会に生活水準の向上をもたらすべく，集合住宅を全国に大量に建設し，消費財の生産に力を入れた。また，過度に中央集権的な経済の限界を打破するため，分権化を試みたものの，組織改編と人事の変動が激しく，改革は混乱をきたし，冒険主義的と謗られることになる。

諸改革がもたらした混乱は，フルシチョフに対する反感を高めた。加えて，キューバへのミサイル配備をめぐってアメリカと一触即発の事態を招いたことも危険視された。1964年10月，フルシチョフは，ブレジネフらによって辞任に追い込まれた。

安定と停滞

　ブレジネフ政権は，混乱の元となったフルシチョフの改革を次々と覆していった。しかし，消費財重視の姿勢のみならず，フルシチョフ改革の基礎にあった，指令経済の集権性を緩和するという発想は維持され，1960年代半ば以降のコスイギン首相による経済改革に引き継がれた。とはいえ，経済の集権性を緩和しても，政治が集権的であり続けたため，改革には限界があった。さらに，チェコスロヴァキアの改革を潰した1968年8月の軍事侵攻後，改革への意欲が減退していった。

　こうした停滞の側面の裏側には，安定がある。ブレジネフ指導部のもとで，官僚組織は，頻繁な人員交替と組織改編から逃れ，初めて安定性を獲得した。この安定に，中央だけでなく民族共和国のエリートも恩恵を被り，指導部の在任期間は長くなった。ブレジネフ政権は，安定した官僚機構に支えられ長期化し，同時に腐敗も増大していった。

　普通の市民からみても，生活水準がそれなりに上がり，安定した暮らしを送れたブレジネフ期は悪くないものであった。人々にとって，医療や教育を無償で提供する社会主義体制はすでに所与のものとなっており，生活の前提であったため，イデオロギーを真剣に考える必要は減じていた。緊張度の低いブレジネフ期が，ソ連解体後のノスタルジーで想起されるのは偶然ではない。

アンドロポフとチェルネンコ

　ブレジネフ政権は18年間続き，ソ連は老人が支配する国となっていた。1982年にブレジネフが死去し，アンドロポフが書記長となったが長続きせず1984年に死去し，次のチェルネンコも1985年に死去した。ここでようやく若手のゴルバチョフが書記長に選ばれた。彼は停滞を打破すべく，ペレストロイカを始めることになる。

📖🎬 **おすすめ文献・映画**

①松井康浩・中嶋毅責任編集 (2017)『ロシア革命とソ連の世紀　第2巻　スターリニズムという文明』岩波書店。

　ソ連がたどった歴史をテーマ別に多角的に検討した全5巻の論文集のうち，スターリン期を取り扱った巻。ソ連をソ連足らしめる社会主義化という要素がどのように形成され，展開していったかを展望することができる。

②ユルチャク，アレクセイ（半谷史郎訳）（2017）『最後のソ連世代——ブレジネフから
　　ペレストロイカまで』みすず書房。
　　　後期社会主義期の若い世代が社会主義体制を当たり前のものと受け取りつつ，それを内
　　側から掘り崩す言説を意図せずに積み重ね，結果として，ソ連解体を予想外としつつも驚
　　かなかったという逆説を鮮やかに描く。
③リャザノフ，エリダル監督（1975）「運命の皮肉，あるいはいい湯を」（映画）。
　　　大晦日に，酔った男が自宅に帰ろうとして誤ってモスクワからレニングラードに飛び，
　　他人のアパートに自宅のカギで入れてしまったことから始まるラブコメディ。社会主義下
　　の規格化された町と建物が背景をなす。

第**2**章　ペレストロイカ・ソ連解体

本章では，ソ連解体の政治過程を学ぶ。対外的にみると，この時期は，ゴルバチョフの新思考外交が展開され，米ソ冷戦の終焉期にあたる。特にソ連解体は，国際システムにおける二極構造から単極構造への移行を決定的にし，現代の国際関係に与えた影響も大きい。

他方で，国内において，ゴルバチョフはペレストロイカやグラスノスチを掲げながら，政治や経済の改革を推進し，ソ連を刷新しようとした。だが，それはソ連を構成する共和国の自立性を高め，最終的にソ連の解体をもたらした。その点で，ゴルバチョフの改革は意図せざる結果を招いたと言える。ゴルバチョフによる政治や経済の改革とは，どのようなものであり，なぜ行き詰まったのか。本章では，ゴルバチョフの改革や連邦と共和国の相互作用などを中心に，ソ連解体のプロセスを検討する。

1　ゴルバチョフの登場

第1章で論じられたように，ブレジネフ政権では，人事の安定化がみられ，党幹部の高齢化が進むとともに，腐敗や規律弛緩が生じていた。ブレジネフの死後，1982年にソ連共産党書記長に就任したアンドロポフは，規律と汚職対策に重点を置き，人事の刷新と経済の活性化を結び付けようとした。しかし，アンドロポフは1年3ヶ月後に死去し，その後を継いだチェルネンコも，就任してわずか1年後に死去した。

チェルネンコの死去を受け，1985年にソ連共産党書記長に就任したのがゴルバチョフであった。ゴルバチョフはロシア・ソヴィエト連邦社会主義共和国（ロシア共和国）のスタヴロポリ地方に生まれ，モスクワ大学の法学部を卒業した後，ソ連共産党のスタヴロポリ地方委員会第1書記や共産党中央委員会の第2書記などを歴任した人物である。就任時において，このゴルバチョフがソ連内外で注目されたのはその若さゆえだった。ブレジネフが書記長であった時期

は「老人支配」の時代とも形容され，ブレジネフの死後に書記長を務めたアンドロポフとチェルネンコも高齢だったのに対し，ゴルバチョフは54歳で書記長に就任した。若い指導者の登場はソ連内外に世代交代や変化を期待させた。実際に，ゴルバチョフは書記長に就任すると，ソ連体制の改善を目指し，公的機関が大衆に対して情報を公にするというグラスノスチに取り組んだ。

　とはいえ，就任時のゴルバチョフは，明確なソ連変革の構想を持っていたわけではなかった。むしろ，この時期のゴルバチョフはアンドロポフの政策を引き継ぎながら，規律強化を試みていた。その内容は，反アルコールキャンペーンにみられるように，抜本的にはソ連体制を変えず，国民意識を改革することを重視するものであった。そのような発想は経済的な側面でもみられた。例えば，ゴルバチョフは，ソ連と西側諸国の経済格差や経済の停滞に危機感を抱き，経済的な立ち後れを取り戻すために機械工業部門に投資を優先的に振り向け，経済を加速的に発展させることを目指す「加速化」に着手した。また「ペレストロイカ」というロシア語表現も，1986年の第27回ソ連共産党大会の頃から頻繁に使われ始めたが，当初この言葉は経済管理システムの改革などを「加速化」させるという意味合いが強かった（Ploss 2010：148；Gill 2013：247；塩川 2021：38-40）。

　だがこの経済の加速化は，ソ連の経済システムを変えるものではなかった。むしろ大型工事に資源が分散された結果，工場や施設が完成をみない未完工事が増加し，財政負担は増大した。さらに，経済の加速化は，消費財生産にもしわ寄せをもたらし，深刻な物不足を招くなど，ソ連を危機的な経済状況へと追い込んだ（浅川 2017：90）。

　他方で，外交面では，ゴルバチョフは長年外相を務めたグロムィコに代えてシェワルナゼを登用し，新思考外交を展開した。この新思考外交は，階級的な価値よりも全人類的な価値を優先し，グローバルな諸問題の解決のために世界各国との相互依存を重視するという内容であった。国内経済再建という観点からも軍事費削減が必要だと考えていたゴルバチョフは米国との軍縮交渉にも着手し，これは最終的に冷戦終結につながることになる（⇒第**10**章 **4**）。

2　ペレストロイカの変容

❶　政治・経済改革の着手

　1986年の春に起こったチェルノブイリ原発事故は，グラスノスチが拡大するきっかけとなった。チェルノブイリ原発事故の直後は当局の対応が鈍く，情報の公開が遅れていた。そこでゴルバチョフは，グラスノスチをより積極的な情報公開と，地方の公的機関のパフォーマンスに対する監視の手段とみなすようになり，それを拡大させたのだった（Gill 2013：248）。また前述のように，経済の加速化は巨額の財政赤字や深刻な物不足を招き，ソ連経済を危機的な状況へと追い込んだ。そのため，ソ連指導部は社会主義を維持しながらも，経済システムを抜本的に改革する必要性を認識するようになった。それに伴って，ペレストロイカの意味も，経済の加速化から社会生活全体の刷新へと変化していった。

　こうしてチェルノブイリ原発事故を契機として，様々な政策が具体化し始めた。例えば経済的な側面では，1987年6月の党中央委員会総会において「経済管理の根本的ペレストロイカの基本命題」が提示され，ソ連の最高会議では「国有企業法」が制定された。それによって，市場的要素の導入が試みられ，企業の経営上の自主性が大幅に拡大した。

　だが，国有企業法を軸とする経済改革は多くの反発を招いた。特に中央官僚機構や部門省は経済改革によって自分たちの既得権益が失われることを恐れ，この経済改革に激しく抵抗した。また一部の国民は，市場経済を導入すれば，多数の失業者が出現し，物価も高騰すると考え，ゴルバチョフの経済政策に明確な支持を示さなかった。さらに，国有企業法によって国家が企業に対して生産を発注するという国家発注制度が導入されたが，その規定や手続きの方法は曖昧だった。国内における物不足の深刻な状況も相まって，むしろ経済状況は悪化した。

　同様に政治改革も実施されたが，これも反発を招いた。例えば，共産党幹部の任免をめぐっては，ゴルバチョフはアンドロポフの人事の方法を踏襲し，地方幹部の更迭や，共和国高官の汚職事件の摘発を進めた。そこには，ブレジネ

フ期の幹部の人事政策が地方人事の停滞を招き，腐敗や汚職の温床になったという認識があった。しかし，この人事政策は，カザフ共和国のアルマ・アタ事件にみられるように，既得権益の構造を動揺させ，各地で反発と混乱を引き起こした（塩川 2021：46）。

　そこで，ゴルバチョフは，このような抵抗を抑えるためにも，グラスノスチとペレストロイカをさらに拡大させる必要があると考えるようになった。そのために，彼は信頼できる専門家を重視するようになる。例えば，チェルニャーエフ補佐官は外交問題の担当に任命され，新思考外交の展開において大きな役割を果たした。シャフナザロフもゴルバチョフの補佐官に任命され，彼は東欧の情勢についてゴルバチョフに助言するとともに，政治改革においても中心的な人物として関わることになる。またゴルバチョフは，ヤコヴレフも党中央委員会書記に昇進させた。

　こうしてゴルバチョフは権力基盤を固め，改革を推進させようとした。その第一歩となったのが，1987年1月に開催された党中央委員会総会である（塩川 2021：41-43）。そこでゴルバチョフは，民主化の意義を強調し，ソヴィエト選挙や党内選挙において複数候補制を導入することを提案した。さらに，6月に実施された地方ソヴィエト選挙は，一部の選挙区で定数を上回る候補者が立てられるなど，競争的な選挙の実験の場となった。これをきっかけとして，より本格的な改革に向けた議論が一層盛り上がることになった。

　1988年になると，政治改革はさらに進められていった。その背景には，政治改革がなければ，経済改革も進まないという指導部の認識があった。6月に行われた第19回ソ連共産党協議会では，「ペレストロイカの拡充」や「ソ連社会の民主化と体制の改革」などが掲げられ，後述するソヴィエトの改革に加え，共産党機構の再編成が提案された。これは，党機構が国家機構の機能を果たすことで活動を妨げているという認識のもと，党と国家の分離や党の国政への介入を抑制することを目指すものであった。もっとも，この時点では，あくまでも共産党がペレストロイカの先導者であると位置づけられていた。しかし，少し遅れて党機構改革が実施され，党機構の再編や，部局・党機構の専従職員の削減などが行われると，党機構は次第に行政機能を失っていった（大串 2017：178）。この党機構の改革により，権力の重心を共産党から国家へと移行するこ

とが目指された。

2　ソヴィエトの議会化

　先に触れたとおり，1988年第19回党協議会ではソヴィエト改革が中心的な議題の１つとされた。さらに，12月には憲法改正法と人民代議員選挙法が採択され，複数候補かつ秘密投票による競争選挙が導入された。当時の共産党組織は，競争選挙の導入により，人民代議員大会や最高会議などのソヴィエトが活性化され，競争にさらされた党がソヴィエトを指導するという構想を持っていた（大串 2017：175）。1989年３月にはソ連の人民代議員選挙が実施された。この選挙は社会団体の推薦枠が設けられるなど，完全な自由選挙ではなかったが，共産党の幹部が多数落選したことに加え，バルト３国では人民戦線の躍進もみられるなど，ソ連政治における画期となった。もっとも，中央アジアなど，競争選挙の体裁をとってはいても，実質的な変化が生じなかった地域もあった。

　この人民代議員選挙によって人民代議員大会が設立されるとともに，最高会議が常設化された。最高会議は，人民代議員大会により選出され，連邦会議と民族会議の二院制とされた。この最高会議では，議長職が新設された。これに対して，最高会議幹部会の権限は縮小され，従来幹部会の持っていた権限は最高会議と最高会議の議長に分散された。当時のソ連では，かつてレーニンが主張した，「全権力をソヴィエトへ」というスローガンが盛んに叫ばれたが，そこには「ソヴィエト」を「議会」に変えることで，議会制民主主義に移行させるという発想があった（塩川 2021：56）。このような変更によって，従来形骸化していたソヴィエトは，審議可能な議会へと変わっていくことになる。

　しかし，新設された人民代議員や最高会議はそもそも経験不足であり，反対の声を上げる野党や会派も十分に育成されていなかった。また，最高会議においては，重要なイシューやアジェンダを検討するための委員会機能が不十分であり，執政府に対する立法府の監督や，効果的な立法活動などの仕組みも構築されなかった（Sakwa 2021：51）。むしろ，党機構が再編された一方，人民代議員大会や最高会議などが機能しなかったことで，「権力の真空」が生まれた（大串 2017：184）。

❸　各共和国の民族運動

　ソ連で始まった政治改革は連邦構成共和国にも波及し，連邦と共和国の関係にも大きな影響を与えた。政治改革によって共産党組織の規律と統制が弱まるなかで，バルト諸国では1988年に人民戦線が設立され，大衆的な民族運動が高まっていった。このバルトの人民戦線は，ペレストロイカを支持しながらも，ソ連の国家連合化や現地民族の言語の国家語化，経済的な自立性の確立，独自の通貨などを要求した。またバルト諸国では，第二次世界大戦の独ソの密約に伴うソ連併合は自発的な編入ではないとみなし始めていた（Sakwa 2021：54）。この人民戦線はバルト以外にも多くの共和国で設立され，例えばウクライナでは，「ペレストロイカのためのウクライナ人民運動（ルフ）」が組織され，知識人の文化自治運動が始まった。

　さらにバルト諸国やアゼルバイジャン，ジョージア（グルジア）は，1988年から89年にかけて独自に共和国憲法を改正し，主権宣言を採択した。主権宣言の具体的な内容は共和国ごとに異なるものの，現地民族の言語を国家語にする点では共通しており，土地や資源などを共和国の所有とし，独自の通貨や軍のあり方などを規定した共和国もあった。このように，各地の共和国で権限の拡大を求める要求が拡大したことは，「主権のパレード（第1波）」と呼ばれ，共産党はソ連における単一の政党であるという組織原則も揺らぎだした。また，共和国のレベルでも選挙制度改革が進められたが，のちにそれは連邦からの自立を目指す勢力が政権に就くことを可能にした。

　ただし，この段階で生じていた変化は，既存の体制を前提としたものであった。まず，この時期に各共和国によって出された主権宣言は，ソ連からの独立を宣言したのではなく，ソ連のなかに留まることを前提とし，あくまでも共和国の自立性を求めるものだった。また，共産党が弱体化していたことは確かであったが，共産党以外の政治勢力が全国的に台頭していたわけではなかった。むしろ，一部の共和国では共産党が，現地のナショナリズムの高まりに合わせて民族主義化し，自立化傾向を強めていた。競争選挙が導入された結果，各共和国の共産党の指導部はその威信を回復する必要性に迫られ，民族運動が高揚するなかで選挙を勝ち抜くために，自らの地域の代表者として振る舞うようになったのである。

　このような共和国の様々な運動を背景として，ソ連共産党は民族間関係に目を向ける必要性を認識し始めていた（塩川 2021：58-59）。特に1988年末には，ソ連憲法改正案を受けて連邦制の再編をめぐる論争が拡大し，ソ連のなかで最も重要な問題となっていった。ゴルバチョフの初期の対応は，従来形骸化していた連邦を改変し，各共和国に一定の自立性を与え，徐々に分権化することは認めるが，国家連合の形成やソ連の解体につながりかねない動きは認められないという方針に沿ったものだった。また，前述の各共和国の主権宣言に対しても，連邦内での分権化は認めるとしても，連邦解体を導く可能性がある共和国法の優位を認めることはできないというのがゴルバチョフの基本的な態度だった。

3　上からの改革と下からの運動

■1　政治・経済改革と共和国の運動

　前述のように，経済の加速化によって，むしろソ連経済の実績は悪化し，物不足や財政赤字などが深刻化したことから，市場経済への移行が課題になった。1989年11月には全連邦学術・実践会議においてこの問題が本格的に検討され，所有形態の多様化や財産所得の承認などをめぐって議論が繰り広げられた。また，著名な改革派経済学者のアバルキン教授らが中心となって，暫時的に市場経済を導入させる市場経済移行案が作成され，ルィシコフ首相はその案を基礎として，1993年から市場経済を目指す穏健的な改革案を策定した。こうした経済改革の構想が提案されるにつれて，それを実行するための法律の制定が進められ，所有の多元化などを明記した「所有法」や，企業活動の基本的なあり方を規定した「企業法」などが採択された。

　また政治改革も進められていった。1990年2月および3月のソ連共産党中央委員会総会，第3回臨時人民代議員大会において，ソ連憲法が改正された。それによって，従来，共産党の指導的な役割を規定していた憲法第6条が改正され，複数政党制が容認されるに至った。これは，一党制の放棄を意味しており，ソ連体制の根幹に関わる重要な変更となった。さらに，ゴルバチョフは大統領制を導入し，最高意思決定機関を共産党の政治局から大統領府へと移転さ

せることで，党から国家へと権力を移行させようとした（Лозо 2014：50；塩川 2021：744）。その背景には，ソ連の大統領制導入によって権力の空白を埋める という指導部の想定があった（大串 2017：187）。

　こうした複数政党制や大統領制に加えて重要な意味を持ったのが，大統領評 議会と連邦評議会の創設である。両者はともに大統領の諮問機関という位置づ けだったが，特に後者はソ連大統領を長，各共和国の指導者を構成員とし，自 治共和国や自治州，自治管区の代表にも出席権が付与されたことで，連邦中央 と地方の利害調整の場になることが想定された。そのほかには，言論の自由を 認める出版・マスメディア法の制定，検閲の禁止の明示に加え，結社や政治活 動の自由も認められた。

　だが，体制外運動が予想以上に力をつけたうえ，ゴルバチョフの側近も政治 改革に対する態度がまとまっておらず，権力の移転は十分に進まなかった。ゴ ルバチョフはソ連大統領のポストにあったが，国民による直接選挙ではなく， 人民代議員選挙の間接選挙で選出されていた。このような形で選ばれたこと は，ゴルバチョフの大統領としての権威を低下させた（大串 2017：188）。さら に，代議員グループ「ソユーズ」にみられるように，こうした政治改革が社会 秩序を破壊し，ソ連に混乱をもたらすと主張する勢力も現れた。特にソ連軍や 軍需産業に携わる者にとって，ソ連が維持されるか否かは軍の地位を揺るがす 死活的な問題であり，政治改革の推進は脅威と受け止められた。

　このようなソ連の状況は，共和国レベルの政治情勢にも大きな影響を与え た。前述したように，1989年の秋から年末にかけて共和国選挙制度が改革さ れ，1990年に，新たな選挙制度のもとで，各共和国の最高会議と地方ソヴィエ ト選挙が実施された。選挙制度は共和国ごとにかなり異なっていたが，この選 挙の結果，バルト諸国やジョージア（グルジア）以外の各地でも，独自路線を とる新たな政権が樹立された。それらの共和国の政権は主権宣言を次々と採択 し，「主権のパレード（第2波）」と呼ばれる事態が起こった。主権宣言の内容 は共和国ごとに異なっていたが，例えばウクライナ共和国の主権宣言では，連 邦法に対する共和国法の優越，ウクライナ国民の排他的な所有権，領域の不可 侵，民族文化的な固有性，すなわち言語，歴史的な記憶，天然資源の保持，刷 新された連邦条約への積極的な参加が示された。主権宣言はロシア共和国でも

出され，ソ連全土に大きな衝撃を与えた。さらに，ソ連大統領制の導入を受けて，各共和国でも次々に共和国大統領制が導入されたことで，共和国の自主性は拡大していった。

　こうしたなかで，ゴルバチョフによる共産党主導の上からの改革は急速に支持を失っていった。1990年7月の第28回共産党大会後には党員の大量脱党が始まり，党に留まった者の多くも党員費を払わなくなったことで，党の財政は危機に瀕し，党職員の維持が困難になっていった（大串 2017：191）。

② 連邦再編問題

　共産党や大統領制，選挙制度の改革と並んで重要だったのが，連邦制の改革である。この連邦制の改革を推進させた発端は，1990年1月のバクー事件（黒い1月事件）だった（塩川 2021：753）。これは，ナゴルノ・カラバフをめぐるアゼルバイジャンとアルメニアの対立やアゼルバイジャンにおける人民戦線の運動の拡大などを背景としてゴルバチョフが非常事態宣言を発動し，ソ連軍と内務省軍がバクーに侵攻した事件で，多くの死傷者が出た。ゴルバチョフとペレストロイカを支持してきたジャーナリストや知識人の間では，この軍事介入に疑問を示す声が聞かれ，政権への不信が生まれていた。アゼルバイジャン共和国は，この事件をきっかけとして独立路線に進むことになった。また，その余波は他の共和国にも波及し，バルト3国ではそれぞれ独立宣言が採択された。

　バクー事件やバルト諸国の独立宣言を受け，ゴルバチョフは連邦制の改革を必須とみなすようになった（Sakwa 2021：60）。こうした方針のもと，1990年4月から5月にかけ，ソ連の言語法や国籍法に加え，ソ連からの離脱の手続きに関する法律，ソ連と連邦構成主体の権限区分に関する法律など，連邦制の改革に関係する法整備が行われた。特に権限区分法は，具体的な権限の区分，自治共和国や自治州などへの言及もあり，一連の法整備のなかでも重要だった（塩川 2021：775-789）。

　これらを背景として，1990年6月から連邦条約作成の作業が本格化した（塩川 2021：767-794）。これは，1922年12月に署名された「ソヴィエト社会主義共和国連邦の創設に関する条約」に代わる連邦条約を作成するというものである。その論点は多岐に渡るが，ソ連邦を維持するのか，それとも維持しないの

か，維持するとすればどのような形の連邦制が望ましいのかという問題は，ソ連の今後を左右する要の1つだった。

　連邦条約の作成自体は従来バルト諸国から要求されていたものだったが，ここに至ってゴルバチョフが自らその作成に携わることになった。その端緒として，連邦評議会では，連邦と連邦構成共和国のあいだで，共和国の管轄や権限などをめぐって話し合いが行われた。その後，新連邦条約案の作成の交渉が着手された。もっとも，この交渉には，すでに独立宣言を採択したバルト3国は参加しなかった。

　連邦条約案の作成にあたっては，連邦と共和国の個別交渉が行われた。交渉の経過は一様ではなかったものの，1990年11月に連邦条約の第1次草案が公表された。その草案では，名称から「社会主義」の語がなくなり，人民代議員大会を廃止して最高会議に一本化させることなどが規定された。12月には，この連邦条約案が審議され，第4回ソ連人民代議員大会でソ連の維持に関する国民投票の実施が決定された。

　もっとも，改革によって連邦制が動揺することに危機感を示す勢力もおり，新連邦条約の作成は一直線に進んだわけではなかった。例えば，代議員グループ「ソユーズ」の全連邦創設会議では，連邦条約の締結に抵抗を示している共和国に大統領の統治を導入する旨の要求がなされ，ゴルバチョフに対しては批判も向けられた。さらにソ連共産党の中央委員会の総会では，連邦条約の第1次案に「社会主義」の語を復活させるべきという声や，連邦の解体を阻止すべきという声もあった。

　1991年に入ると，連邦の維持を強硬に求める勢力はさらに強まり，1月にはリトアニアのヴィリニュスとラトヴィアのリガで武力介入が発生する。この紛争では，ソ連軍と国家保安委員会（KGB），内務省部隊が，両国における憲法秩序の回復を求めて，軍事介入した。ヴィリニュスやリガの紛争をめぐっては，ゴルバチョフと国防省，内務省のいずれも責任を取ろうとしなかったこともあり，知識人の多くがゴルバチョフのもとから離れていった（Ефимов 2021：26）。さらに，ロシアのエリツィンがゴルバチョフ政権を痛烈に批判し，その退陣を求めるなど，政治的な緊張が高まった。こうして共産党の威信はさらに低下していった。

　このような状況において，ゴルバチョフはロシア共和国をはじめとした各共和国の要求に妥協していった。1991年3月には連邦条約の第2案が公表された。これには共和国の外交権が明記されるなど，第1案に比べてより分権度が高い内容であった。3月17日には連邦維持に関する国民投票が，バルト3国，モルドヴァ（モルダヴィア），ジョージア（グルジア），アルメニアを除く9つの共和国で実施された。このときに問われた設問は，「あなたは，あらゆる民族の人の権利と自由が保障される，対等な主権共和国の刷新された連邦としてのソヴィエト社会主義共和国連邦の維持を不可欠なものと考えるか」だった。この国民投票では，共和国の主権と連邦の維持は両立すると考えられ，ソ連維持をめぐっては概ね賛成が得られたのだった。のちにクーデターの首謀者の1人となるヤーゾフ国防相も，この時点では，刷新された連邦には賛同しており，それを支持することで，単一かつ多民族な軍が保持されると考えていた（Ефимов 2021：86）。また，ソ連共産党中央委員会も，連邦条約の署名は民族間の合意や社会の結集，憲法秩序の確立の基礎になるとみなしていた（Ефимов 2021：142）。

❸　ソ連とロシア共和国

　ソ連を構成する共和国のなかでも，ロシア共和国は他の共和国とは異なる側面があった。例えば，ロシア共和国だけが独自の党組織を持たず，州委員会などがソ連共産党中央委員会に直属していた。内務省やKGB，労働組合などの国家機関も，他の共和国とは異なり，ロシア共和国には設置されていなかった。これは，ソ連が必ずしもロシアの利益だけで統治されているわけではないことを意味していた（Sakwa 2021：55）。

　ゴルバチョフの改革が推進されるなかで，ロシア共和国では，ロシア人も独自の利害を表出させるチャンネルを持つべきという不満やナショナリズムが喚起され，ロシア科学アカデミーやロシア・コムソモールをはじめとしたロシア共和国の諸機関が設置されるなど，徐々にロシア共和国の国家性を強化する動きがみられるようになった。さらに，1989年後半には，前述のソ連の憲法改正や選挙法の制定に影響を受けて，ロシア共和国でも共和国憲法の改正と選挙法の制定が進行した。

　1989年3月のソ連人民代議員選挙では，モスクワの党組織で反エリツィンキャンペーンが起こったにもかかわらず，モスクワ選挙区においてエリツィンは得票率9割弱，500万票以上という圧勝を収めた。翌年の3月には，ロシア共和国の人民代議員選挙と地方ソヴィエト選挙が開催され，ロシアの利害を求める実質的な野党の「民主ロシア」寄りの議員が多数当選した。そして，同政治勢力から支持を得たエリツィンがロシア共和国の最高会議議長として選出された。また，人民代議員大会は，政治的な立場を超えてロシア共和国の権限拡大を目指すという方針で一致し，1990年6月に主権宣言が採択された。また，同時期にはロシア共和国の共産党も設立された。このようなロシア共和国の動向は他の共和国の運動に大きな衝撃を与え，これまで主権宣言を採択してこなかった他の共和国も，ロシア共和国に倣って次々に主権宣言を発出した。

　ロシア政権が樹立されると，エリツィン最高会議議長はロシア共和国の主権を強く主張するようになる。エリツィンは，ゴルバチョフとの間でソ連とロシア共和国の主導権争いをしていたものの，ゴルバチョフが主導する連邦条約交渉に参加していた時点で，必ずしもソ連の解体やソ連からのロシア共和国の離脱などを考えていたわけではなかった。だが，ロシア最高会議はソ連邦法に対するロシア共和国法の優位性を主張するようになり，ソ連とロシア共和国の対立が顕在化した（塩川 2021：1089-1096）。1990年の夏から秋にかけ，ロシア最高会議では，ソ連の国立銀行やその他の銀行のロシア部分はロシア共和国の所有であると宣言されたことに加え，ロシア国営のテレビ・ラジオの設立の決定，ロシア共和国内の資源や土地などの経済の主権に関する法律なども採択された。ゴルバチョフはこれに反発し，ソ連大統領令でロシア共和国の決定を無効にするなど，ソ連とロシア共和国は互いの優位性を主張して激しく対立した。このように，ロシア共和国の法律がソ連邦の法律よりも優位であると規定し，連邦がそれを無効にするという現象は「法律の戦争」と呼ばれた。さらにロシア軍の創設の構想すら推進されていたが，それはソ連軍にとっては最も危険なものに映った。

　両者の対立は，市場経済の移行に伴う経済改革でもみられた（塩川 2021：833-852）。その1つが，シャターリン案（500日案）の採択をめぐる攻防である。このシャターリン案は，ゴルバチョフとエリツィンが主導し，急進的かつ

短期間で市場経済への移行を目指す内容であった。だが前述のように，ルィシ
コフ首相らは，1993年からの市場経済への移行を目指してより穏健な改革案を
提示しており，このシャターリン案はハイパーインフレを招くと主張して強く
反発した。結果的に，ソ連では政府案とシャターリン案の折衷案が採用され
た。これに対して，ロシア共和国ではシャターリン案が採用された。

　さらに，前述のとおり，1991年1月に連邦軍による武力介入が起こると，エ
リツィンは主権宣言に立脚し，エストニア共和国やラトヴィア共和国と，それ
ぞれ2国間条約を結んだ。このことも，ゴルバチョフの反発を招いた。

　1991年3月には，ソ連維持に関する国民投票が実施されたが，ロシア共和国
の場合，ロシアの大統領制の導入に関する国民投票も同時に行われた。これ
は，ソ連に倣いロシア共和国でも大統領制を導入するというロシア最高会議の
方針によるものだった。この国民投票の実施を受け，第4回ロシア人民代議員
大会は，5月に大統領制の導入に伴う憲法改正を決定した。エリツィンはその
翌月に実施された大統領選挙で57.3％を得票して当選し，ロシア共和国大統領
に就任した。

　こうしてロシア共和国においてはロシアの国家性が強く打ち出され，ゴルバ
チョフとエリツィンの対立も随所で発生していた。ただし，この時期において
は，エリツィンはソ連を解体させようとはしておらず，あくまでも共和国の主
権宣言の実現を目指していたとみられる。1991年4月には，ノヴォ＝オガリョ
ヴォにおいてゴルバチョフと9共和国の首脳が会談し，情勢の安定化や参加共
和国間で単一の経済空間の形成，共和国間の経済的な結合の維持などを内容と
する「9プラス1」が合意された。6月には連邦条約の第3案が発表され，土
地や資源の所有などの共和国の権限拡大が合意された。さらに，7月にはソ連
共産党中央委員会の総会で第4案が承認されたが，ロシア共和国はそれにも関
わっていた。

4　ソ連解体へ

　1991年8月に起こった政変は，このようにして進んでいた連邦条約の交渉の
前提条件を覆すことになった。この政変は，8月18日に，バクラーノフ国防会

議副議長やシェニン共産党政治局員兼書記がクリミアで休暇をとっていたゴル
バチョフのもとを訪れ，大統領権限のヤナーエフ副大統領への移譲，非常事態
宣言への署名を求めたことに端を発する。ゴルバチョフがこの要求を拒否する
と，彼は別荘に監禁された。そして，その翌日，モスクワでは，ヤナーエフの
ほか，クリュチコフ KGB 議長やヤーゾフ国防相などが非常事態国家委員会を
設置し，社会秩序の回復を訴えて非常事態を宣言した。これを受けて，モスク
ワでは軍が出動した。

　このクーデターの試みに徹底抗戦したのがエリツィンだった。彼は，この
クーデターはロシア，連邦，議会，大統領に向けられたものであるとし，ロシ
ア全体でその試みに立ち向かう姿勢を強張した。また，このクーデターの試み
はロシア以外の共和国においても十分な支持を得られなかった。結果として，
クーデターは失敗した。さらに，その首謀者がソ連政府の要人であったのに対
して，それに対抗する勢力がロシア政府を中心としていたことから，クーデ
ターの失敗はロシアのソ連に対する勝利という意味を帯びた（塩川 2021：1885-
1887）。政変を受け，エリツィンは，ソ連の国家権力機関が麻痺しているとし
て，ロシア共和国内にあるソ連の国家権力機関を一時的にロシア大統領に帰属
させるとする大統領令を出し，ロシアがソ連の権力機関を奪取するという事態
も起こった。また，この八月政変の結果，ソ連共産党はその役割を終えること
になった。政変が起こると，エリツィンはソ連共産党のロシア共和国内での活
動を停止させ，ソ連共産党はこれを受け入れた。

　八月政変は，連邦と共和国の関係に大きな影響をもたらした。これをきっか
けとしてソ連の弱体化は明らかとなり，多くの共和国は，ソ連からの離脱と独
立路線に踏み切るようになった。とはいえ，ゴルバチョフは八月政変を経ても
なお，連邦条約の調印に戻るという態度をとっていた。また，連邦とロシア共
和国やベラルーシ共和国などでは，経済共同体条約をはじめとして，何らかの
形でのソ連の維持が模索されていた。

　しかし，1991年12月 1 日にウクライナにおいて独立をめぐる国民投票が行わ
れ，独立支持が90％を超えると，同日に実施された大統領選挙でウクライナ
初代大統領に選出されたクラフチュクは連邦条約には調印しない旨発言し，ソ
連維持の最後の試みも頓挫する。ロシアからみると，ウクライナの独立は「ソ

連からの独立」と「ロシアからの独立」という二重の意味を持っており，ロシアはウクライナの独立を歓迎していたわけではなかった。そのウクライナが独立したことで，エリツィンは，ウクライナ抜きの連邦は脆弱なものになるという考えを強め，ロシアも連邦条約の交渉から離反していった（塩川 2021：2071-2176）。

　その後，ロシアとウクライナ，ベラルーシの首脳は，12月7日から8日にかけてベラルーシのミンスクとベロヴェジャの森に集まって会談を行い，8日に，ソ連の解体と独立国家共同体（CIS）の創設を宣言した。この3つの共和国だけでソ連の消滅を宣言することはできないという批判もあったものの，3共和国の最高会議はベロヴェジャ協定を批准し，中央アジア諸国なども CIS への合流を決定した。そして12月21日には CIS の結成が正式に確認された。

　こうして，連邦を存続させるための模索は終わり，12月25日，ゴルバチョフは大統領を辞任した。ゴルバチョフはソ連を刷新しようとしたが，その改革は行き詰まり，むしろソ連を構成する共和国の自立性を高め，最終的にソ連は解体したのだった。

📖🎥 おすすめ文献・映画

①和田春樹（1990）『ペレストロイカ　成果と危機』岩波書店。
　　ペレストロイカや民族運動などが進む当時のソ連は，当時どのように捉えられていたのか。ソ連における改革の機運や雰囲気などに触れることが出来る。

②ゴルバチョフ，ミハイル（副島英樹訳）（2020）『ミハイル・ゴルバチョフ──変わりゆく世界の中で』朝日出版社。
　　ゴルバチョフはペレストロイカをいかに捉え，また冷戦後の国際社会をどのように考えていたのか。ゴルバチョフの人物像を理解するだけでなく，現在世界のあり方を考える上でも有益な書籍である。

③ベッカー，ヴォルフガング監督（2003）『グッバイ，レーニン』（映画）。
　　冷戦の壁とは何だったのか。その崩壊は人々の日常生活にどのような影響があったのか。東ドイツが舞台だが，当時の市井の人にとって東西の分断とはどのようなものだったのかを考えるうえで恰好の題材である。

ソ連解体と未承認国家

コラム7

　ソ連解体によって，ユーラシア（旧ソ連）では，15の独立国家が形成された。だが，その形成過程は必ずしも平和裏に進んだわけではなく，ソ連末期には，その国家からのさらなる分離独立を求める勢力が出現した。それが，ジョージアの南オセチアとアブハジア，モルドヴァの沿ドニエストル，アゼルバイジャンとアルメニアの係争地のナゴルノ・カラバフである（⇒地図③⑤）。これらの勢力は，帰属している共和国（以下では親国家とする）からのさらなる分離独立を掲げて武力紛争が発生し，その結果として，実質的に親国家からの独立状態になっている。もっとも，親国家はその独立を認めていない。

　このような政体は，未承認国家と呼ばれる。未承認国家とは，正当な暴力を独占して統治を行う国内的主権は有し，既存の国家に国家承認を求めているものの，主権国家としていかなる独立国家からも承認されていない，または少数の国から承認されている政体である（Caspersen 2012）。ユーラシアには，「古い未承認国家」と「新しい未承認国家」があり，前者はソ連解体期に形成され，沿ドニエストルやアブハジアなどを指す。他方で，後者はウクライナ内のドネツク人民共和国やルガンスク人民共和国（ウクライナ語ではドネツィク，ルハンシク）などである（⇒コラム8）。未承認国家の形成過程は，古いタイプと新しいタイプで異なっているため，このコラムでは古い未承認国家に焦点を絞る。

　なお，この未承認国家は，その実態を把握するのが難しい。というのも，ユーラシアの未承認国家では，ロシア軍が駐留し，その安全保障に大きな役割を果たしており，国内的な主権が完全に確立されているとは限らない。また他国から承認されていないといっても，ロシアは，ロシア・ジョージア戦争のあとにアブハジアを国家承認している。さらにニカラグアやシリアなども，アブハジアを国家承認している。そのため，このような状況を「未承認国家」と呼んでよいのか，そもそも何ヶ国からの国家承認を得れば主権国家になるのかという疑問も呈されている。だが，ユーラシアにおいて，未承認国家という現象は広範囲にみられており，それは主権や国家のあり方などを考えるうえで恰好の材料でもある。

　では，この「古い未承認国家」はどのようにして形成されたのだろうか。それは，ソ連解体期に政治改革が推進され，連邦制が動揺していたことと密接に関係している。以下では，モルドヴァの沿ドニエストルを事例として，ソ連解体と未承認国家の関係を概観する。

　沿ドニエストルは，モルドヴァの以東に位置し，モルドヴァ人とロシア人，ウクライナ人などの多民族の領域である。もともと沿ドニエストルは，モルドヴァの一部だったわけではなく，両者が合併するに至った経緯は複雑である。その歴史を紐解くと，モル

ドヴァは今のルーマニアの一部とともに，モルドヴァ公国として長くオスマン帝国（トルコ）の宗主権下にあったが，19世紀初めのロシア帝国とオスマン帝国による露土戦争（1806〜12年）では，モルドヴァ公国の東部がロシアに割譲され，他の領域と組み合わせて，ロシア帝国のなかにベッサラビアが形成された。ロシア革命の際にこの地域に介入したルーマニアがベッサラビアを併合すると，ソ連はそれを奪い返そうとして，当時ソ連を構成していたウクライナのなかに自治共和国（概ね沿ドニエストルに相当）をつくり，ルーマニアに圧力をかけた。そして，第二次世界大戦で，ソ連はルーマニアから奪った領土と沿ドニエストルを結合させてモルドヴァ（モルダヴィア）共和国を建国し，ソ連を構成する15共和国の１つとした。

　沿ドニエストルがモルドヴァからの分離独立を目指すことになった直接のきっかけは，ソ連末期におけるモルドヴァの言語問題である。1988年中期に言語問題がモルドヴァ共産党の中心議題となり，ルーマニア語とモルドヴァ語を同一視するのか，モルドヴァ語を国家語にするのかといった問題が浮上した。ロシア系住民が多く住む沿ドニエストルでは，これは日常生活に支障をきたす問題であり，抗議運動が起きていた。さらにルーマニアとモルドヴァの統合をめぐる歴史認識問題が起こった。前述のとおり，モルドヴァとルーマニアは合併していたことがある。だが，そのような経験を持たず，さらにはルーマニアに一時的に占領された過去を持っていた沿ドニエストルにとって，ルーマニアとモルドヴァの再統合は受け入れがたかった。このようにして統合をめぐる問題が争点化し，モルドヴァと沿ドニエストルの関係は緊張したのだった。

　この時期にソ連レベルで進んでいたのが，第2章で概観した，新連邦条約の作成の作業であった。当初モルドヴァは，ソ連を国家連合化させ，その枠組みのなかで，モルドヴァの自立性を追求するべきだという立場をとっていたものの，モスクワで非常事態国家委員会の軍事クーデターが起きると，ソ連からの完全独立という方針に転換し，1991年8月27日にソ連邦からの独立を宣言した。

　他方で，沿ドニエストルは，新連邦条約作成の作業メンバーではなかったものの，ソ連を構成する共和国になることを求めた。さらに，八月政変が発生し，モルドヴァが独立を宣言したあとも，沿ドニエストルはソ連邦を構成する新たな共和国としてソ連に残ると主張した。当然，これはモルドヴァからみると，自分たちが目指しているソ連からの独立という方向性とは異なる。結果的に沿ドニエストルの主張は，モルドヴァからの分離独立を意味した。

　その後，武力紛争が発生し，沿ドニエストルに駐留していたロシア軍が軍事介入したことで，モルドヴァ政府は沿ドニエストル地域を実効支配できなくなった。かくして，沿ドニエストルは実質的にモルドヴァから分離したのだった。

　この沿ドニエストルの事例から分かることは，ソ連解体期にソ連からの独立か，それとも残留かという問題が表出するなかで，未承認国家が生まれたということである。ユーラシアの古い未承認国家は，このようなソ連解体の構造的問題があったと言えよう。

第**3**章　ロシア連邦

> 　1991年12月25日のソ連解体により，ロシア共和国はロシア連邦として新たなスタートを切ることとなった。初代ロシア連邦大統領のエリツィンは，自らを支える与党の形成に失敗し，体制転換に伴う国内の社会・経済状況の混乱や不安定な中央地方関係に直面して，難しい政権運営を余儀なくされた。2000年代のプーチン政権は，国際的な原油高による高度経済成長に助けられつつ，垂直権力の構築を軸とした政治改革を断行し，政治秩序は安定化した。一方で，20年以上の長期にわたる「プーチン一強体制」のもと，市民的自由は段々と制約される傾向にあり，ロシアの政治空間は強い閉塞感に覆われている。ソ連解体後のロシア連邦は，どのような道筋をたどってきたのであろうか。本章では，エリツィン，プーチン，メドヴェージェフ，第２次プーチン政権，それぞれの特徴をおさえ，現代ロシア政治史の重要な論点を整理する。

1　ロシア連邦の誕生
——1990年代のエリツィン政権期における政治過程

■1　初代大統領エリツィンとロシア大統領権力の構築

　1991年12月25日のソ連解体に伴い，ロシア・ソヴィエト連邦社会主義共和国（ロシア共和国）は，ロシア連邦として，新たなスタートを切ることとなった。社会主義体制をとり，冷戦期には米ソ二極構造の一極を担ったソ連邦という国家の解体は，現代史上の画期を成す事象である。

　この過程では，ペレストロイカを主導したゴルバチョフのほか，急速に頭角を現したエリツィンという政治指導者の役割が決定的に重要である。1931年2月，ウラル山脈沿いに位置するスヴェルドロフスク州の農家に生まれたエリツィンは，ウラル工業大学で建築技術を学び，建設企業勤務などを経て，1968年に党専従となる。85年に党中央委員会建設部長としてモスクワの中央政界に入ると，急速に変化するソ連体制のなかで時流に乗り，翌86年には政治局員候

補に就任する。モスクワでの権力闘争においては，政治生命を絶たれかねない危機にも直面したが，エリツィンは，むしろそうした機会を利用して，反主流派や改革者として自身のイメージを定着させていった（Kelly 2016）。

　ペレストロイカの過程では，連邦レベルの動向と連邦構成共和国レベルの動きに一定の相互作用がみられ，ロシア共和国も例外ではなかった。ゴルバチョフが形骸化した最高会議（最高ソヴィエト）の機能強化に取り組み，人民代議員大会の創設と複数候補者による競争的な選挙制度を実現すると，こうした仕組みは共和国レベルでも導入され，エリツィンはロシア共和国人民代議員大会選挙を経て，1990年5月，ロシア共和国最高会議議長に就任した。

　さらにエリツィンは，ソ連邦に大統領制を導入したゴルバチョフに倣って，1991年5月，ロシア共和国憲法を改めて，大統領選挙を実施し，初代ロシア共和国大統領に就任した。直接選挙によって選ばれたエリツィンは，統治の正統性を高めるとともに，反主流派の旗を掲げて，既存の体制を厳しく批判し，ポピュリスト的な統治手法をとることを厭わなかった。

　1992年初頭から急速な市場経済化を目指して断行された「ショック療法」は，財相や首相臨時代行を務めたガイダールが主導し，その後のエリツィン政権の政治過程を強く規定した（⇒第7章1）。緊縮財政や価格の自由化による物価の高騰は，ロシア市民の生活に打撃を与え，政権批判の声は高まった。また，国有企業の私有化プロセスは，多分に政治的要素を孕み，一部の者に有利な形で実施された。のちにオリガルヒと呼ばれる新興財閥に資本が集中するとともに，彼らの中央政界やメディアにおける影響力も無視できないものとなった。

　またこの時期，ロシア共和国における統治機構の整備も徐々に進展する。1991年7月には，補助機関として大統領を支える共和国大統領府が設置され，官房や総務局，報道局のほか，地方行政の監督機能を担う監督局も設置された。さらに，1990年12月のソ連邦安全保障会議の創設に倣い，91年4月にはロシア共和国安全保障会議（以下，安保会議）が設置された。安保会議事務機構を率いる書記には，最高会議立法委員会とともに，初期の安全保障法制の策定に当たったスコーコフが任命された。この時期に整備されたロシア共和国大統領府・安保会議が，2000年以降プーチン政権下の政策の総合調整において特に重要な役割を果たすロシア連邦大統領府・安保会議の前身である。

　大統領制導入を含むエリツィンによる一連の制度変更は，共和国レベルにおける新たな憲法草案の策定過程と密接に連関しており，次第に大統領と最高会議の間で，激しい主導権争いに発展した。統治機構の在り方，特に大統領・議会といった各アクターの権限をめぐって，エリツィン大統領とハズブラートフ最高会議議長は激しく対立した。両者の権力闘争は先鋭化し，最終的に流血の惨事を招くこととなった。1993年のいわゆる「十月事件」である。

　93年9月21日，エリツィンは，最高会議と人民代議員大会の機能を停止する大統領令に署名し，ハズブラートフやルツコイ副大統領が最高会議ビルに籠城してこれに対抗した。エリツィンは，ロシア軍に対して最高会議ビルへの砲撃を命じるなど，最終的には武力による事態の打開を強行し，流血の惨事となった。この「十月事件」を経て，新憲法制定を含む政治過程におけるエリツィンの主導的役割は決定的なものとなった。

　93年12月12日の国民投票を経て，新たに制定されたロシア連邦憲法は，執政制度として，執行権力を大統領と政府議長（首相）で分掌する半大統領制（semi-presidentialism）を採用している（⇒第4章）。国家元首を兼ねる大統領には，ロシア軍の最高総司令官として軍指揮権や戒厳令の導入，外交権をはじめとする広範な権限が与えられており，軍事安全保障・外交政策領域において強いイニシアティヴを発揮する。首相は主として社会・経済政策を担っており，政権によって変化はあるものの，大統領と首相の間には一定の役割分担がある。連邦執行権力機関（中央省庁）は，大統領管轄と首相管轄の機関に分かれており，前者には内務省・外務省・国防省・連邦保安庁（FSB）・対外諜報庁（SVR）などが，後者には保健省や産業通商省，農業省などが含まれ，大統領令によってしばしば組織改編がなされる（**表3-2**参照）。

　大統領には，憲法上の権限として大統領令（ウカース）および大統領命令を発令する立法権も与えられており，体制転換期のロシアにおける法整備では，連邦法律の「空白」を埋める形で，大統領による積極的な立法活動がなされた（ウカース立法）。また，上位法令である連邦法律を下位法令である大統領令で改める立法活動が行われるなど，法体系秩序の乱れも際立った（⇒第6章3）。

　こうした大統領の権限と地位，実際的な権力の運用方法に鑑みて，ロシアの大統領制は，しばしば「超大統領制」や「超然大統領制」と言われる（Barany

2007；竹森 2003；佐藤 2014）。ただし，以下で検討するように，超大統領制的な政治秩序は，1990年代のエリツィン政権よりも，実際には2000年以降のプーチン政権において現出し，強化され，制度化される。

② 　エリツィンの統治──地方分権化と「不履行による多元主義」

　1993年12月12日，新たな憲法に関する国民投票と同時に実施された連邦議会選挙では，「十月事件」に象徴されるエリツィンの強引な政治手法や急進的な経済改革（「ショック療法」）に批判が集まり，投票率は低調で，野党勢力が多くの議席を獲得した。続く95年の下院選挙でも，野党のロシア連邦共産党（以下，共産党）が大きく躍進して第１党の地位を確保するなど，99年の政権末期までエリツィン大統領は下院に安定的な与党勢力を持たず，大統領−議会関係は継続的に不安定であった（⇒第５章・第６章）。

　1996年の大統領選挙では，オリガルヒとエリツィンの密接な関係性が際立った。有力なオリガルヒの１人，ベレゾフスキーは，自ら支配するメディアを活用して，エリツィン再選を支持する大規模な選挙キャンペーンを実施した。それでもエリツィンは，96年大統領選の第１回投票で過半数を獲得できず，共産党のジュガーノフとの決選投票に持ち込まれた。エリツィンは，第１回投票で争ったレーベジに安保会議書記という要職を与えて自陣営に引き入れたほか，地方首長やオリガルヒへのリソース配分により，ようやく再選を果たした。

　こうした状況下で，エリツィン大統領は，首相をはじめとする政府閣僚人事の決定（組閣）に苦労した。ガイダール首相臨時代行の後継として，92年から98年まで首相を務めたチェルノムィルジンを除けば，エリツィン時代の首相の在任期間は１年に満たない。特にエリツィン政権末期には，大統領が下院に提出した首相人事案は度々否決され，98年３月のキリエンコ首相人事案は３回目の採決で承認された。98年８月の金融危機を受けて，エリツィンはチェルノムィルジンを再登板させようとしたが，下院で２回否決され，やむなく野党の推すプリマコフを首相に起用して事態を鎮静化させた（⇒第４章２・第６章３）。

　エリツィン時代の外交政策は，冷戦終結とソ連解体に伴う欧州・旧ソ連圏における国際秩序の再編が主要な課題となった（⇒第11章１）。しかし，中央アジアやコーカサスにおいて次々と地域紛争が勃発するなか，独立国家共同体

（CIS）の創設に始まる旧ソ連圏の秩序再編過程において，ロシアは主導的地位の確保を狙ったが，明らかにその求心力は低下していた。また，欧州の秩序再編においては，欧州安全保障協力機構（OSCE）の枠組みを通じたロシアと米欧諸国との信頼醸成の機運が高まった一方，1999年の北大西洋条約機構（NATO）の第1次東方拡大やコソヴォ軍事介入などを通じて，欧州の安全保障秩序における NATO の中核的役割が明確なものとなった。こうした文脈において，エリツィン政権は，次第に米欧諸国への態度を硬化させていき，コズィレフ（在任1990-96年）からプリマコフ（在任1996-98年）への外相交代に象徴されるように，米欧との関係構築に重心を置いた外交潮流は徐々に変化し，中国やインドとの関係強化を通じた全方位外交に転換していく（Ziegler 2018）。ただし，足元の内政課題への対処という観点から，90年代のロシアでは外交・軍事政策よりも国内統治に力点が置かれることになる。

　エリツィン政権2期目が発足するまさに動乱の時期，1996年夏にモスクワに進出したのが，プーチンである。レニングラード（現サンクト・ペテルブルク）に生まれ，レニングラード国立大学法学部を卒業後，国家保安委員会（KGB）に入り，レニングラード支局防諜部門，東独ドレスデンに勤務した後，レニングラードで大学，市の行政幹部を務め，96年8月に大統領府総務局次長としてクレムリンに入った。97年には，大統領府次官 兼 大統領監督総局長に任命され，共和国や地方，州といった連邦構成主体とモスクワの中央政府の調整業務に携わった。

　この時期のロシアにおける中央地方関係は，非対称な権限区分条約の締結などを通じて，行き過ぎた地方分権化が進展していた（⇒第8章1）。連邦憲法の法律と矛盾する立法活動を行う連邦構成主体も現れるなど，当時のプリマコフ首相も連邦制改革を政権の最重要課題としていた（中馬 2009）。このような時期に大統領府監督総局長を務め，中央地方関係の実態を目にしたプーチンやパトルシェフらは，後に中央集権化政策を強力に推進することとなる。実際にエリツィン政権末期には，中央集権化の嚆矢とも言える政策が打ち出されており，この点にエリツィン政権とプーチン政権の連続性を見出すことができる。

　プーチンはこの後，大統領府第1次官，連邦保安庁長官，安保会議書記，第1副首相，首相を務めるなど，極めて短期間にうなぎ登りの出世を果たして，

表3-1　プーチン大統領とパトルシェフ安保会議書記のプロフィール

	プーチン	特筆すべき事項	パトルシェフ
出　生	1952年10月7日　レニングラード市	サンクト・ペテルブルク出身	1951年7月11日　レニングラード市
学　歴	1975年　レニングラード国立大学法学部卒		1974年　レニングラード造船大学計器製造学部卒
初期のキャリア形成	1975年　国家保安委員会(KGB)，モスクワで特殊訓練後，レニングラード支局防諜部門，85～90年東独ドレスデン勤務	治安機関出身でKGBレニングラード支局勤務時に知り合う(学生時代に知り合っていたという説もある)	1974年　国家保安委員会，KGB高等課程修了後，レニングラード支局防諜部門へ。その後，密輸・汚職対策部門を統括
ソ連邦からロシア連邦へ体制転換	レニングラード国立大学学長国際問題担当補佐官等，91年6月，レニングラード市対外関係委員会議長，その後96年までペテルブルク市政府第1副議長を兼任		92年，カレリア共和国保安相
首都モスクワへ	96年8月，大統領府総務局次長		94年，連邦防諜庁(後に連邦保安庁)本庁勤務，連邦防諜監察局長，連邦保安庁組織・人事局次長 兼 局付首席組織監察官
1997年3月	大統領府次官 兼 監督総局長		連邦保安庁本庁局長級
1998年5月	大統領府第1次官⇒連邦保安庁次長，98年7月に連邦保安庁長官(安保会議委員)	連邦保安庁のほか，中央地方関係制度を扱う大統領府の部局に勤務	大統領府次官 兼 大統領府監督総局長⇒98年10月に連邦保安庁次長 兼 経済安全保障局長
1999年3月	安全保障会議書記(連邦保安庁官を兼任)⇒政府第1副議長，政府議長臨時代行，政府議長(99年8月)⇒大統領臨時代行(99年12月)		連邦保安庁長官第1次長(99年4月)，連邦保安庁長官(安保会議委員)(99年8月)
2000年5月	第1次プーチン政権		連邦保安庁長官(安保会議委員)
2008年5月から現在	タンデム政権(08～12年)，第2次プーチン政権		安全保障会議書記

出典：長谷川(2016)の表1を基に作成。網掛け部分は，両者に共通する職歴を指す。

エリツィンの後継者としての地位を確立した。同時に，共通のバックグラウンドを持った同僚たちがプーチンの周りを固めていき，なかでもパトルシェフとの職務上の関係は極めて深い(表3-1)。

　また，1999年12月の下院選においては，次期大統領選を見据えて，モスクワ市長のルシコフやショイグ緊急事態相らが中心となって，与党形成の動きが活性化した。中道右派で政権与党の「統一」が共産党に続き第2党の地位を獲得

したことは，後のプーチン政権における政治秩序，特に大統領－議会関係を規定する1つの要因となった。

　総じて，エリツィン政権下の政治過程を振り返ると，中央地方関係も決して安定したものではなく，連邦中央（モスクワ）では，大統領—連邦政府（内閣）－議会関係の不安定性が際立った。ロシア政治研究の文脈では，こうした特徴を捉えて，1990年代のロシアは，「民主化」が進展していたというよりも，政治秩序が十分に形成されず，支配の不在によって各種アクター間での競争性が観察される状態，すなわち「不履行による多元主義」であったと言われる（大串 2018）。1999年，新たな世紀を迎える前にエリツィンは退陣を選択することとなり，12月31日にはプーチン首相が憲法の規定に従って，大統領臨時代行に就任した。

2　プーチン政権と垂直権力の構築——集権化の2000年代

■ プーチンの統治スタイル——改革の断行と憲法体制の安定化

　2000年5月に第2代ロシア連邦大統領に就任したプーチンは，地方分権化に特徴づけられるエリツィン時代の中央地方関係を抜本的に見直し，憲法体制の安定化を図る。このなかでプーチンは「垂直権力の構築」を掲げ，連邦制や連邦会議（上院）委員の選出方法をはじめ，数々の制度変更を実施し，中央集権化に向けた政治改革を矢継ぎ早に遂行する（⇒第8章2）。連邦制については，ロシア全土を7つの管区に分割する連邦管区制が導入され，各管区には連邦中央から「お目付け役」として連邦管区大統領全権代表が派遣された。大統領全権代表は，従来から各連邦構成主体に配置されていたが，プーチンはこの方式を改めるとともに，地方の執行権力・立法権力に介入できるよう，連邦管区大統領全権代表の権限を強化した。エリツィン政権期には，地方の法令が連邦憲法や連邦法と矛盾するケースが相次ぎ，プーチン政権にとって法体系秩序の立て直しは急務となっていた。

　連邦管区大統領全権代表は，同時に安保会議非常任委員を兼任し，各連邦管区には，内務省・法務省・検察庁・会計検査院の連邦管区局（地方支局）が設置されるなど，地方権力の統制が進んだ。また，連邦管区大統領全権代表の

バックグラウンドをみると，軍・治安機関関係者（いわゆる「シロヴィキ」）やプーチンと同郷の者（サンクト・ペテルブルク出身者）が多数を占めた。

　こうした人事政策は，プーチン政権の権力構造を反映しており，執行権力機関の高官人事において顕著にみられた。政策決定においては，シロヴィキやサンクト・ペテルブルク出身者などプーチンに近いインナーサークルが主導性を発揮し，大統領府・安保会議を中核とするクレムリンが強い影響力を発揮するようになる。

　大統領を支える安定的な与党勢力を持たず，大統領－議会関係のマネジメントに苦労したエリツィン政権とは対照的に，プーチン政権は，選挙制度改革等を通じた与党「統一ロシア」の構築，連邦制改革による中央集権化を遂行し，政治秩序はひとまず安定化した。また，ソ連末期からエリツィン政権期において低迷した原油価格は，90年代末から上昇し，落ち込んでいたロシア経済はプラス成長に転じる。原油高による高度経済成長も，プーチン大統領による政治改革の断行を後押しした。

　2000年代初頭のプーチン外交は，9.11米同時多発テロを契機とした対テロ分野における米露協調に始まるが，2003年のイラク侵攻や旧ソ連圏における一連のカラー革命を受けて，次第に協調の度合いは低下する傾向にあった。それでもロシアはG8の一員として米欧諸国と関係を維持しつつ，同時に中国やインドとの2国間関係，BRICsや上海協力機構（SCO）といった多国間枠組みの強化を目指すプラグマティックな全方位外交を推進した。

　また，コーカサスでは民族運動や宗教問題，これらに起因するテロ事件・地域紛争が多発しており，対テロ・過激主義分野はプーチン政権の重要課題とされ，ロシア軍のほか，連邦保安庁など準軍事組織が政権内でプレゼンスを増大させた。2003年に実施された治安機関改革では，連邦国境警備庁（FPS）が廃止され，連邦保安庁国境警備局（新設部局）に吸収されたほか，諜報・防諜活動を担う大統領附属連邦政府通信・情報局（FAPSI）が廃止され，その任務は連邦保安庁（FSB），対外諜報庁（SVR），連邦警護庁（FSO）にそれぞれ移管された。2004年4月に発足した第1次プーチン政権第2期では，連邦保安庁長官や対外諜報庁長官が安保会議常任委員に昇格するなど，政治体制におけるシロヴィキの存在感がより一層高まった。

写真 3 - 1　プーチン・ホットライン（2021年 6 月30日）

出典：ロシア大統領公式サイト（http://en.kremlin.ru/events/president/
news/65973/photos, 2023年 2 月10日取得）。

　さらに，2004年 9 月のベスラン学校占拠事件を受けて，連邦構成主体首長
（地方知事）の選出方法については，大統領による事実上の任命制が導入され，
ロシアにおける連邦制の在り方そのものが大きく変容した。第 1 次プーチン政
権（通算 2 期 8 年）の間に，大統領が憲法上の強大な大統領権限を行使できる
状況，すなわち1993年憲法体制が想定した超大統領制的な政治秩序が現れた
（大串 2011）。

　また，プーチン政権下においては，ロシア国内のメディアを取り巻く環境に
大きな変化がみられた。大手テレビ局などは段階的にクレムリンの影響下に置
かれることとなり，徐々に政権のプロパガンダ機関としての機能を担うように
なる。一方で，新聞やラジオ放送は，一定の独立性をもって活動を続け，イン
ターネット社会の発展とともに，SNS を中心に政権に批判的な言説もある程
度は許容されていた。

　政権側も各種メディアを通じた世論形成に力を入れており，国営テレビを通
じた大統領と国民との直接対話「プーチン・ホットライン」を2001年からほぼ
毎年実施してきた（2004年，2012年および2022年は実施せず）。このイベントで
は，電話やインターネット回線を通じて，国民から大統領のもとに直接質問や
意見が寄せられ，賃金や社会インフラへの不満など身近な生活上の問題から軍
事・外交問題まで広範なテーマについて長時間にわたり大統領が答え続けると

いうもので，その場で政策担当者に改善の指示を出すという「パフォーマン
ス」は，この時期プーチンが高い支持を獲得する一因となった。

　プーチン大統領は，経済成長と政治・社会秩序の安定化を背景として，高い
支持率を維持し，2007年の下院選では与党「統一ロシア」が大幅に議席を増や
した（⇒第 5 章）。しかし，プーチンは当時の憲法が定める大統領任期に従っ
て，大統領職を一旦退き，メドヴェージェフを後継者に指名した。

❷　メドヴェージェフ政権の誕生──近代化政策と「 2 つの危機」

　2008年 5 月に第 3 代ロシア連邦大統領に就任したメドヴェージェフは，プー
チンと同じレニングラード国立大学法学部の出身者で，サンクト・ペテルブル
ク国立大学やサンクト・ペテルブルク市役所における勤務経験を有する。1999
年にモスクワの中央政界に入り，政府官房副長官，大統領府次官・第 1 次官・
長官などを務め，2005年から第 1 副首相の地位にあった。

　2 期 8 年間にわたって大統領を務めたプーチンは，首相として政権に残り，
引き続き政治過程に強い影響を及ぼした。メドヴェージェフ大統領，プーチン
首相からなる新たな体制は 2 頭立て馬車にたとえられ，タンデム体制と言われ
た。新体制発足にあたり，注目された人事政策は，パトルシェフ連邦保安庁長
官の安保会議書記への配置転換であった。プーチンが首相に就いたことによ
り，連邦政府（内閣）は従来よりも政策決定過程に強い影響力を発揮するよう
になった。このため，大統領と首相，重要閣僚が一堂に会する安保会議は，政
策の総合調整の場として活用され，パトルシェフ書記は主要アクター間の調整
役を担ったとみられる。2010年に整備された新たな安全保障法制では，安保会
議書記の権限が一層強化されるなど，今日に至る統治メカニズムの基本的枠組
みが構築された。また，憲法修正を通じて，大統領任期が 4 年から 6 年，下院
議員の任期が 4 年から 5 年に延長されたのもメドヴェージェフ政権期である。

　メドヴェージェフ政権は，資源輸出に依存した産業構造からの脱却を目指
し，近代化政策を掲げて，ロシア版シリコンバレー「スコルコヴォ」を始めと
する国家主導のイノベーション政策や法整備を通じたビジネス環境の改善，汚
職対策の強化などを打ち出した。もっとも一連の近代化政策は，2007年の下院
選および2008年の大統領選における「統一ロシア」の選挙綱領「プーチン・プ

ラン」に依拠したものであり，2000年代の高度経済成長を経て，プーチン政権下の政治的・経済的エリートの間で，ある程度共有された認識と言えよう。

　一方で，メドヴェージェフ政権の滑り出しは必ずしも順調ではなかった。就任3ヶ月後の2008年8月に勃発したロシア・ジョージア戦争では，ロシア軍の指揮統制システムの後進性など，軍の近代化の遅れが政軍間で改めて強く認識され，セルジュコフ国防相による軍事機構再編を含む大規模な軍改革が進展することとなる（René 2019：222-223）（⇒第13章1）。

　また，9月には米国のリーマンショックを契機として世界的な金融恐慌が発生し，国際的な原油価格の急落とともに，資源輸出に依存するロシア経済も大きな打撃を受け，産業構造の多角化は，政権にとってより切迫した政策課題となった。メドヴェージェフ大統領は就任早々，外交・軍事安全保障政策においてはロシア・ジョージア戦争，社会・経済政策においては世界金融恐慌という「2つの危機」に直面し，複合的な事態対処能力が試されることとなった。しかし，タンデム体制のもとでは，プーチン首相が圧倒的な存在感を示し，重大局面では度々自身が先頭に立った。したがって，本来は憲法上強い権限を有するメドヴェージェフ大統領が強いリーダーシップを発揮する機会は少なかったと言えよう。

　一方のメドヴェージェフも外交政策では，米国のオバマ新政権とある程度良好な関係を築き，軍備管理においては新START を締結し，通商面では世界貿易機関（WTO）加盟を実現した。2009年5月に承認された「2020年までのロシア連邦国家安全保障戦略」では，GDP上位5ヶ国入りが戦略目標として掲げられるなど，米欧諸国ともある程度関係を改善し，ロシア経済の近代化を推進する「外向き」の姿勢を示していた。

　また，国内政策では，地方首長の任命方針に変化がみられた。モスクワ市長のルシコフなどの有力な地方首長の解任にみられるように，メドヴェージェフ大統領は，中央地方関係制度において独自色を出した。ただし，こうしたメドヴェージェフの施策は，連邦中央と地方の互恵関係を壊し，2011年の下院選における「統一ロシア」の動員力を低下させたという分析もある（大串 2018）。2011年12月に実施された下院選では，前回選挙（2007年）で315議席を獲得した「統一ロシア」は，238議席の獲得にとどまり，下院勢力において過半数を維持

したものの，改憲を可能にする3分の2の議席を確保することはできなかった。

　さらに下院選では不正疑惑が報じられ，首都モスクワを中心として，「公正な選挙」を求める抗議運動が活発化した。すでに2011年9月の段階でプーチン首相の次期大統領選挙への出馬とメドヴェージェフ大統領の首相への就任というシナリオが明らかになっており，一連の抗議運動は2012年の大統領選に向けて，「反プーチン色」を強めていく。弁護士でブロガーのナワリヌイが抗議運動に加わって逮捕されるなど，ロシアにおける市民社会の動向に米欧諸国から強い関心が向けられた（⇒コラム4）。クレムリンは，こうした国内情勢を「カラー革命」，内政干渉の文脈で捉え，続く第2次プーチン政権では，様々な制度変更により，市民的自由に一層の制約が加えられることとなった。

3　プーチン再登板──強まる「内向き」の傾向

■1 第2次プーチン政権の発足──対外強硬路線と市民的自由の制約

　2012年5月に発足した第2次プーチン政権（第1期）は，5月令と呼ばれる11の大統領令の公布とともに始まった。5月令は，軍事・外交政策から経済・文教政策まで幅広い政策について，具体的な数値を以て達成目標を示し，官僚機構に確実な政策の履行を求めた。官僚機構においては，プーチンとメドヴェージェフのポスト交換に伴い，権力の重心移動とも呼ぶべき人事発令が相次いだ。例えば，2016年から大統領府長官を務めるヴァイノは，第1次プーチン政権で大統領府儀典部門に勤務し，メドヴェージェフ政権下で連邦政府儀典長 兼 官房次長としてプーチン首相を支え，2012年にはクレムリンに復帰して大統領府次官に就任した。

　また，第2次プーチン政権では執行権力機関の構造にも変化がみられた（表3-2）。エリツィン政権下で急速に肥大化した大統領府内部部局（最大41部局）は，1998年頃から統廃合が進み，2004年には19部局まで減少した。2012年6月から2013年12月にかけて6局が新設され，このなかには未承認国家問題を扱う対CIS参加諸国・「アブハジア共和国」・「南オセチア共和国」社会経済協力局（現在の国境協力局）や愛国教育政策を担う社会計画局も含まれる。局長には閣僚級のポストを経験した者が任命されるなど，政権の重要政策における大統領

表 3 - 2 　現代ロシアにおける執行権力の構造

大統領

政府議長（首相）

政府第 1 副議長（第 1 副首相）
政府副議長（副首相）兼 政府官房長
政府副議長（副首相）兼 産業通商大臣
政府副議長（副首相）兼 極東連邦管区大統領全権代表
この他，副首相 6 名

【連邦執行権力機関の構造】

大統領管轄連邦執行権力機関	政府議長（首相）管轄連邦執行権力機関
内務省，民間防衛問題・緊急事態・災害復旧省，外務省，国防省，法務省，国家伝書使庁，対外諜報庁，連邦保安庁，国家親衛軍連邦庁，連邦警護庁，財政監視庁，連邦文書館庁，大統領特別プログラム総局，大統領総務局	保健省，文化省，科学・高等教育省，天然資源・環境省，産業通商省，教育省，極東・北極発展省，農業省，スポーツ省，建設・公営住宅整備事業省，運輸省，労働・社会保障省，財務省，デジタル発展・通信・マスコミ省，経済発展省，エネルギー省，連邦反独占庁，連邦国家登録・台帳・作図局，連邦消費者権利擁護・福祉分野監督庁，連邦教育・科学監督局，連邦環境・技術・原子力監督庁，連邦国家備蓄局，連邦医生物学局，連邦青年局，連邦民族問題局，連邦観光局

※外局は除く

【大統領府の構造】

安保会議事務機構，連邦管区大統領全権代表部（複），大統領官房，大統領府長官官房，国家法局，監督局，大統領書記官組織，外交政策局，内政局，国務・人事問題局，国家勲章局，国民の憲法的権利保障局，文書・情報保障局，国民・団体請願対策局，報道・情報局，儀典局，専門官局，地域交流・対外文化交流局，国家評議会活動保障局

【第 2 次プーチン政権期（2012年〜）新設部局の動向】
社会関係・コミュニケーション局（2012年 6 月新設）
対 CIS 参加諸国・「アブハジア共和国」・「南オセチア共和国」社会経済協力局（2012年 6 月新設）
　➡国境協力局（2018年10月改組）
科学・教育政策局（2012年 6 月新設）
情報技術応用・E-デモクラシー発展局（2012年 6 月新設）➡情報コミュニケーション技術・通信インフラ発展局（2018年 6 月改組）
社会計画局（2012年10月新設）
汚職対策問題局（2013年12月新設）

出典：Указ Президента РФ от 21 января 2020г., № 21 （ред. от 20 октября 2022г.), «О структуре федеральных органов исполнительной власти», *СЗРФ, 27 января 2020г., № 4, ст. 346*; Указ Президента РФ от 25 марта 2004г. № 400（ред. от 2 октября 2018г.), «Об Администрации Президента Российской Федерации», *СЗРФ, 29 марта 2004г., № 13, ст. 1188*; Указ Президента РФ от 11 февраля 2013г. № 128, «Вопросы Администрации Президента Российской Федерации», *СЗРФ, 18 февраля 2013г., № 7, ст. 632*; Правительство России, http://government.ru/gov/persons/#vice-premiers; 長谷川（2019).

府の影響力は一層強まった（長谷川 2019）。

　さらに2016年 4 月には，治安機関改革が実施され，大統領管轄連邦執行権力機関として，国家親衛軍連邦庁が新たに設置された。内務省国内軍を基盤としており，ほかに即応特殊部隊（SOBR）や機動特殊任務部隊（OMON）など，特殊部隊・警備実施部隊が内務省から国家親衛軍連邦庁に移管され，長官 兼 総司令官には，長年に渡りプーチンの警護を務めたゾーロトフが任命された。

　政権に対する抗議運動の活発化を受けて，第 2 次プーチン政権では，市民社会において重要な役割を担う独立系メディアや社会団体の活動に大きな制約が加えられた。2012年 7 月には連邦法「非営利団体について」が改正され，外国の個人・団体から資金援助を受ける非営利団体の活動に制約が加えられた。ロシア政府は，一定の条件を満たすと，非営利団体を「外国エージェント」に指定することが可能となり，後にその適用範囲は個人やメディアにまで拡大した。デモ隊の鎮圧において存在感を発揮する国家親衛軍の新設や外国エージェントへの指定をめぐる一連の法改正など，第 2 次プーチン政権 1 期目には，市民社会の営みに重大な影響を与える制度変更が相次いで実施された。

　2014年 3 月にはクリミア併合と東部ドンバス地域への介入を断行し，2015年 9 月にはシリアに介入するなど，プーチン政権は対外強硬路線に徹した。2015年12月に改訂された「ロシア連邦国家安全保障戦略」では，クリミア併合後の国際秩序観が描かれ，ロシアが重視する多国間枠組みとしては，G8からの追放を受けて，BRICS や上海協力機構（SCO），アジア太平洋経済協力（APEC），G20が列挙された。ロシア社会では，領土拡張による愛国主義の高まりによって，プーチン政権の支持率は上昇し，高い水準を維持した。しかし，近代化路線を推進したメドヴェージェフ前政権との比較において，第 2 次プーチン政権は，クリミア併合に象徴される対外強硬路線によって，欧州連合（EU）や G7を始めとする米欧諸国との関係は悪化し，徐々に「内向き」の傾向を強めた。

❷　2020年憲法修正からウクライナ軍事侵略──政治体制の急速な変化

　2018年 5 月に発足した第 2 次プーチン政権 2 期目は，年金受給開始年齢の引き上げを含む年金改革問題を契機として，大幅に支持率を下げた（⇒コラム 5 ）。

また次期大統領選挙の候補者をめぐり「ポスト・プーチン問題」がメディアの関心事となり，大統領任期の変更を含む改憲の話題も出始めた。2020年1月の大統領年次教書演説とメドヴェージェフ内閣の総辞職を皮切りに，改憲プロセスは急速に進展し，主権者たるロシア市民による憲法議論が殆ど行われないまま，2020年7月に大規模な憲法修正が実施された。

　憲法修正は，執政制度の在り方から道徳的価値の領域まで多岐にわたり，憲法体制の根幹に大幅な変更が加えられた。大統領権力については，執行権力機関の長としての大統領の地位が明確なものとなり，「任期のリセット条項」を通じて，現職・元職者の次期選挙への出馬が可能となった。また「男性と女性のつながりとしての婚姻制度の保護」が憲法で定められるなど，2020年憲法修正を通じてプーチン政権は，米欧諸国の価値観とは距離を置く姿勢をより鮮明にした（⇒第4章3）。

　2020年8月には，統一地方選を前に政治活動を行っていた反体制派のナワリヌイがシベリア歴訪中にノヴィチョク系神経剤による毒殺未遂事件にあったほか，2021年12月にはソ連時代の政治的抑圧に関する調査活動を行う非営利団体「メモリアル」（16年に外国エージェントに指定）が最高裁の判断により解散を余儀なくされるなど，市民社会に対する抑圧が一層強まった。

　また，メドヴェージェフに代わり首相の座に就いたミシュースチンは，2010年から2020年まで連邦税務庁長官を務めた経済・税務畑である。メドヴェージェフは，新たに設置された安保会議副議長に就任して，パトルシェフ安保会議書記とともに，引き続きプーチン政権を支えることとなった。この安保会議事務機構が中心となって，2021年7月，およそ5年半ぶりに「ロシア連邦国家安全保障戦略」が改訂された。同文書には「地政学的不安定性の高まりと紛争の増加，国家間対立の激化により，軍事力使用の脅威が高まっている（中略）。軍事衝突が核大国の参加を含む局地戦・地域戦争に発展する危険性が高まっている」といった記述が含まれるなど，プーチン政権の戦略環境認識が提示された。

　2021年から2022年にかけて，ウクライナ国境付近にはロシア軍が大規模に展開し，ロシアは米国およびNATOに対してさらなる東方不拡大や部隊配置の見直しなどを定めた条約（合意）案を提示するなど，ロシア・ウクライナ関係，さらにロシア・NATO関係は緊迫化の一途をたどった。

　2022年 1 月19日には，共産党がウクライナ東部ドンバス地域の「ドネツク人民共和国」および「ルガンスク人民共和国」の国家承認を大統領に求める決議案を国家会議（下院）に提出するなど，連邦議会においても安保政策に関わる動きがみられた（⇒第 **6** 章 **3**）。そして 2 月21日，プーチン大統領は，安保会議拡大会合を開催し，参加者にドンバス問題に関する態度を表明させたうえで，同日中に両「共和国」を一方的に「国家承認」した。翌22日，プーチン大統領は「両共和国」と「相互援助条約」を締結するとともに，連邦会議（上院）に対して，ロシア連邦の領域外におけるロシア軍の使用について諮ったうえで，ついに同24日ロシアはウクライナに全面的な軍事侵略を開始した。NATO 加盟国や G7 を始めとする国々は，ロシアの侵略行為を強く非難し，経済制裁を導入するとともに，侵略を受けたウクライナに対して大規模な経済・軍事的支援を実施している。「ブチャの虐殺」に象徴される一連の戦争犯罪については，SNS などを通じて瞬く間に広く世界の人々に知れ渡り，国連人権理事会や国連難民高等弁務官事務所（UNHCR），欧州連合などが調査を実施している（⇒コラム **8** ）。

　こうしたなか，ロシア国内では連邦法の改正と治安維持部隊による取り締まりの強化を通じて，厳格な言論統制がしかれ，第二次世界大戦後初となる動員令や戒厳令が導入されるなど，政治体制の急速な変化が観察される。

＊本稿は JSPS 科研費22H00825の助成を受けたものである。本稿に示された見解は，執筆者個人のものであり，所属機関の見解を代表するものではない。

📖🎞 おすすめ文献・映画

①初宿正典・辻村みよ子編（2020）『新解説世界憲法〔第 5 版〕』三省堂。
　　ロシアを含む世界10ヶ国の憲法に関する解説書。現代ロシアの政治史を学習するうえで，憲法体制に関する基礎資料は欠かせない。本書には，2020年憲法修正前の条文と修正案が収録されており，学習者は双方を比較し，新たな憲法の特徴を見出すことができる。

②松尾秀哉・近藤康史・近藤正基・溝口修平編（2019）『教養としてのヨーロッパ政治』ミネルヴァ書房。
　　欧州政治史の入門書。英仏独のみならず，ロシア，ウクライナの現代政治史に加え，北欧，ポーランド，トルコ，EU も独立した章として設けられており，現代の欧州国際秩序，さらには第 2 次ロシア・ウクライナ戦争を読み解くうえで欠かせない基礎的な知識を提供している。

ロシアから見たソ連

　このコラムでは現代ロシアにおけるソ連時代の評価を，いくつかの事例をもとに紹介する。ソ連解体後のロシアではソ連時代の評価が激しい論争を生んできたが，この背景には善悪の単純な二項対立の図式で理解することのできないソ連史の多面性，複雑さがある。例えば，ソ連時代のなかでもっとも論争を集めているスターリン期には，政治的抑圧の拡大や農業を犠牲にした経済政策などの負の側面とともに，工業化の成功や無償の義務教育の始まり，識字率の向上，社会の広範な上昇移動，独ソ戦での戦勝など，白か黒のどちらかで塗りつぶすことのできない様々な側面があった。またソ連後期には反体制運動が徐々に広まったが，それと同時に社会保障と教育の制度，文化政策などは高く評価されていたことが知られている。

　ペレストロイカ期には体制による政治的抑圧の調査や犠牲者の名誉回復が本格化し，これはソ連解体後のロシアでも重視された。例えば10月30日は抑圧の犠牲者を追悼する日とされ，追悼集会や学術会議，学校での課外授業，展示などの催しが各地で行われている。一方で1990年代には急速な市場経済化が生活水準の急落と経済格差の拡大を招き，ソ連後期の社会保障政策や無償の教育制度，治安の良さ，雇用の保障などを高く評価する声が広まった。こうした状況は，豊かではないが生活に困ることはなく，格差がより目立たなかったソ連後期への郷愁を広めた（Алексиевич 2013）。

　エリツィン政権は経済改革を正当化するためにソ連の否定的なイメージを宣伝したが，これに対して野党は，年金生活者や退役軍人の生活苦といった現状をソ連時代と比較し，スターリンはソ連に独ソ戦での戦勝をもたらし，大国へと導いたと主張して有権者の支持を獲得した。このなかでエリツィンはソ連の歴史を否定的に評価し続けたものの，それが唯一の正当な歴史解釈だと主張することはなくなり，1995年には独ソ戦戦勝50周年を祝う式典を開催した。また96年には，革命とその後の内戦のような対立と分裂を防ぐことを目的として，十月革命の記念日の名称を「合意と和解の日」に変更した（Smith 2002）。

　プーチンはソ連誕生の契機となった十月革命を否定的に評価しており，「合意と和解の日」も2005年に廃止された。それと同時に，後期のエリツィン政権と同様にソ連時代を全面的に否定することは避けている。2000年代半ば以降には，第二次世界大戦の開戦責任はドイツとソ連にあったという見方が東欧諸国を中心に広まるなかで，プーチンはこのような見方を批判し，第二次大戦の開戦の責任は両国だけでなく他の諸国にもあったと主張するとともに，ソ連は独ソ戦で莫大な犠牲を払ってナチズムから世界を解放したと強調している。また，ソ連の負の歴史に向き合う試みはエリツィン期と同様に継続しており，15年8月には「政治的抑圧の犠牲者の記憶の永続化に関する国家政策構想」が政府によって採択された。この構想は，政治的抑圧の犠牲者の記憶を保存するための

様々な政策目標を掲げている（立石 2020）。一方，1980年代後半からこの課題に取り組んできた「メモリアル」という市民団体が，2021年12月に閉鎖されたことが国内外の注目を集めた。これによって今後，抑圧の調査や記録が困難になるのではないかという見方もあるが，現時点ではその影響を予測することは難しい。いずれにしても，今後の動向を注視する必要があるだろう。

　世論調査の結果は，1990年代から現在に至るまで，多くの人がソ連時代を高く評価していることを示している。例えば世論財団が1992年〜2014年に実施した調査では，ソ連解体を残念だと思うという回答が，残念ではないという回答をつねに上回っている。残念だと思うという回答は経済状況が特に悪化した1997年と99年の調査で最多の割合に達し（それぞれ84％，85％），その後は増減を繰り返しながら緩やかに減少している。また，残念だと思う理由をたずねた2014年の調査では，「生活がより良かった」（10％），「安定と未来への確信があった」（9％）という回答が多く，その他には「強大な国が分裂し，世界での権威を失った」（7％），「仕事を保障されていた」（5％）といった回答が続いている。

　レヴァダ・センターが実施した2020年の調査でも，ソ連時代をもっとも良い時代だったという見方について，75％の回答者が「そう思う」，「どちらかといえばそう思う」と答えており，ソ連のイメージについては「安定，秩序，未来への確信」（16％），「良い生活（15％）」という回答が多い。またソ連体制の特徴をたずねた2000〜19年の調査では，国家による庶民への配慮，民族間の対立の欠如・諸民族の友好，経済発展の成功，失業がないこと，生活の継続的な改善，最先端の科学・文化といった回答が上位を占めており，福祉国家としてのソ連というイメージが広く共有されている。他方で同センターは2000年代の調査の結果をもとに，ソ連に対する肯定的評価が特に高まる時期と，政府の経済政策に対する批判が強まる時期が一致していることを指摘しており，ソ連に対する肯定的評価には現在への不満も反映されていることがうかがわれる。またソ連の再建についてたずねた調査では，再建を望むという回答はつねに30％未満にとどまっており，今後のロシアの方針について尋ねた調査でも，「ソ連が歩んだ道に戻る」ことに賛成する人は30％に満たない。さらに，政治的抑圧に代表されるような負の側面も含めてソ連を全面的に正当化しようとする声は少ない。

　なお，生活したい時代をたずねた2021年の全ロシア世論調査センターの調査では，現代のロシア（44％），ブレジネフ期のソ連（30％）という回答が多く，エリツィン期とスターリン期という回答はどちらも3％である。ソ連時代のなかでも特に評価が高い1970年代末〜80年代初頭の政権のイメージをたずねたレヴァダ・センターの1998〜2019年の調査によれば，「人々に近い」，「正当である」，「自分たちの」権力である，「官僚的である」，「強固である」という回答が比較的多い。これに対して現代の政権のイメージについては，「犯罪者，汚職者」，「人々から遠い，異質である」といった回答が多く，現代の政治と比較してソ連時代の政治に肯定的なイメージを持つ人が多いことがうかがわれる。

第**II**部
国内政治

第**4**章　憲　法

　ロシア政治を理解するうえで，憲法に代表される公式の制度と，人脈やコネなどに基づく非公式なネットワークの双方が重要だとされる。先進民主主義諸国とは異なり，ロシア政治は公式の制度だけでは説明できない部分が大きいためである。しかし，そのことは公式の政治制度が重要でないわけではない。公式の制度は政治アクターが行動するうえでの基礎となっているし，非公式のネットワークの形成にも影響を与える。そこで本章では，①ロシアでは憲法がどのような経過を経て制定されたのか，②憲法が定める政治制度はどのようなものか，③憲法が改正されることにより，ロシア憲法にどのような変化が生じているかという3点について学ぶ。

1　憲法の制定過程

　ロシア連邦憲法は1993年12月12日の国民投票により採択され，12月25日に施行された。ソ連が解体したのが1991年12月だったので，そこから約2年で新憲法が制定されたことになる。ただし，新憲法の制定作業はソ連が解体した後に始まったわけではなく，その前からすでに行われていた。ここではまず，ソ連時代の憲法について簡単に触れたのちに，1993年憲法の制定過程がどのようなものだったかについて述べる。

■　ソ連憲法とペレストロイカ

　ソ連では，建国後の1924年に最初の憲法が制定され，その後36年，77年にも新たな憲法が制定された。西欧に起源を持つ近代立憲主義は，権力を抑制することを目的として人権の保障と権力分立原理をその中核としたのに対し，ソ連憲法は，経済的な平等を目指す社会主義と両立しないものとして私的所有権を否定し，共産党の指導的役割のもとで権力分立原理も否定した。また，77年憲法は，形式的には言論の自由や結社の自由などを保障していたが，実際にはそれらの自由権は制限された（⇒第1章2）。

　1985年にゴルバチョフがソ連共産党書記長に就任し，ペレストロイカが始まると，1988年ごろから政治改革が行われた。ペレストロイカ後期に連邦中央と共和国の争いが激化していく過程で，旧来の社会主義イデオロギーは放棄され，法の支配，権力分立，人権，私的所有などがソ連でも認められるようになった。各共和国の状況は様々だったが，ペレストロイカの末期には多くの共和国憲法が改正されていった（⇒第 2 章）。

② 　新憲法の制定

　ソ連の構成共和国の 1 つであったロシア・ソヴィエト連邦社会主義共和国（ロシア共和国）でも，1978年に制定されたロシア共和国憲法がこの時期何度も改正された。ロシア共和国では，1990年 5 月から 6 月にかけて第 1 回人民代議員大会が開催されて，その場で憲法委員会が創設された。この憲法委員会は，現行憲法の改正を検討するとともに，新憲法の起草も担う組織であり，両者の作業は並行して進められたが，新憲法起草作業は当初の予定より遅れがちであった。

　人権に関する規定など西欧型の近代法の諸原理は，ソ連末期にすでに受け入れられており，ロシア憲法のなかにも大きな異論なく導入された。特にソ連解体直後の1992年 4 月に行われた憲法改正では，市民の権利および自由に関する規定が多数追加された。同年 5 月にはロシアは欧州評議会への加盟申請をしており，欧州基準の人権規定を憲法に組み込もうとする動きがこの時期進んでいたことがうかがえる。そして，西欧型の近代法の諸原理は大きな異論なく1993年憲法にも導入されることになった。

　一方，ソ連解体後に大統領と議会（最高会議および人民代議員大会）の政治対立が激化したため，憲法にどのような政治制度を規定するかは不透明な状況が続いた。現行憲法がソ連末期からの度重なる改正によって「パッチワーク」状になっていたため，どの機関が憲法制定権力を持つのかも不明確で，新憲法の内容だけでなく，新憲法の採択方法も政治的な争点となった。

　大統領と議会の対立は，当初は主に経済政策をめぐるものであった。エリツィン政権が1992年初頭から急進的な市場経済化（「ショック療法」）を実施したことによって，ロシア経済は混乱し，国民はハイパーインフレや物不足に苦し

んだ。そして，エリツィン政権は議会で激しい批判にさらされたのである。や
がてこの対立は，新憲法における大統領と議会の権限区分をめぐる争いへと発
展した。政策決定の主導権を大統領が持つのか，議会が持つのかという点はこ
の時期の最大の政治的争点であった。エリツィンは大統領権力の強い憲法草案
を提案したが，それは議会に受け入れられなかったため，彼は徐々に議会を迂
回した新憲法の採択を目指すようになった。

　この対立は1993年秋に頂点に達した。1993年9月に，エリツィンは当時の憲
法に反して議会機能を停止するという大統領令を発令した。一方，これに抵抗
する勢力は最高会議ビルに立て籠り，ルツコイ副大統領を大統領代行に任命し
たため，一時的に二重権力状態が生まれた。その後，エリツィンは反対派を武
力で制圧すると（「十月事件」），さらに新憲法の最終草案を発表し，冒頭に記し
た国民投票によって憲法を採択した。このように，憲法は超法規的な状況で採
択されたのである。この一連の事件は，「エリツィン・クーデター」とも言わ
れる（⇒第3章1）。

　国民投票では，かろうじて賛成が過半数を得たが，政権内部からも集計時の
不正が指摘されるなど，かなり際どい形での憲法採択であった。このように，
ロシアの1993年憲法は，脱社会主義化の過程で憲法に組み込まれた様々な要素
を含みつつ，最終段階での権力闘争の激化によって，大統領への権限集中とい
う特徴を持つようになった（溝口 2016）。

2　93年憲法のもとでの政治制度

■1　執政制度

　それでは，この93年憲法のもとでロシアはどのような政治制度を採用したの
かを次にみていこう。執政制度としては，1991年にすでに導入されていた大統
領制が新憲法においても採用された。しかし，上で述べたような政治対立を経
験したため，新憲法における大統領制は，旧憲法のものよりも大幅に大統領の
権限を拡大したものとなった。大統領権限の強さゆえに，この制度は「超大統
領制」とも呼ばれている（Fish 2000；横手 2015）。また，議会（連邦議会）は上
院（連邦会議）と下院（国家会議）からなる二院制である。上院は各連邦構成主

体から2名ずつが選出され，憲法制定当初は178名で構成された。後述するように，連邦構成主体の統合・編入によってその数が変化したため，また憲法改正によって一部の上院議員を大統領が任命することになったため，上院議員の定数は変化してきた。一方，下院は国民の直接選挙によって選出される450名の議員から構成される。

　ロシアの大統領制は，比較政治学の分野では半大統領制（semi-presidentialism）と呼ばれるものである。半大統領制とは，米国型の大統領制でも日本や英国のような議院内閣制でもなく，大統領と内閣の両方が存在し，両者が執行権を分担する制度である。ただし同じ半大統領制に分類されても，大統領と議会のどちらが首相の任命や解任の実質的権限を持つかによって，その特徴は大きく異なる。ロシアでは，第1に連邦政府（内閣）を構成する首相や大臣の任免権を大統領が持つため，第2に立法についても大統領に大きな権限が与えられているために，大統領が議会に対して優位に立つ（溝口 2016：6-7）。

大統領・議会・連邦政府の関係

　大統領が議会に対してどの程度優位に立つかを考えるうえでは，まず首相をはじめとする連邦政府の人事権を大統領と議会のどちらが握っているかが重要である。首相や大臣の任命については，2020年の憲法修正によって若干の制度変更があったが，ここでは改正された現在の制度についてみてみよう。

　首相の選出は，大統領が候補者を推薦し，下院がその候補者を承認したのちに，大統領がその人物を首相に任命するという形で行われる。下院がこの候補者を拒否した場合でも，大統領は3度まで候補者を推薦することができる。この場合，憲法には特に規定がないため，同じ候補者を再度推薦することも可能である。そして下院が3度首相候補を拒否した場合は，大統領が首相を任命し，下院を解散することができる（第111条）。このように，下院は，制度的には大統領の推薦する首相候補を拒否できるが，大統領に解散権を握られているために，実際に大統領の提案をくつがえすことは困難である。そのため大抵の場合，首相には大統領の意向に沿った人物が就任する。

　連邦政府を構成する副首相や大臣については，首相が推薦した候補者を下院が承認し，その人物を大統領が任命する。この場合も，下院が候補者の承認を3度拒否した場合には，大統領が提案された候補者のなかから副首相や大臣を

任命することになる。ただし，大統領も，議会が承認した候補は必ず任命しなければならない。また，国防・安全保障，外交，治安や社会的安全を管轄する省庁の大臣は，上院との協議ののちに大統領が任命することになっている（第83・112条）。

　いずれについても大統領が人事の実質的な決定権を持っているため，連邦政府の構成は基本的に大統領の意向に沿ったものになる。別の言い方をすれば，かつてフランスで起きていたように，大統領と首相の党派が異なる「コアビタシオン」はロシアでは起こりづらく，大統領と連邦政府の一体性は強い。ただし，例外もある。エリツィン大統領の支持率が低く，議会で野党勢力が優勢だった1998年には，下院が大統領の推薦した首相候補を2回拒否した後に，エリツィンはそれまでの候補を取り下げ，野党の支持するプリマコフを推薦した。また，大統領が常に首相より優位であるとも限らない。2008年から2012年までのタンデム体制期は，大統領のメドヴェージェフよりも首相のプーチンの方がより大きな権力を持っていたと言われている（⇒第3章）。しかし，これらの事例はあくまで例外的なケースとみるべきだろう。

　一方，議院内閣制の国々と同じように，下院は議員総数の過半数によって連邦政府の不信任決議を採択できる。しかし，この場合も大統領はこれを拒否することができる。下院が3ヶ月以内に再度不信任決議を採択した場合，大統領は連邦政府の総辞職か下院の解散かを選択することができる（ただし，下院選挙後1年間はこの形式での解散はできない）。ここでも下院解散権を持つがゆえに，大統領は下院に対して優位に立っている。

大統領の立法権限

　立法に関しては，まず大統領の拒否権がある。連邦法は，連邦議会の上下両院で可決されたのちに大統領が署名することによって成立するが，大統領は署名を拒否することができる。これが拒否権である。議会は大統領の拒否権を覆すためには，上下両院で議員総数の3分の2以上で再度可決する必要がある。しかも，たとえ連邦議会が法案を再可決したとしても，大統領は憲法裁判所にその法案の合憲審査を要求することができる（第107条）。また，大統領は大統領令や大統領命令を発することにより，議会を介さずに自分の決定に法的効力を与えることもできる。大統領令や大統領命令は連邦憲法や連邦法に違反して

はならないという制約はあるものの，それらの発令が可能な分野に対する制限は特にない（第90条）。以上の点から，ロシアの大統領は他の大統領制の国々と比較しても，かなり強い権限を持つ存在である（Shugart and Haggard 2001）。

　大統領の憲法上の権限が強大であるとはいえ，エリツィン政権期，特に1990年代後半は，議会も一定の権力を行使した。それに対し，2000年代に入り「統一ロシア」が安定与党として過半数の勢力を維持すると，大統領と議会の「協調」関係は強まった。それにより立法作業はより効率的かつ迅速になる一方で，議会による大統領や政府の抑制は弱まったと言える（⇒第3章・第6章）。

大統領の任期

　プーチン政権が長期化していることも，大統領の強さを印象づける一因となっている。憲法制定当初，大統領の任期は4年，連続2期までという制限があった。2000年に大統領に就任したプーチンは，この規定に基づいて2期8年を務めた2008年にいったん大統領職を退き，メドヴェージェフ大統領のもとで首相に就任した（この体制を「タンデム体制」と呼ぶ）。そして，2012年の大統領選挙で勝利すると通算3期目の大統領になった。憲法が禁止するのはあくまで「連続2期を超えて」大統領を務めることだったので，3期目であっても憲法違反ではないと解釈されたのである。さらに，2008年の憲法修正によって大統領の任期は6年に延長されており，2018年の大統領選挙でも再選したプーチンは，2024年まで大統領を務めることになっている。

　このように長期政権化しているプーチン政権だが，この政権は2024年以降も続く可能性がある。大統領の任期については，2020年憲法修正で，「連続2期まで」の「連続」という言葉が削除され，同一人物が3期以上にわたって大統領になることは禁止された。これだけをみると，長期政権化を防止する規定であるようにみえる。しかし，大統領経験者（つまり，プーチンとメドヴェージェフ）については，これまでの任期をゼロにするという「リセット」条項が加えられ，2024年以降さらに2期12年大統領職を務めることができるようになった（第81条）。したがって，プーチンの任期は最長で2036年まで続く可能性がある。

② 大統領と連邦政府の関係

　それでは，執行権を分担している大統領と首相・連邦政府との間では，どのような役割分担がされているだろうか。実は，93年憲法において，大統領と連邦政府の関係は不明瞭である。一方で憲法は，国家権力を担う機関として，大統領，連邦議会，連邦政府，連邦裁判所の4つを挙げ（第11条），国家権力の立法権，執行権，司法権への三権分立を定めている（第10条）。しかし他方で，それぞれの権力を担うのは，立法権が連邦議会，執行権が連邦政府，司法権が連邦裁判所とされている（第94・110・118条）。つまり，国家権力機関の1つである大統領が，三権分立のなかでどのような位置づけなのかは明確でないのである。さらに，大統領は国家権力機関の調整や相互作用を保障する存在と位置づけられており（第80条），三権を超越する存在とも解釈できる（佐藤2014）。

　その一方で，大統領は事実上執行権力を行使する存在である。例えば，大統領は内外政策の基本方針を決定し，外交政策を指揮するほか，軍の最高司令官でもある（第80・86・87条）。また，外務省，内務省，国防省などは大統領の管轄とされ，上述したとおりその大臣は大統領が上院との協議ののちに任命する。それに対し，連邦政府は連邦予算の作成と決算報告，経済，文化，教育，科学技術，社会保障などの政策を管轄する（第114条）。このように，実態としては大統領と連邦政府の両者で執行権が分担されており，大統領が外交や国防・安全保障，首相が国内の経済・社会問題を主に管轄する。

③ 連邦制

　連邦制をめぐる規定は，大統領と議会の権限区分に並ぶ体制転換期のもう1つの大きな政治的争点であった。ソ連末期にソ連中央と共和国との関係の見直しが進むと，ロシア共和国内部の民族的自治地域（自治共和国，自治州，自治管区）も地位向上をロシア共和国政府に対して求め，ソ連中央，ロシア共和国，ロシア内部の民族的自治地域の三層関係での政治的駆け引きが展開された（塩川 2021：1163-1192）。このようにしてソ連末期に顕在化したロシア内部の連邦構造をめぐる対立は，ソ連解体後にも継続し，1992年3月に締結された連邦条約と，1993年憲法により連邦中央と連邦構成主体との関係の大枠が定められた。ただし，憲法制定によって連邦制をめぐる問題がすべて解決したわけでは

なく，連邦制の在り方については，分権化が進んだエリツィン政権期と中央集権化が進んだプーチン政権期以降では，大きく異なる（⇒第**8**章）。ここでは憲法のなかで連邦制がどのように規定されているかに焦点を絞って説明する。

　ロシアの連邦制の大きな特徴は，連邦構成主体が多様であるという点である。米国やドイツの連邦制はすべて州で構成されるのに対し，ロシアの連邦制は，共和国，自治州，自治管区，地方，州，連邦都市という6種類の異なる連邦構成主体からなる。これは，ソ連時代の行政区分を引き継いだものであるが，上記のうち最初の3つは基幹民族（タタール人やチェチェン人など）の名を冠する民族的（非ロシア人）地域であるのに対し，後の3つが地理的に区分されたロシア人地域である。ただし，民族的地域であっても，その基幹民族が必ずしも多数派を構成するとは限らない。ロシア人は全人口の約8割を占めることもあり，民族的地域であってもロシア人が多数派である連邦構成主体も少なくない。

　このように，異なる原理に基づく連邦構成主体から構成されるため，ロシアの連邦制は「非対称」であると呼ばれる。実際，共和国は独自の憲法や国家語を定めることができるのに対し，共和国以外の連邦構成主体は憲章を定めることになっている（第5・68条）。ただし，連邦の国家権力機関との相互関係において，連邦構成主体は互いに同権であるとも憲法には規定されている（第5条）。体制転換の過程において，一部の共和国は自分たちの「特権」を求めたのに対し，主にロシア人地域からは連邦構成主体の種別を問わず同権とすることを求める声が大きかった。憲法では，両者の妥協の結果としてこのような曖昧な規定となった。

　憲法は，連邦中央と連邦構成主体の間の権限区分を，連邦管轄事項，共同管轄事項，連邦構成主体の管轄事項という3つに分けている（第71〜73条）。連邦管轄事項とされるのは，連邦国有財産の管理，金融，通貨，連邦予算，連邦税，エネルギー，交通，情報技術，通信，宇宙事業，対外政策，国防・安全保障，国境・領海・領空・排他的経済水域の決定と保護などである。また，共同管轄事項に含まれるのは，土地や資源の使用・処分，農業，環境保護，歴史的・文化的遺産の保護，教育・学術・スポーツ・青少年政策，医療・保健，家族政策，自然災害への対策，少数民族集団の伝統的生活様式の保護，連邦構成

主体の対外関係の調整などがある。また，この２つに含まれないものが連邦構成主体の管轄事項とされている。なお，共同管轄事項に関する第72条には，当該規定はすべての連邦構成主体に等しく適用されると記されており，この点は連邦構成主体の同権性を意識したものとなっている。ただし，このように多岐にわたる共同管轄事項が，実際にどのように運用されるのかは憲法に記されていないため，中央と地方がそれぞれどの程度の権限を持つのかははっきりしない（Smith 2015：74）。

　なお，連邦構成主体の数は，1993年の憲法制定時には89であったが，2000年代に連邦構成主体の合併によって83となった。さらに，2014年３月にはウクライナ領であったクリミア半島を，2022年２月に始まるロシア・ウクライナ戦争においても，ウクライナの東部および南部をロシアは一方的に併合した。いずれの場合でも，形式的にはこれらの地域で住民投票が行われてウクライナからの独立を宣言し，それを受けてロシアが編入手続きをとるという形がとられた。したがって，ロシア憲法上は2023年現在連邦構成主体の数は89であるが，ウクライナはもちろんのこと，多くの国はロシアによるこれらの地域の一方的な併合を認めていない。

3　憲法改正手続きとロシア憲法の変容

■1　憲法の柔軟性と安定性

　日本国憲法は制定以来１度も改正されていないことで知られている。しかし，世界的にみるとこのようなことはむしろまれで，世界各国の憲法の生存期間の中央値は19年だとする研究もある（Elkins et al. 2009：129）。また，憲法改正の是非についても様々な議論がある。一方では，政治，経済，社会の変化に応じて憲法も改正すべきだという考え方がある。つまり，憲法が現実社会から乖離したものにならないように，憲法にはある程度の柔軟性が求められるというのである。他方で，憲法は政治の「ゲームのルール」を定める重要な規範であるとすると，あまりに憲法改正が容易であると憲法秩序の安定性が損なわれかねない。その意味で，憲法には一定の安定性を求める考え方もある（Roznai 2017＝2021：1‐5）。

　かつては，ポスト社会主義諸国のなかでも，ロシア憲法は改正が困難な「硬性憲法」であると考えられてきた（森下 2003：60；Roberts 2009）。実際，2008年までは，連邦構成主体の再編を除けば1度も憲法が改正されることはなかった。1で述べたように，体制転換期に激しい権力闘争があったため，エリツィン政権，第1次プーチン政権のどちらにおいても「憲法秩序の安定」が重視された。しかし，2008年以降は，政権は体制の安定や強化のために憲法改正が必要だと主張するようになった（溝口 2017）。実際近年は憲法改正が増えており，2020年には憲法は大きく変わることになった。このように，憲法改正に対する政権の姿勢は徐々に変化してきた。

❷　憲法改正手続き

　ロシア憲法では，憲法のどの部分を改正するかによって以下の3つに区別され，それぞれに異なる改正手続きが定められているし，その呼び名も異なる。

　まずは，憲法の基本原則（第1章），人権規定（第2章），憲法改正規定（第9章）を対象とする「改正」（пересмотр）である。「改正」は，その提案が連邦議会上下両院の議員総数の5分の3以上によって支持された場合，憲法議会が招集されて行われる。憲法議会は，憲法を改正しないことを決定するか，新しい憲法草案を起草する。つまり，「改正」は実質的に新憲法の制定を意味する。そして，憲法議会で起草された憲法草案は，この会議の全構成員の3分の2以上で採択されるか，全人民投票に付される（第135条）。このような手続きは，以下の2つよりも実現のハードルが高い規定であると言え，実際に憲法制定以来このような改正は1度も行われていない。

　次に，統治機構に関する規定（第3章から第8章）を対象とする「修正」（поправка）である。「修正」には下院の3分の2以上，上院の4分の3以上の賛成に加えて，全連邦構成主体の3分の2以上の立法機関での承認を得る必要がある（第136条）。この「修正」は，これまで2008年，14年，20年に実施された。2008年には4年であった大統領と下院議員の任期がそれぞれ6年と5年に延長されたうえに，政府は自らの活動に関する年次報告を下院で行うこととされた。また，2014年には最高仲裁裁判所の廃止，検察官の任命における大統領権限の拡大，上院議員の一部に対する大統領の任命権の付与が行われた。この

ように2014年までの憲法修正は大統領権限を拡大するものが多かったものの，それほど大規模なものではなかった。それに対し，後述するように，2020年の憲法修正は200以上の項目に及ぶものであり，憲法全体の性質を変えるものであった。

　最後に，新しい連邦構成主体の加入や設置，連邦構成主体の統合や名称変更に関する「変更」（изменение）である。連邦構成主体の加入・設置や連邦構成主体の統合については，連邦の憲法的法律を制定することによって行われる（第137条）。連邦の憲法的法律は，通常の連邦法とは異なり，下院の3分の2以上，上院の4分の3以上で可決され，大統領に拒否権はない（第108条）。また，連邦構成主体の名称変更に関する手続きは憲法には記載されていないが，憲法裁判所はそれが大統領令によってなされるという解釈を示した。こうした「変更」は，1990年代半ばから2000年代半ばまでに実施された。また，前節で述べたように，2014年と2022年にウクライナの一部地域を一方的に併合した際にも，国内法的にはこの手続きに基づいて行われた。

❸　2020年憲法修正

　2020年の憲法修正はこれまでにない大規模なものとなったが，その成立までの手続きも異例であった。上述のように，憲法の規定（第136条）に従えば，第3章から第8章までの憲法修正は，連邦議会上下両院と連邦構成主体議会で採択される必要がある。しかしそれに加えて，2020年憲法修正は，憲法裁判所による合憲性の判断を経て，「全ロシア投票」と呼ばれる国民投票で承認されることになった。このように通常とは異なる手続きがとられる理由について，大統領府は，この国民投票は「必須ではない」が「国民の考えを確かめることが必要だ」と説明した。憲法制定以来初めてとなる大規模な改正に対して，国民投票によってその正統性を確保したいという政権側の思惑がみて取れる。

　その一方で，後述するように様々な内容の修正がなされたにもかかわらず，この問題について十分な議論や法案審議がなされたとは言いがたい。1月の大統領教書演説でのプーチン提案にはじまるこの憲法修正は，急ピッチで審議が進められ，連邦議会上下両院と連邦構成主体議会での採択を経て3月14日には公布された。「全ロシア投票」は，新型コロナウイルスの感染拡大で延期され

たものの，7月1日に実施され，投票率は67.88パーセント，賛成が78.56パーセントであった。こうして，提案から半年足らずの7月4日には修正憲法が施行された。

プーチン政権のさらなる長期化？

　2020年憲法修正は，当初は2024年に任期満了となるプーチン大統領が，大統領退任後に「院政」を敷くための準備ではないかと考えられた。実際，当初の法案は大統領権限を弱める内容が中心であった。例えば，大統領任期を「連続2期」までとする規定（第81条3項）から「連続」という言葉が削除された。これによって，大統領任期は「通算2期」に制限され，プーチンのように，2期大統領を務めた後に一定期間大統領でない時期を挟んで再び大統領に復帰するという方法はとれなくなった。この点は欧州評議会の諮問機関であるヴェニス委員会も高く評価したポイントである。また，大統領の諮問機関である国家評議会について，その目的などが憲法に明記された。そのため，これまで法的地位が明らかでなかった国家評議会に憲法上の地位を与えたことから，プーチンが大統領退任後も実質的な権力を保持し，国家評議会議長として「院政」を行うのではないかという憶測が生まれたりもした。

　しかし，審議途中で法案が修正され，2024年以降もプーチンが大統領にとどまることが可能になった。現職大統領を含めた大統領経験者に対しては，通算2期という新たな規定は彼らのこれまでの任期を除いて適用されるという別の修正条項が追加されたのである（第81条3¹項）。つまり，大統領経験者であるプーチンとメドヴェージェフのこれまでの任期は「リセット」され，プーチンは最長で2036年まで大統領でいられることになった。このように，第81条の改正は，最終的にプーチン政権が継続する可能性を残すものとなった。また，大統領・連邦議会・連邦政府の関係についても，様々な改正がなされているが，全体としては大統領の権限を拡大するものとなった。

　ただし，「院政」へ移行する可能性がないわけでもない。例えば，大統領の不逮捕特権は，現職大統領だけでなく大統領経験者にも適用されることになり（第92¹条），大統領経験者は終身上院議員になるという規定も新たに加えられた（第95条）。いずれも審議途中で法案に追加されたものであり，プーチンの大統領留任と院政の双方を見据えた改正が行われることになった。

ナショナリズム，保守主義

　2020年憲法修正のもう１つの特徴として，ナショナリスティックな方向への改正や保守的な改正が散見される。それは以下のような改正に表れている。

　第１に，公職者の資格要件が厳格化された。多くの公職者に，外国籍，外国の居住証明書，永住権を持たないこと，外国に銀行口座や資産を持たないことが要件とされた。そのなかでも，大統領候補に対する要件は特に厳格である。大統領候補には，外国籍，外国の居住証明書などを現在持たないだけでなく，「これまでも有したことがない」という条件が付されている。このことは，ロシア国外に居住経験のある者は，大統領への立候補資格を失うということを意味する。ただし，「全部または一部がロシア連邦に編入された国家」の国籍をかつて有していた人や，「全部または一部がロシア連邦に編入された国家の領域内」に定住していた人には，この要件は適用されないことになっており，ウクライナ出身者だけは特別扱いされている（第81条）。

　第２に，国際関係におけるロシアの「主権および領土的一体性の保護」が強調された。まず，領土の一部の譲渡に向けられた活動，およびそのような活動を呼びかけることは禁じられることになった（第67条）。この点は，北方領土交渉に影響が出るのではないかと日本国内でも話題になった（⇒第**12**章３）。また，国外に住む同胞の権利や利益保護（第69条），ロシア憲法と矛盾する国際機関の決定の国内への不適用（第79条），内政干渉の禁止（第79¹条）なども憲法に明記された。近年のロシアは，自らの主権や内政不干渉原則を盾にして，欧州人権裁判所の決定に従わない姿勢を法制化するとともに，ロシア系住民の保護を理由に旧ソ連諸国への介入を強めてきた。これらの改正点は，こうした最近のロシア外交のあり方を反映している。

　その他にも愛国主義的，保守的な改正がなされている。例えば，神への信仰，ロシア国家の歴史的継続性，祖国防衛者の追悼，歴史的真実の保護，愛国教育といった点が明記され（第67¹条），愛国主義的な価値観の重要性が強調されている。また，婚姻制度を「男性と女性の結びつき」と定義して，同性婚を否定する規定も設けられた（第71条）。

ロシア憲法の今後

　2020年の憲法修正によって，ロシア憲法の特徴は大きく変容することになっ

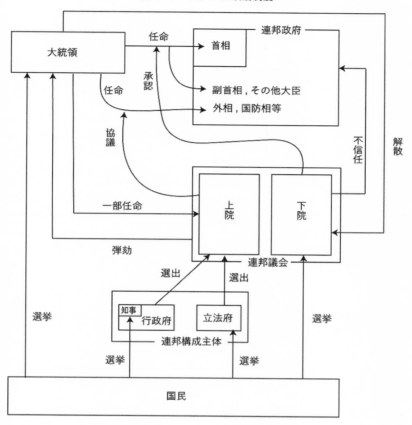

図4-1　ロシアの政治制度

　た。それは単にプーチンのさらなる長期政権化を可能にしているだけでなく，ロシアの主権，愛国主義，そして保守的な価値観を強く押し出すものとなった。憲法修正当初，愛国主義や保守的な価値観を憲法に加えることは，プーチンの任期延長をカモフラージュし，国民投票でこの憲法修正が受け入れやすくするための手段であるとも考えられていた。しかし，2022年のウクライナ侵攻は，プーチンがロシアという国家にとってこうした価値観が重要だと考えていることを改めて示すことになった。その意味で，2020年の憲法修正はロシア政

治にとっての１つの転機となる出来事であったと言えよう。

📖 📽 **おすすめ文献・映画**

① 松里公孝（2020）『ポスト社会主義の政治——ポーランド，リトアニア，アルメニア，ウクライナ，モルドヴァの準大統領制』筑摩書房。

　　ロシアと同じく半大統領制を採用する（またはかつて採用した）５つのポスト社会主義諸国の政治動向を論じた１冊。ロシアの政治制度との比較という観点からでも，地政学的に複雑な地位に置かれたこれらの国々の政治動向を知るうえでも大変読み応えがある。

② 渋谷謙次郎（2015）『法を通してみたロシア国家——ロシアは法治国家なのか』ウェッジ。

　　タイトルは一見難解そうだが，一般読者向けに平易な文章で書かれており，非常に読みやすい本である。扱うテーマもソ連時代の憲法，ロシア憲法制定，ウクライナ危機そしてロシア文学まで幅広い。

③ 溝口修平（2016）『ロシア連邦憲法体制の成立——重層的転換と制度選択の意図せざる帰結』北海道大学出版会。

　　ソ連解体後の激しい権力闘争のなかでロシア憲法がいかに制定されたか，そしてそれがどのような帰結をもたらしたかを論じている。

第**5**章 政党・選挙

現在のロシアでは，政党は与党の「統一ロシア」が独占的な地位を占め，選挙についてもその非公正性がクローズアップされている。このような状況はなぜ，そしてどのようにして現れるに至ったのか。政党と選挙は相互に影響し合う関係にあるが，本章では，選挙のあり方を大きく規定する政党制の展開について確認した後，その枠組みのなかで実施される選挙について考察する。まず，1・2では，ロシアにおける政党制について，民主化の期待があった1990年代，および「統一ロシア」による政治空間の独占が進展した2000年代以降の展開を概観した後，現在の政党システムが持つ特徴について論じる。そのうえで，3において，政権による選挙の統制およびその限界について検討する。

1 政党制の展開

1 1990年代

新生ロシアでは，ペレストロイカ期から進んでいた民主化が一層進展し，根付くことが期待されていた。そのなかでも焦点となったのが政党の発展であった。政党制についてもすでに1990年6月の時点で一党制の原則が放棄され，流動的ではあったものの複数政党制の萌芽は現れていた。新生ロシアにおいても，複数政党制がその原則とされた。政党に関する法整備には不十分なところもあったが，政党にとりわけ大きな影響を与える国家会議（下院）の選挙制度については，全450議席の半数を小選挙区，半数を政党をベースとした比例代表制で選出する方式が採用された。この制度選択の背景にはエリツィン陣営の議席最大化など様々な思惑があったと言われるが，比較的大きい割合を比例選挙で選ぶことにより，政党の発展を促そうとする考慮も働いていた。

ところが，政党の定着はそれほど容易には進まなかった。1993年・1995年下院選挙結果からは，様々な政党が作られては消えていった様子が明らかになる。与党陣営に関しても，1993年の時に与党系ブロックとして作られた「ロシ

アの選択」は選挙後に瓦解し，1995年選挙の際には新たに「我々の家ロシア」が結成されたが，これもまた長続きはしなかった。政党としての活動が比較的活発であったのはロシア自由民主党とロシア連邦共産党などの一部野党に限られていた。また，そもそも政党が果たす役割自体が限定的であったという点も重要である。1990年代においては，1995年の際に一時的に減少はするものの，多くの議員が無所属候補として当選していた。政党の浸透の遅れは地方議会選挙などにおいても観察されている。

　政党の浸透が遅れた背景には様々な要因が指摘されている。まず挙げられるのが，エリツィン大統領自身の姿勢である。エリツィン大統領は自らは無所属を貫いただけでなく，各種の与党系ブロック結成の動きからも距離を置き，そのための制度作りにも消極的であった。それに加えて，各種の制度が結果的に政党の定着を阻害する方向に作用したことも指摘できる。そのなかでも特に重要な意味を持ったのは，政党に関する法制度が未整備であったという点である。例えば，1990年代においては選挙の時に「選挙ブロック」の形成が認められており，複数の勢力が寄り集まって選挙に臨み，その後瓦解することも珍しくなかった。

　これらの説明に加え，1990年代において政党の「代替物」が大きな役割を果たしたために政党の出る幕がなかったとの議論もある（Hale 2006）。こうした「代替物」として特に重要な意味を持つのが知事たちの選挙マシーンであった。競争が激しかった1990年代の選挙において，行政府がどの候補者を支援するかは決定的な意味を持っていた。その際に鍵となったのは「行政資源（административный ресурс）」の動員であった。行政府の支援を受ければ，行政府に近いメディアに露出したり，選挙戦に際して行政府の組織的なバックアップを受けたりすることが可能になる。候補者からみれば，政党に所属することよりも，このような形で行政府から様々な支援を受けることの方がよほど重要である。行政府が有力な選挙マシーンとして機能している限り，政党が浸透する余地がなかったのである。

　1990年代末になり，エリツィン大統領の任期切れが視野に入るようになると，このような状況にも多少の変化が現れた。連邦政界への進出を目指した一部の首長らは政治運動を活発化させ，各地で生じた動きは最終的に選挙ブロッ

ク「祖国＝全ロシア」へと合流した。これに対し，政権は1999年下院選挙の直前になって「統一」という選挙ブロックを結成し，地方の掌握を試みた。こうした2つの勢力がせめぎ合うなかで，それまでは連邦レヴェルの政党形成の動きから距離を置いていた地方の選挙マシーンが，次第に政党へと取り込まれていくことになったのである。これらの勢力は最終的に2000年の大統領選挙でプーチン候補を支持し，その後の与党「統一ロシア」の前身となる。

❷　プーチン大統領第1期目・第2期目

　プーチンが大統領に就任して以降は，1990年代とは異なり，政党の制度化が進んでいくことになる。その第一歩となったのが2001年の政党法の制定である。これにより，政党の要件が明確化されたことに加え，政党への国庫からの補助金の制度も導入されることになった。2000年代以降のロシア政治において，政党は特別な地位を与えられ，選挙に際しても重要な役割を果たすようになったのである。なお，この時点では，党員数1万人以上，過半数の連邦構成主体に党員数が100人以上の地方支部を有することなどが政党の要件とされていた。政党の登録は2001年末から始まり，「統一ロシア」も同年12月1日に政党として登録された。同党は2003年の下院選挙で37.6％を得票して幸先の良いスタートを切り，安定与党としての第一歩を踏み出した。

　これに続いて行われたのが政党の役割を増す制度変更であった。2003年には連邦構成主体の議会において少なくとも50％以上の議席を比例区で選出することが義務づけられ，それまでは政党の果たす役割が小さかった地方議会にも政党の浸透が進むようになった。また，2005年の下院選挙法改正により，小選挙区比例代表並立制に代わってすべての議席を比例代表制で選出する方式が導入された。これは小選挙区において有利な選挙戦を展開してきた与党系勢力の議席が減少するリスクを伴う制度変更であったが，この段階では，比例代表制への全面的な移行を通じて当選した議員に対するコントロールを強め，党の基盤をより堅固なものとすることが目指されたのである。

　一連の制度改革と並行して，選挙への参加に高い障壁が設けられるようになった。まず，2004年の政党法改正により，政党として認められるための党員数要件が厳格化され，全国で5万人以上，過半数の連邦構成主体に500人以上

などとされた。この制度変更は政党登録のハードルを上げることになり、政党の登録数は減少した。また、2005年に下院選挙法が改正された際には、すべての議席を比例区で選出する方式への変更が行われたのと同時に、比例区における阻止条項（政党が議席配分を受けるための最小限の得票率を規定する「足切り」条項）がそれまでの5％から7％へと引き上げられた。これらの法改正は、選挙に参加し、議席を獲得する政党を予め絞る意味合いを持つものであり、「統一ロシア」、ロシア連邦共産党、ロシア自由民主党など、一定以上の規模を持つ大規模野党にとって有利に働いた。

　この間に、与党「統一ロシア」は各地方の知事らのもとで自立的に機能していた選挙マシーンを糾合し、党勢を拡大していった（油本 2015）。この動きは必ずしもスムーズに進んだわけではなかったが、2004年末、連邦構成主体首長が事実上任命制で選出されるようになったことがその後押しとなった。知事らが地元の住民から選挙で選ばれるのではなく、連邦中央の意向を受けて決定されるようになった結果、それまで「統一ロシア」と付かず離れずの関係を築いていた知事たちも、同党の選挙キャンペーンに積極的に関与するようになったのである。

　2007年下院選挙は、「統一ロシア」が圧倒的な優位に立ったことを明らかにした。この選挙において、同党は64.3％を得票して450議席中315議席を獲得するという大躍進を遂げた。このような「統一ロシア」の優位状況は連邦レベルのみならず、地方レベルにおいても現れた。同党は、政権による様々な後押しのなかで、各地方にもともと存在していた選挙マシーンを糾合する形で、押しも押されもせぬ支配的な与党となったのである。

❸　タンデム期以降

　このようにして現れた「統一ロシア」の独占状況に対しては当然反発があった。これが明らかになったのは2011年のことであった。この時には既得権益層を代表していると考えられた「統一ロシア」批判が高まっていたことに加え、プーチンとメドヴェージェフが表明した大統領と首相のポストの交換が人々の反発を招いた。2011年下院選挙の結果、「統一ロシア」の得票率は前回選挙より15ポイント減少し、獲得議席も過半数を少し上回る238議席にとどまった。

同選挙の際にもすべての議席を比例代表制で選ぶ方式が採用されていたため，比例区の得票率低下はそのまま議席の減少につながった。さらに，選挙後には選挙不正が広く行われたとの疑惑が広まり，公正な選挙の実施を訴える大規模な抗議活動へと発展した。

　対応に迫られた政権は，抗議運動が続いていた2011年12月，政治制度改革を打ち出した。この時の改革は政党法の改正，下院選挙法の改革，連邦構成主体首長公選制の復活など多岐にわたるものであったが，とりわけ注目されたのは選挙への参入障壁の引き下げであった。政党要件や下院選挙の阻止条項の緩和はメドヴェージェフ大統領期に着手され，一定の進展をみせてもいたが，抗議運動を受けてこれが一挙に進んだのである。2012年の政党法改正によって党員数要件が大幅に引き下げられ，全国で500人以上とされたことは特に大きな変更点であり，実際に政党の登録数は大幅に増加した。さらに，2014年には下院選挙の阻止条項を7％から5％へと引き下げる制度変更が行われている。これらの制度変更は，より規模が小さな政党にも選挙に参加する道を開くものであったと言える。

　しかし，一連の制度変更にもかかわらず，選挙を経て実際に議席を獲得する政党の顔ぶれにはあまり変化がなかった。さらに，政権側は改めて制度的な障壁を設け，新規参入を阻もうとした。その1つが立候補に際しての署名集めである。この署名要件は2012年にいったんは緩和されたものの，2014年になると揺り戻しがみられた。下院選挙の制度を例にとれば，直近の下院選挙（比例区）で3％以上を得票した政党および連邦構成主体レベルの議会に議席を有している政党は署名集めを免除された一方で，それ以外の政党や無所属候補にはより厳しい要件が課された。特に小選挙区では有権者総数の3％の署名を集めなければならないと規定され，優遇を受けられない立候補者のハードルは2012年以前よりも高くなった。

　「統一ロシア」に与えた影響がとりわけ大きかったのは小選挙区選挙の再導入であった。同党の不人気ぶりが明らかになったことも受け，2014年には比例区重視の方針が見直され，下院選挙については比例区と小選挙区で半数ずつを選ぶ制度が復活した。新制度が適用された2016年下院選挙以降，「統一ロシア」は得票率の低下にもかかわらずより多くの議席を獲得するようになっている。

2016年下院選挙の結果，「統一ロシア」は前回選挙を105議席上回る343議席を獲得し，その議席数は過去最大となった。2021年下院選挙の際にも与党の支持率低下が指摘され，比例区の得票率も50％を下回ったが，「統一ロシア」は小選挙区での堅調な選挙結果に助けられて3分の2を超える324議席を獲得した。こうした選挙制度にも後押しされ，「統一ロシア」が圧倒的な数の議席を占有する状況は維持されている。

2　現在の政党システム

■1政党システムの特徴

　このような経緯を経て形成されたロシアの政党システムの特徴は，まず何よりも，政権との近さによって各政治勢力が分断されている点に見出すことができる。現在のロシアの政党システムにおいて中心的な役割を果たすのは与党の「統一ロシア」である。同党は政権，また各級の執行権力と密接な関係を構築し，支配的な立場を享受している。「統一ロシア」の性質については次項で詳述するが，同党内部での指名争いなどはあれ，ひとたび候補者として擁立されれば選挙から締め出されるおそれはなく，様々なリソースにもアクセスが可能である。実際に，同党が公認した候補者はほとんどの場合当選する。

　野党勢力に目を向けると，そもそも選挙へのアクセス可能性自体に大きな差が生じている。まず，政党法の要件を満たせるかという問題がある。政党法の要件は2012年に大幅に引き下げられたが，それでもなお，様々な理由により登録が認められていない政治勢力が存在する。次に焦点となるのは，選挙への出馬の権利を得られるかどうかである。ここには署名集めというハードルがある。先にも触れたとおり，一定の要件を満たした政党は立候補に際しての署名集めが免除される一方，それ以外の政党や無所属候補には厳しい署名要件が課されている。さらに，規定通りの署名を集めたとしても，その不備が指摘されるなどして立候補の登録が拒否されることも多い。

　選挙へのアクセスを有している野党勢力は大きく2つのグループに分けることができる。一方には，下院選挙（比例区）において一定割合以上を得票し，下院に会派を持つ大規模野党がある。ロシア連邦共産党，ロシア自由民主党，

「公正ロシア」は参入障壁が高く設定されていた2000年代後半も含め，継続して下院に会派を有している。また，2021年下院選挙の結果，「新しい人々」という新たな政党が比例区で議席を獲得した。これらの野党と政権は持ちつ持たれつの関係にあるが，両者が対立する局面もないわけではない。稀ではあるものの，知事選挙などで与野党が激突し，局地的に「政権交代」が生じることもある。

　他方で，下院には会派を持たない，より規模の小さい野党がある。ここには，「社会公正のためのロシア年金生活者党」，「ロシアの共産主義者」，「ロージナ」，「ヤブロコ」，「市民プラットフォーム」，「緑」など，左派系からリベラル系，環境系まで幅広い政党が含まれている。これらの政党は下院選挙（比例区）での得票率が０～２％台にとどまっており，議席配分の対象にはなっていないが，小選挙区や地方議会選挙では議席を獲得することもある。下院選挙法では直近の下院選挙における３％以上の得票という条件に加え，少なくとも１つの連邦構成主体で議席の配分を受けている場合は署名集めを免除するという条項があることから，一部の政党は下院選挙に署名集めなしで参加できる。

　曲がりなりにも政党として活動できる野党勢力とは異なり，そもそも政党として登録されない政治勢力も存在する。その代表的な例として知られるのがナワリヌイ陣営である。彼は「未来のロシア」（2018年まで「進歩の党」）という政党を率いているが，同党は法務省によって登録が拒否されており，選挙には参加することができていない（⇒コラム４）。

　こうした制度的な障壁に加え，政権が自らに都合のよいように見かけ上の競争を作り出す「ヴァーチャル」な側面が政党システムに与えている影響も無視できない（Wilson 2006）。最もわかりやすい例として，政権にとって脅威とならない「官製野党」の形成が挙げられる。その例として特に有名なのが2006年に結成された「公正ロシア」である。同党は，「統一ロシア」が勢力を拡大しつつあった時期に，左派系の有権者を取り込む目的で結成されたとされる。また，2021年下院選挙の際に初めて議席を獲得した「新しい人々」もこれと似たような側面があるとの指摘がある。こうしたマニピュレーションは，有権者の意思表示をより巧妙な形で歪めていると言える。

表5−1　ロシアの政党

政党名	概　要
統一ロシア	現在のロシアの政権与党である。1999年下院選挙に向けて作られた「統一」，「祖国＝全ロシア」が合同して2001年に創設された。2003年下院選挙以降，下院において最大の議席を占めている。党のイデオロギーとしては保守主義などを掲げており，政治的立場は中道右派に分類される。当初は合流した各選挙ブロックの代表（ルシコフ，ショイグ，シャイミーエフ）が党の共同代表となった。その後は，2004年からグルィズロフ（当時下院議長），2008年からプーチン（当時首相），2012年以降はメドヴェージェフ（2020年まで首相）が党首を務めている。
ロシア連邦共産党	ロシアの「老舗野党」の１つである。1993年に設立され，同年の下院選挙で議席を獲得して以降，下院の議席を維持している。1990年代後半には下院第一党となった。共産主義イデオロギーに立脚し，自らをソ連共産党の後継政党と位置づけているが，政治的多元性と私有財産を認めている点，ナショナリズムに重点を置いている点などにおいてソ連共産党とは異なる立場をとっている。党首は創設時から現在に至るまでジュガーノフが務めている。1990年代の共産党はエリツィン大統領に挑戦する存在であったが，政権に対する態度はその後穏健化した。
ロシア自由民主党	ロシア連邦共産党と並ぶ「老舗野党」である。1992年に創設された。1993年下院選挙以降，一貫して下院に議席を有している。1993年下院選挙の際には比例区で最も多く得票して大きな注目を集めた。創設者であり，長年党首を務めたジリノフスキーの過激な発言などからウルトラナショナリスト政党と評価されることもあるが，その主張は移ろいやすかった。2022年にジリノフスキーが死去した後はスルツキーが党首となった。野党的な振る舞いとは裏腹に，政権に対しては協調的である。
公正ロシア	2007年下院選挙以降，「統一ロシア」，ロシア連邦共産党，ロシア自由民主党と並んで下院の議席を維持してきた中道左派政党である。2006年に「ローヂナ」，ロシア年金生活者党，ロシア生活者党が合同して作られた（「ローヂナ」は2011年に独立した政党として復活した）。その設立に際しては政権がイニシアチヴを取ったことから，官製野党と評されている。党首は結成後から2011年までミロノフが，レヴィチェフが2013年まで務めたのち，再びミロノフとなった。なお，2021年に「真実のために！」および「ロシアの愛国主義者」が合流し，正式な党名は「公正ロシア―愛国主義者―真実のために！」となった。
新しい人々	2021年下院選挙で新たに下院に議席を獲得した中道右派政党である。2020年に結成された。党首のネチャーエフが2011年にプーチンの支持母体として作られた「全ロシア人民戦線」のメンバーでもあり，政権とも近いことなどから，「公正ロシア」と同様の官製野党とみられている。
ヤブロコ	1990年代から存在するリベラル系野党の一つである。同党の前身は1993年下院選挙時に結成された「ヤヴリンスキー・ボルドゥイレフ・ルキーン」ブロックで，その頭文字を取って「ヤブロコ（リンゴの意）」と命名された。2003年下院選挙を最後に，下院での議席獲得には至っていない。党首は創設者の１人であるヤヴリンスキーが2008年まで，その後はミトローヒン（2008-2015年），スラブノーヴァ（2015〜2019年），ルィバコフ（2019年〜）が務めている。

❷　「統一ロシア」の性質

　ロシアの政治空間を独占する「統一ロシア」は，しばしば支配政党と形容される（Reuter 2017）。その際にとりわけ重要な意味を持つのが，同党がエリートをどの程度組織できているかという点である。この点について言えば，「統一ロシア」は多くのエリートを組織している。同党は下院において3分の2を超える議席を有し，ほとんどの地方議会において第1党となっている。また，「統一ロシア」は地方に存在していた選挙マシーンを糾合することで成長してきたという経緯もあり，地方のエリートに対する影響力も強い。知事たちを例にとれば，彼らは今や「統一ロシア」に組み込まれ，同党の選挙キャンペーンに積極的に関与し，その得票率を伸ばすことが彼ら自身の政治生命を左右しかねない状況ともなっている。すなわち，同党は，エリートを組織し，忠誠を誓わせ，その離反の動きをけん制する機能も果たしているのである。

　しかし，「統一ロシア」を，例えばソ連におけるソ連共産党のような，ロシア政治を主導する存在であるとみなすことはできない。なぜなら，同党はあくまでも執行権力によって作られた道具として機能しているためである（Roberts 2012）。この点は何よりも，プーチン大統領自身の「統一ロシア」との距離の取り方に見出すことができる。プーチン大統領は，同党との密接な関係性をアピールし，首相時代には党議長というポジションにつきながらも，自身は1度も党員にならなかった。政党から距離を置こうとする姿勢はエリツィン大統領の時からみられたものであるが，プーチンもまたそれを踏襲したのである。このような距離の取り方は大統領選挙にもみられる。プーチンからメドヴェージェフ，メドヴェージェフからプーチンへの代替わりがあった2008年選挙，2012年選挙を除くと，大統領候補はいずれも無所属候補として出馬している。プーチン政権にとっての権力の源泉は「統一ロシア」とは異なるところに存在しているのである。

　政権と「統一ロシア」の微妙な関係性は選挙においても観察される。「統一ロシア」は既得権益層を代表しているというイメージも根強く，どちらかと言えば不人気である。政権にしてみれば，元来従属的な存在である同党の不人気の影響を受けることは何としても避けたいところである。これが特に顕著になったのが，プーチンが3選を目指した2012年大統領選挙の時であった。与党

批判が高まるなかで，プーチンは新たに作った「全ロシア人民戦線」という組織に依拠することで「統一ロシア」から可能な限り距離を置こうとした。「統一ロシア」の支持率はその後も低迷が続いており，政権・当局は様々な選挙技術を駆使してそのダメージを最小限にすべく，社会運動の代表など，それまであまり同党と関係が深くなかった人々を擁立したり，党の候補者をあえて無所属候補として出馬させたりすることもある。「統一ロシア」は，政権にとって必ずしも替えの利かない道具というわけではないのである。

3　選挙の統制とその限界

　ロシアにおいては，競争的な選挙で民主的に選出されていることが体制の正統化原理となっている。競争選挙の起源はペレストロイカ期の後半に遡ることができる。1989年にはソ連人民代議員選挙が，1990年にはロシア・ソヴィエト連邦共和国（ロシア共和国）人民代議員選挙，またそれ以下の地方ソヴィエト選挙が実施された。1991年6月にはロシア共和国大統領も公選で選ばれている。新生ロシアでもこの路線が引き継がれ，大統領，連邦議会下院（上院は1993年のみ公選制），地方レベルの議会が選挙で選ばれることになった。連邦構成主体の行政府長官は当初は任命制とされたが，1990年代半ばにはこれも公選制へと移行した（その後は2004年に実質的任命制に移行した後，2012年に再び公選制が採用されている）。

　こうした選挙の位置づけとは裏腹に，選挙の公正性には常に問題が指摘されてきたことも事実である。1990年代においては，多くの政治勢力が選挙に参加することができ，選挙自体は競争的であった。しかし，こうした競争性が公正な選挙の実施を促したわけではなかった。どの勢力が勝利するかが見通せない状況のなかで，各政治勢力はなりふり構わぬ動員を行い，自らの候補者を当選させることを目指した。こうした競争のなかでとりわけ有利な立場に立つようになったのが，先にも触れた行政資源を動員できる行政府であった。現職や行政府の支援を受けた候補者は，行政由来の様々なリソースを活用して他の候補者に対するアドヴァンテージを得ることができたのである。言うまでもなく，このような慣行は選挙の公正性を損なうものである。

　2000年代後半以降は，政治的な集権化が進んだこと，与党「統一ロシア」が結成されたことなどを受け，政権・地方行政府による選挙の統制がより大きな注目を集めるようになった。選挙の統制は選挙前の制度作りから実際の選挙の実施に至るまで各段階で行われている。まず，選挙制度の策定に際しては，先の節でも触れたとおり，政党法の要件厳格化，比例代表選挙の阻止条項引き上げ，署名要件の厳格化など，様々な形で選挙への参加に障壁が設けられている。現職・与党陣営は実際の選挙に際しても有利な状況にある。立候補の登録に際しては署名の不備などを理由に登録がされないことがあり，特に野党や無所属候補はその対象となりやすい。また，職場などでの投票の強制が現職・与党陣営の手堅い集票を可能にしている面も指摘できる。地域によっては選挙結果の改ざんなどが疑われるケースもある。このように，現在のロシアにおいては現職・与党陣営が確実に勝利するためのセーフティネットが何重にも張られており，選挙はあらかじめ決まった結果を追認する行事と受け止められるようになっている。

　ただし，強力な統制にもかかわらず，民意が表出される余地が全くないわけではない。与党「統一ロシア」が大幅に議席を減らした2011年下院選挙のような例に加え，地方レベルに目を向けると，稀ではあるものの「政権交代」も起きている。連邦構成主体レベルでは，特に年金の支給開始年齢引き上げに伴って政権の支持率が低下した2018年の統一地方選挙の際には，いくつかの地方の知事選挙において現職・与党陣営の候補者が落選し，ロシア自由民主党やロシア連邦共産党などの野党の候補者が当選している。「政権交代」が生じたとしても，当局は様々な形で圧力をかけ，場合によっては辞任に追い込むこともできるが，2020年のハバロフスク地方での抗議運動が示すように，強引なことをすればするほど政権への風当たりは強くなる。

　また，こうした形で選挙が統制されることへの反発も当然無視できないものである。選挙の非公正性はロシアにおいても周知の事実であり，人々は時としてこうした選挙の実施方法に対して怒りの声を上げてきた。2011年下院選挙後に盛り上がった抗議運動は，選挙の公正性が問題視された代表的な例である。抗議運動はその後も起こっている。2019年モスクワ市議会選挙の際には，野党系の無所属候補者らが出馬を許されなかったことに対して大きな抗議運動が起

こった。政権は抗議運動を徹底的に抑え込む姿勢を示し，それに成功したものの，一連の経過は，人々の反発が依然として根強いことを明るみに出した。

　2020年以降は政権に批判的な勢力の活動はさらなる制約を受けるようになった（⇒コラム4）。これに追い打ちをかけたのが2022年のウクライナ侵攻であった。その結果，言論統制はかつてないレベルに強化され，政権批判はほとんど不可能になった。また，共産党などの体制内野党も対ウクライナ政策については強硬な立場をとっており，かつてのような批判票の受け皿としても機能しなくなっている。これらの変化は選挙における競争の余地をこれまで以上に小さくするものと考えられるが，選挙が行われる以上，そのプロセスを政権が完全に統制できるわけではないということもまた事実である。選挙がどのような形で実施され，そこにおいて何が生じるのかは今後のロシア政治において重要な論点であり続けるものと考えられる。

📖🎞 おすすめ文献・映画

①松戸清裕ほか編（2017）『ロシア革命とソ連の世紀　第3巻　冷戦と平和共存』岩波書店。

　　同書の第2部では，西側に対抗するものと位置づけられたソ連の「民主主義」を出発点に，ペレストロイカ期，現代ロシアに至るまでの政治史を概観している。

②ドルバウム，ヤン・マッティほか（熊谷千寿訳）（2021）「ナワリヌイ──プーチンがもっとも恐れる男の真実」NHK出版。

　　反体制派活動家として知られるナワリヌイの軌跡を明らかにした書。彼の視点に立つことで，プーチン期のロシアにおける権威主義の強化や反体制派の抑圧ぶりがよく理解できる。

③ギャレルズ，アン（築地誠子訳）（2017）『プーチンの国──ある地方都市に暮らす人々の記録』原書房。

　　ウラル地方のチェリャビンスクを20年にわたって定点観測した米国のジャーナリストによるルポルタージュ。プーチン政権支持の実態を知ることができる。

表5-2　下院選挙結果

1993年下院選挙（1993年12月12日実施，投票率54.8%）				
政党名ほか	比例区得票率	比例区議席数	小選挙区議席数	総議席数
ロシア自由民主党	22.9%	59	5	64
ロシアの選択	15.5%	40	25	65
ロシア連邦共産党	12.4%	32	10	42
ロシアの女性	8.1%	21	2	23
ロシア農業党	8.0%	21	16	37
「ヤヴリンスキー・ボルドゥイレフ・ルキーン」ブロック	7.9%	20	7	27
ロシアの統一と調和	6.7%	18	3	21
ロシア民主党	5.5%	14	1	15
ロシア民主改革運動	4.1%	0	5	5
市民同盟	1.9%	0	5	5
諸　派（注1）	−	−	4	4
無所属	−	−	136	136
すべての名簿に反対（注2）	4.2%	−	−	−
選挙不成立	−	−	6	
合　計	−	225	225	450
1995年下院選挙（1995年12月17日実施，投票率64.8%）				
政党名ほか	比例区得票率	比例区議席数	小選挙区議席数	総議席数
ロシア連邦共産党	22.3%	99	58	157
ロシア自由民主党	11.2%	50	1	51
我々の家ロシア	10.1%	45	10	55
ヤブロコ	6.9%	31	14	45
ロシア人共同体会議	4.3%	0	5	5
ロシアの民主的選択	3.9%	0	9	9
ロシア農業党	3.8%	0	20	20
人民に権力を	1.6%	0	9	9
諸　派	−	−	22	22
無所属	−	−	77	77
すべての名簿に反対	2.8%	−	−	−
合　計	−	225	225	450
1999年下院選挙（1999年12月19日実施，投票率61.9%）				
政党名ほか	比例区得票率	比例区議席数	小選挙区議席数	総議席数
ロシア連邦共産党	24.3%	67	46	113
統　一	23.3%	64	9	73
祖国＝全ロシア	13.3%	37	31	68
右派勢力同盟	8.5%	24	5	29

ロシア自由民主党	6.0%	17	0	17
ヤブロコ	5.9%	16	4	20
我々の家ロシア	1.2%	0	7	7
諸　派	－	－	9	9
無所属	－	－	114	114
すべての名簿に反対	3.3%	－	－	－
合　計		225	225	450

2003年下院選挙（2003年12月7日実施，投票率55.8%）

政党名ほか	比例区得票率	比例区議席数	小選挙区議席数	総議席数
統一ロシア	37.6%	120	103	223
ロシア連邦共産党	12.6%	40	12	52
ロシア自由民主党	11.5%	36	0	36
ロージナ	9.0%	29	8	37
ロシア連邦人民党	1.2%	0	17	17
諸　派	－	－	15	15
無所属	－	－	67	67
選挙不成立	－	－	3	3
すべての名簿に反対	4.7%	－	－	－
合　計		225	225	450

2007年下院選挙（2007年12月2日実施，投票率63.8%）

政党名ほか	比例区得票率	比例区議席数	小選挙区議席数	総議席数
統一ロシア	64.3%	315	－	315
ロシア連邦共産党	11.6%	57	－	57
ロシア自由民主党	8.1%	40	－	40
公正ロシア	7.7%	38	－	38
合　計		450		450

2011年下院選挙（2011年12月4日実施，投票率60.2%）

政党名ほか	比例区得票率	比例区議席数	小選挙区議席数	総議席数
統一ロシア	49.3%	238	－	238
ロシア連邦共産党	19.2%	92	－	92
公正ロシア	13.2%	64	－	64
自由民主党	11.7%	56	－	56
合　計	－	450	－	450

2016年下院選挙（2016年9月18日実施，投票率47.9%）

政党名ほか	比例区得票率	比例区議席数	小選挙区議席数	総議席数
統一ロシア	54.2%	140	203	343
ロシア連邦共産党	13.3%	35	7	42
ロシア自由民主党	13.1%	34	5	39
公正ロシア	6.2%	16	7	23

諸　派	－	－	2	2
無所属	－	－	1	1
合　計	－	225	225	450

2021年下院選挙（2021年 9 月17－19日実施，投票率51.7％）				
政党名ほか	比例区得票率	比例区議席数	小選挙区議席数	総議席数
統一ロシア	49.8％	126	198	324
ロシア連邦共産党	18.9％	48	9	57
ロシア自由民主党	7.6％	19	2	21
公正ロシア	7.5％	19	8	27
新しい人々	5.3％	13	0	13
諸　派	－	－	3	3
無所属	－	－	5	5
合　計	－	225	225	450

注 1 ：獲得議席数が 4 議席以下の政党・選挙ブロックは「諸派」として議席数を合算した。
注 2 ：「すべての名簿に反対」（小選挙区選挙の場合には「すべての候補者に反対」）は1993年下院選挙の際に導入されたもので，比例区において有権者は投票したい名簿（候補者）がない場合に同欄にチェックをつけることができた。この欄に投票した有権者が最も多かった場合には選挙は不成立となる。同制度は2006年に廃止された後，2014年の法改正により，地方自治体レベルの選挙に導入できるようになった。
出典：北海道大学スラブ・ユーラシア研究センター「中東欧・旧ソ連諸国の選挙データ」（https://src－h.slav.hokudai.ac.jp/election_europe/ru/result.html）。一部のデータは各種公刊資料を用いて補足した。

表 5 － 3　大統領選挙結果

実施日	投票率	当選候補	政　党	当選候補の得票数	当選候補の得票率
1991年 6 月12日	74.7％	エリツィン	無所属	45,552,041	57.3％
1996年 6 月16日	69.7％	エリツィン	無所属	(26,665,495)	(35.3％)
7 月 3 日（決選投票）	68.9％			40,208,384	53.8％
2000年 3 月26日	68.7％	プーチン	無所属	39,740,434	52.9％
2004年 3 月14日	64.4％	プーチン	無所属	49,565,238	71.3％
2008年 3 月 2 日	69.8％	メドヴェージェフ	統一ロシア	52,530,712	70.3％
2012年 3 月 4 日	65.3％	プーチン	統一ロシア	45,602,075	63.6％
2018年 3 月18日	67.5％	プーチン	無所属	56,430,712	76.7％

注：表には最終的な当選候補のみを記載した。また，政党欄については擁立などの手続きを踏んだ場合にのみ政党名を記載している。無所属として出馬する場合でも特定の政治勢力から支援を受けているケースがある。
出典：北海道大学スラブ・ユーラシア研究センター「中東欧・旧ソ連諸国の選挙データ」（https://src-h.slav.hokudai.ac.jp/election_europe/ru/result.html）。

コラム3 ロシアの政治体制の評価

　ロシアによるウクライナへの軍事侵攻は，ロシアの政治体制の問題を改めて浮き彫り にした。軍事侵攻という意思決定は，プーチン周辺のごく少数の者によってなされた可 能性が高く，体制の個人主義化がその背景にあると考えられる。また，開戦直後にロシ ア国内で起きた反戦運動に対しても，政権は徹底的に弾圧する姿勢をとった。このよう なことから，現在のロシアが権威主義体制であることに疑問を持つ人はいないだろう。

　しかし，ロシアがいつから権威主義体制であるのかを定めることはなかなか難しい。 ソ連が解体してロシア連邦が成立した時点からロシアは権威主義体制であったのか，そ れともプーチン政権になってからロシアは権威主義体制になったのか。こうした点は， 研究者の間でも必ずしも意見が一致しているわけではない。

　「民主主義」という言葉は様々な意味で使われるが，現在の比較政治学においては通 常，民主主義体制は「統治する者が競争選挙によって選ばれる政治体制」と定義され る。これは民主主義の最小定義と言われ，「競争選挙」のみに注目した最小限度の定義 という意味である。そして，この定義から外れる政治体制は権威主義体制と呼ばれる （独裁，非民主主義体制などと呼ばれることもある）。つまり，政治体制は民主主義体制 と権威主義体制に大きく二分されると考えられる（Frantz 2018=2021：19）。

　この定義のもとで，世界の国と地域がどのくらい民主的／権威主義的かを比較するた めに，様々な指標が作られてきた。ここでは，代表的な3つの指標を比べながらロシア の政治体制に対する評価がどのような変化を辿ってきたかをみてみよう。

　米国を拠点とするNGOであるフリーダム・ハウスは，市民的自由と政治的権利とい う2つの尺度による各国の政治体制の評価を1973年から公開している。スコアは小さい ほど「自由」であることを示し，1-2.5点が「自由」，3-5が「部分的自由」，5.5-7 が「自由でない」と分類される。これをみると，1990年代のロシアは部分的自由であっ たが，1998年からスコアは低下し始め，プーチン政権が成立した2000年には5点になっ

図1　Freedom House による評価

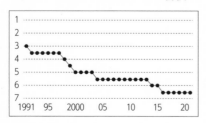

出典：Freedom House（https://freedomhouse. org/report/freedom-world）

ている。そして，連邦構成主体の首長選挙が 廃止された2004年に「自由でない」体制にな り，2016年以降は6.5にまでスコアがさらに 低下している。このように，プーチン政権期 にもスコアの低下はみられるが，その端緒は エリツィン政権の後半にあったことになる （図1）。

　2015年から公開され，近年研究者に広く使 われている指標に「民主主義の多様性プロ ジェクト」の指標（V-Dem）がある。スコア

は0点から1点の間の値をとり，1点が最も民主的で，0点が最も権威主義的である。V-Demはその名のとおり，民主主義の最小定義よりもより多くの側面（選挙，自由，参加，熟議，平等）を測定しようとしているプロジェクトであるが，他の指標との比較のために，ここでは最小定義に近い選挙民主主義の指標を取り上げる。この指標では，ロシアのスコアは1990年代にも少しずつ悪化しているが，2000年以降の第1次プーチン政権期に大幅な低下が起きている。一方，2008年以降もスコアの悪化は続いているが，その傾きはやや緩やかなものとなっている（図2）。

上記2つの指標は，そのスコアが低下し始める時期に違いはあるものの，ロシア連邦成立以降一貫して権威主義化が進んでいるという点では一致している。それに対し，ポリティの指標では，2000年から06年までの時期は民主主義度がむしろ上昇している。ポリティ・プロジェクトは，1800年以降人口50万人以上の国を対象として，政治権力の交代をめぐる制度化された手続き，行政府の選出における競争度と開放度，行政府の意思決定に対する制約，政治参加と政治的競争のあり方といった点に対する評価によって，−10点から10点までの21ポイントでスコア化している。そして，6点から10点までを「民主主義」，−5点から5点が「アノクラシー」，−10点から−6点を「専制」とみなす。他の指標と異なり，ポリティのスコアでは，ロシアは2000年に6点まで上昇し「民主主義」となり，その状況は2006年まで続いた。2007年以降は4点となり「アノクラシー」となったが，それでも1990年代よりはスコアが高い（図3）。このような変化は，立法府や司法府との抑制・均衡関係に表れる「政府の意思決定に対する制約」のスコアが変化したためである。

以上のように，ロシアにおける「民主主義」のあり方は，当然ながらどのような指標を用いるかによって評価が異なる。また，これらの指標が示す姿は，本書の各章で示されるロシア政治の実態とズレがあると感じる読者も多いだろう。ここで紹介した指標は，確かに多国間比較をするうえでは有用であるかもしれないが，地域研究者の立場からすると，それにより見落とされる部分も多く，それぞれの国の状況を正確に把握しているわけではないことにはやはり注意が必要である。

図2　V-Demによる評価	図3　Polity 5による評価

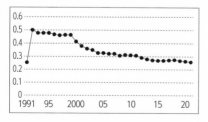

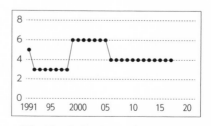

出典：V-Dem（https://www.v-dem.net/data/）

出典：The Polity Project（http://www.systemicpeace.org/polityproject.html）

コラム4

アレクセイ・ナワリヌイ

　2010年代以降のロシア政治において，反体制派活動家としてプーチン政権との間で厳しい攻防を繰り広げているのがナワリヌイである。1976年生まれのナワリヌイは実業家・弁護士として頭角を現し，ブロガーとしての活動を展開するなかで政治活動も開始した。今や，彼はロシアの反体制派のなかで最も有名な人物となっている。

　ナワリヌイはロシアにおける民主主義の擁護者として描き出されることもあるが，西側で想定されるリベラル派とは一線を画しているという点には留意が必要である。彼の立場は「ナツデム」（ナショナリズムと民主派を合わせた語）とも形容され，そこには民族主義的な要素が多分に含まれている。彼は2000年代後半から民族主義者たちが組織していた「ロシアン・マーチ」に参加し，さらには「ロシア国民解放運動（NAROD）」の創設者の一員ともなった。厳格な移民政策などを訴えるナワリヌイの立場はリベラル派とは相性が悪く，2007年，彼は当初活動していた「ヤブロコ」から追放された。なお，彼は2014年のクリミア併合の際，クリミアのロシアへの帰属を容認する発言を行っている。

　ナワリヌイがその知名度を上げたのは反汚職運動の展開においてであった。彼の当初の活動の柱となったのはオンライン上での汚職の摘発運動であった。彼は少数派株主として国営大企業の問題点を暴く活動を行い，国営企業幹部や政治家らの汚職をブログなどで告発した。彼は同年にそれまでのプロジェクトをまとめる形で「反汚職基金」を設立し，近年ではドローンを用いて政府高官の邸宅の様子を撮影する動画なども出している。特に，メドヴェージェフ首相の汚職ぶりを暴いた「彼はヂモンではない」（2017年）やプーチン大統領の豪華な宮殿の存在を知らしめた「プーチンのための宮殿」（2021年）などのYoutube動画は国際的にも大きな注目を集めた。

　そのうえで，ナワリヌイは政治に直接かかわる運動も展開した。2011年には「統一ロシア」を「詐欺師と泥棒の党」と呼ぶキャンペーンを展開し，同党以外の政党への投票を呼び掛けた。その後は彼自身が選挙への出馬を目指すようになるが，それに見込みがないことが明らかになると戦術を変更し，2018年にはスマート投票キャンペーンを展開した。これは有力な共産党などの野党や無所属の候補をリストアップしてその候補者への投票を呼び掛けるというものである。このキャンペーンの効果は過大評価すべきではないが，与野党が拮抗している状況においては，野党の分裂によって与党が有利になるという事態は防げる可能性があり，実際に2019年モスクワ市議会選挙などの際にはこの戦術が大きな注目を集めた。

　このようなナワリヌイの活動は，政権にとっては都合が悪かった。何よりも，彼が精力的に展開していた政権中枢の汚職の暴露は，政権にとっては不愉快極まりないものであった。これは多くの市民の怒りを買いやすいトピックでもあり，彼の活動はプーチン政権に対して不満を持っていた人々にも響きやすかったためである。ナワリヌイについ

ては国営メディアなどでは黙殺されていたことから，全国的な知名度がそれほど高いとは言えなかったものの，これはともすれば現政権への批判や，選挙の際の「統一ロシア」の不振などにもつながりかねないものであった。かくして，政権はナワリヌイを様々な形で抑圧しようとした。

　もっとも，当初は政権側も彼を思い通り排除できたわけではなかった。その例が2013年のモスクワ市長選挙である。この時，ナワリヌイは「キーロフ木材」横領事件の被告となっており，選挙に出馬できるかどうかはこの裁判の行方にかかっていた。裁判所はいったんは彼に有罪判決を下し，選挙への出馬は絶望視されたが，批判の声が大きくなったこともあり，その決定は直後に覆された。晴れて候補者となったナワリヌイは，現職候補のソビャーニンに次ぐ27％を得票し，その集票能力を示すことになった。

　その後，政権は彼を徹底的に排除する方向に舵を切った。その根拠とされたのが2013年の「キーロフ木材」横領事件の有罪判決であった。この判決をめぐっては，ナワリヌイはこれを欧州人権裁判所に持ち込んで勝訴しているが，ロシア国内では裁判が続き，2017年に執行猶予付きで5年の刑が申し渡された。ナワリヌイは2018年大統領選挙への出馬の意向を示し，各地に自らの支部を作るなどして選挙戦を展開したが，結局この有罪判決を理由として選挙への出馬は認められなかった。

　最終的に，政権はナワリヌイ陣営に対して徹底的な弾圧を加えるに至った。政権が「一線を越えた」のは2020年のことであった。この年の夏にはナワリヌイは毒を盛られる事件が発生し，ドイツに緊急搬送される事態となった。政権はこの事件への関与を認めていないが，調査報道機関のベリングキャットが行った調査では連邦保安庁（FSB）の関与があったことが明らかにされている。2021年1月に，ナワリヌイが療養先のドイツから帰国すると，当局は彼を執行猶予中の出頭義務に違反したとして空港で拘束し，過去の執行猶予付き判決を実刑へと切り替えて収監した。加えて2022年3月，ナワリヌイは詐欺や法廷侮辱のかどで，さらに9年の自由剥奪刑を言い渡された。政権はナワリヌイ個人に対する弾圧のみならず，彼の拘束に反対してロシア全土で行われた大規模な抗議運動も厳しく取り締まり，これを強権的に抑え込んだ。2021年6月には，「反汚職基金」は「過激派」組織と認定され，ロシア国内での活動継続は困難となった。その結果として活動家の多くは国外への亡命を余儀なくされることになった。

　このように，政権は時を追うごとにナワリヌイに対する抑圧を強化し，最終的にはほとんど排除するに至った。しかし，政権がこれによって脅威を取り除くことができたというわけでは必ずしもない。ナワリヌイ自身は収監中であり，その仲間たちの多くは国外への亡命を余儀なくされているが，彼らは国外からYoutubeで政権の問題点を指摘する番組を配信するなど，一定の影響を保っている。また，2021年の抗議運動からも明らかになるとおり，政権のこのような対処自体が反発を招いている面もある。ナワリヌイ自身が今後のロシア政治において果たしうる役割は不透明であるが，政権とそれに反対する人々の間の攻防はまだ終わっていない。

第**6**章　議会政治

```
　権威主義体制のロシアにおいて，議会はいかなる機能を果たしているのだろう
か。本章では，まずロシアの議会の制度的外郭を述べた後，下院の会派の変遷をた
どる。「統一ロシア」が支配政党になる過程で，議会は執行権力（政府・大統領）
と競合する組織ではなくなっていった。もっとも，詳細に立法過程を考察すると，
議会はそれでも一定程度社会的利害を反映することがあったこと，また執行権力機
関内の対立が議会に持ち込まれることが理解できる。これは，社会の利害の対立を
覆い隠し，その調整を執行権力機関内で行うことの限界も示している。
```

1　議会の構成と権限

　2020年の修正憲法に基づいて，まずは議会の構成と権限について概観する
（⇒第４章）。ロシア連邦議会は，代表機関にして立法機関である（第94条）。連
邦会議（上院）と国家会議（下院）の二院によって構成されている。上院議員
は，大きく分けて２つの構成部分からなる。第１は，地域代表であり，各連邦
構成主体から，その代表機関と執行機関から１人ずつ選出された計２名が代表
者となり，上院議員を構成する。2021年現在，ロシアの理解では連邦構成主体
は85（クリミアとセヴァストポリを含む）なので，170がこの地域代表の定数にな
る。なお，ロシア・ウクライナ戦争の帰結によって，今後この定数は変化する
可能性がある。かつては連邦構成主体首長（地方知事）と連邦構成主体（地方）
議会の議長が自動的に上院議員を構成していたが，2000年の上院改革によっ
て，知事や地方議会議長とは別に上院議員を選出することになった。現在で
は，地方議会選出の上院議員は地方議会の議員でなければならないとされてい
る。上院議員の２つ目の構成部分は，大統領選出であり，地方選出の上院議員
とは別に30名まで大統領が任命できる。また大統領を退任したものは終身上院
議員になる権利がある。ただし，2022年現在，大統領選出によって上院議員に

なった者はおらず，終身上院議員に就任した大統領経験者もいない。

　下院の定数は450であり，任期はかつて 4 年であったが，2008年に憲法が修正され，現在 5 年である（第95・96条）。下院議員は，比例代表および小選挙区（2007年と2011年の選挙は比例代表のみ）の下院選挙で選出され（⇒第 5 章），議員は院内会派を形成する。会派は政党を基本として形成される。かつては会派よりも人数の少ない議員集団も形成されていたが，第 5 期より会派のみとなった。

　他の権力組織と関連した議会の権限としては以下のものがある。憲法102条によると，上院の管轄には，①連邦構成主体の境界の変更の承認，②戒厳令および非常事態に関する大統領令の承認，③領外におけるロシア軍使用の可能性に関する問題の解決，④大統領選挙の公示，⑤大統領の罷免，⑥憲法裁判所，最高裁判所，裁判官の任命，⑦検事総長・副総長他の候補者の協議，⑧会計監査院の副長官および監査院の半数の任免，⑨裁判官権限停止，が含まれる。下院の管轄は第103条に規定されており，2020年の憲法修正の結果として管轄はやや拡大し，次のとおりとなった。①首相任命に関して大統領推薦候補，および首相推薦による副首相候補および閣僚候補（大統領直轄の省の閣僚は除く）の承認，②連邦政府への信認問題の解決，③政府活動の結果に関して政府からの説明の毎年の聴取，④中央銀行総裁の任命および解任，⑤会計監査院長官および監査院の半数の任免，⑥人権問題全権代表の任命および解任，⑦大赦の布告，⑧大統領弾劾の発議。

　もっとも，議会の最重要な機能は，言うまでもなく立法である（第104・105条）。立法過程に関しては， 4 で解説する。

2　下院の会派の変遷

　第 5 章でみたような選挙によって選出された下院がどのような働きをしてきたのか，時系列的に考察しよう（会派の変遷やその意味合いに関して詳しくは Chaisty 2012b；Noble 2019；Remington 2006；2008；2010を参照）。各選挙の結果によって，**表 6−1** のように会派が構成されてきた。

表6-1　国家会議会派構成

会　派	1993 議席数(議席率%)	1995 議席数(議席率%)	1999 議席数(議席率%)	2003 議席数(議席率%)	2007 議席数(議席率%)	2011 議席数(議席率%)	2016 議席数(議席率%)	2021 議席数(議席率%)
ロシアの選択	71 (15.80)							
新地域政策	64 (14.20)							
自由民主党	60 (13.30)	51 (11.30)	16 (3.56)	36 (8.00)	40 (8.89)	56 (12.44)	23 (5.11)	21 (4.67)
農業党/農業代議員グループ/農業産業代議員グループ	54 (12.00)	36 (8.00)	42 (9.78)					
ロシア連邦共産党	46 (10.20)	146 (32.40)	87 (19.33)	52 (11.56)	57 (12.67)	92 (20.44)	42 (9.33)	57 (12.67)
ロシアの統一と合意党	33 (7.30)							
ヤブロコ	27 (6.00)	46 (10.20)	19 (4.22)					
ロシアの女性	22 (4.90)							
自由民主同盟12月12日	22 (4.90)							
ロシア民主党	15 (3.30)							
我々の家ロシア		66 (14.70)						
ロシアの地域		43 (9.60)	44 (9.78)					
人民の権力		38 (8.40)						
統一			84 (18.67)					
代議員グループ「人民代議員」			62 (13.78)					
祖国・全ロシア			44 (9.78)					
右派勢力同盟			32 (7.11)					
統一ロシア				306 (68.00)	315 (70.00)	238 (52.89)	342 (76.00)	324 (72.00)
ロージナ				38 (8.44)				
公正ロシア					38 (8.44)	64 (14.22)	39 (8.67)	27 (6.00)
新しい人々								13 (2.89)
その他の政党，未登録会派・無所属	36 (8.00)	24 (5.30)	15 (3.33)	15 (3.33)			2 (0.44)	8 (1.77)
不　明			5	3			2 (0.44)	
合　計	450	450	450	450	450	450	450	450

注：いずれも選挙後最初に国家会議が召集された際の会派構成。
出典：2016年選挙結果までは，北海道大学スラブ研究センター「中東欧・旧ソ連諸国の選挙データ　ロシア」（溝口修平による作成，https://src-h.slav.hokudai.ac.jp/election_europe/ru/result.html）より筆者作成。2021年選挙結果は，中央選挙管理委員会サイト（http://www.cikrf.ru/），および国家会議サイトの議長報告より筆者作成（http://duma.gov.ru/news/52348/）。

1 第1期，第2期

1993年12月の選挙で選出された第1期下院（1994〜95年）の特徴は，会派が分裂し，多数派が存在しなかったことである。イデオロギー的には，ジリノフスキーの率いる民族主義的なロシア自由民主党，ロシア連邦共産党（以下，共産党）と農業党の左派，ガイダール元首相代行率いる「ロシアの選択」の右派（急進的市場改革派）に分けることができる。議長は，農業党から推薦されたルィプキンであった。

第2期下院（1996〜99年）でも，会派の分裂傾向は続いた。ただし，第2期では，共産党が大きく議席を伸ばした。議長も共産党のセレズニョフであった。「ロシアの民主的選択」（「ロシアの選択」の後継）のような大統領・政府に近い市場改革派は大幅に議席を失った。「ロシアの民主的選択」は会派形成に必要な議席数を得ることもできなかった。代わって，大統領・政府に批判的な市場改革派のヤヴリンスキー率いる「ヤブロコ」が議席を伸ばした。

2 第3期以降（2000〜）

1999年の下院選挙は転機となる選挙であった。プーチン首相をはじめ中央の執行権力の支持を得た「統一」と有力地方知事が元首相のプリマコフを担いだ「祖国＝全ロシア」が対立する，執行権力が分裂した選挙になった。この選挙で，「統一」が「祖国＝全ロシア」に勝利したことで，過半数を超える与党建設に大きな一歩を踏み出すことになった。第3期下院（2000〜03年）では，議長こそ比例区第1党だった共産党のセレズニョフが引き続き就任したものの，「統一」は，院内会派の拡大に努め，会派「ロシアの地域」，代議員グループ「人民代議員」と協力関係を作り上げた。さらに，2001年には「祖国＝全ロシア」と合同して「統一ロシア」を結成した。最終的にこの第3期が終わるころには，旧「統一」系と旧「祖国＝全ロシア」系を合わせた「統一ロシア」会派，さらに「ロシアの地域」と「人民代議員」を合同すると，232人を有する勢力を作り上げた。また，自由民主党と相当数の無所属議員の協力も取り付けたので，大統領・政府は過半数を優に超える多数派を形成することができた。

「統一ロシア」は，2003年の選挙でも大勝した。選挙によって形成された第4期下院（2004〜07年）では，「統一ロシア」の会派が全議席の3分の2を超え

る306議席を占めた。議会の議長にも同党のグルィズロフが就任した。さらに，同党の議員が院内の常設委員会の議長職を独占した。

　続いて，2007年選挙でも「統一ロシア」は圧勝し，第5期（2008～11年）では，「統一ロシア」の会派は第4期を超える315議席を得た。議長は引き続き，グルィズロフであった。この選挙では，「統一ロシア」と並んで，大統領・政府を支持する政党として「公正ロシア」が会派を形成した。与党である「統一ロシア」，準与党的な性格を持つ「公正ロシア」と自由民主党，より野党的な共産党の4つの会派に整理された。2021年まで，この4つの政党のみが下院で会派を形成した。

　「統一ロシア」が大きく議席を減らし，選挙不正批判に端を発した反政府デモが行われた2011年選挙後の第6期（2012～16年）でも，「統一ロシア」が最大会派であり，次いで共産党，自由民主党，「公正ロシア」の順であった。議長には大統領府長官だったナルィシキンが「統一ロシア」を率いる形で就任した。「統一ロシア」の下院での存在感は若干低下したが，このころから共産党を含めて批判勢力としての野党の役割の低下を指摘する声が大きくなり，総与党化が指摘されるようになった。

　小選挙区部分が復活した2016年選挙後の第7期（2016～21年）とコロナ禍のなか行われた2021年選挙後の第8期（2021～現在）は，「統一ロシア」の議席数は再び7割を超えた。「統一ロシア」の躍進の理由としては小選挙区制の影響が大きい（⇒第5章1）。議長は第7期以降現在（2022年）に至るまで，大統領府副長官であったヴォロージンが就任している。なお，2021年選挙では，官製野党とみられている「新しい人々」が比例区で議席を獲得して会派を形成した。

3　立法過程

■1　公式な立法手続きと国家会議内の組織

　ロシアの法律には憲法関連法と連邦法の2種類があるが，ここではその多数を占める連邦法の立法手続きに関して，審議する内部組織とともに説明しよう（図6-1を参照）。さて，ロシア憲法によると，立法発議権は，大統領，上院，上下両院の議員，政府，連邦構成主体の立法（代表）機関が持ち，憲法裁判所，

図6-1　ロシアの立法手続き

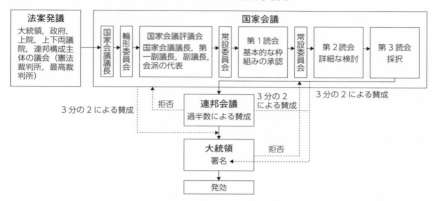

出典：ロシア憲法および国家会議規則から筆者作成。

最高裁判所も所轄事項に関しては発議権を持つ（第104条）。

　法案は下院で審議に付されるが，まず，下院議長のもとに届けられる。下院議長は，法案を，院内のその法案が主に関連する委員会，通称輪形委員会（профильный комитет）に送付する。この輪形委員会が，法案が登録され下院全体で審査すべきかどうかを判断する。その後，下院内に設置されている国家会議評議会で審査される。この国家会議評議会は，下院議長，第1副議長，副議長，各会派の指導者から成る。国家会議評議会が審議日程の草案なども作成する。ここで審査されたのち，法案は関係する下院内の常設委員会に送付される。常設委員会では，本会議での読会に備えて法案の修正などを行う。下院本会議での読会は3回である。第1読会では，その法の基本的な考えの承認，修正点など，今後さらなる審議を行うかを決定する。第1読会を通過した後，法案は委員会に差し戻され，第1読会での審議を考慮した修正がなされる。委員会の修正を経て，国家会議評議会は第2読会に向けた日程調整を行い，第2読会で審議される。しばしば第2読会では修正個所など，条項が細かく審議・採決される。第2読会を通過したら，再び委員会に戻されて，再修正が加えられ，第3読会に提出される。第3読会は法案全体に関して採択するかが決定され，下院の議員総数の過半数によって最終的に採択される。

　その後，5日以内に上院の審議に回され，上院で議員総数の過半数の賛成が

ある場合，または14日以内に上院が審議をしない場合，その法案は承認される。上院で法案が否決された場合，両院協議会を設置することができ，そののち再審議に付す。上院が否決した場合でも，下院は議員総数の3分の2以上の賛成で法案を採択することができる（憲法第105条）。こうして議会で採択された法律は5日以内に大統領に送付され，大統領が14日以内に署名し公布する。大統領が署名を拒否した場合，再審議にかけられるが，上下両院で議員総数の3分の2以上の賛成により再び採択された場合，大統領は署名を求められるが，憲法裁判所に審査を要請できる。憲法裁判所も合憲性を認めた場合，大統領は署名しなければならない（第107条）。

❷　立法過程の変化と執行権力による統制

　2でみたとおり，第1期の下院では会派が極端に分裂していた。また，会派の規律が低く，議決に際しても会派からの造反は日常茶飯事であったため，イデオロギーによる会派の分類が大きな意味を持ちうるような状況ではなかった。また，第2期には，左派でも右派でも共産党や「ヤブロコ」をはじめ政府に批判的な勢力が議席を伸ばした。このような状況のなかで，エリツィン大統領の支持低下と健康状態悪化もあり，共産党をはじめとする会派は，大統領への対決姿勢を強めた。それに対して，まず，大統領側は，法案成立が困難ななかで大統領令を乱発することで，議会を迂回することを試みた（Protsyk 2004；Remington 2014）。法案の成立に際しても，大統領・政府を支持する会派はチェルノムィルジン首相が率いていた「我々の家ロシア」であったが，多数派を形成してはいないので，大統領・政府は議会内会派を切り崩したりすることによって，重要法案の採決を図ることになる。特に選出に際して政党の貢献が小さい小選挙区選出の議員を中心に，切り崩しが功を奏することが多かった。結果，会派規律は第2期でも低いままとなった。他方，こうした試みを通して，大統領・政府と議会の関係は強化された。両者の対決的関係から，前者の妥協による協調もみられ，1998年金融危機を受けて誕生したプリマコフ内閣はそれを象徴するものでもあった。もっとも，このプリマコフ内閣の成立は大統領側の議会に対する妥協の側面が強く，大統領と首相の会派の異なる，いわゆるコアビタシオンの性格を濃厚に持っていた。プリマコフは1999年に唐突に

解任されるが，エリツィン大統領としてはプリマコフは後継者には望ましくなく，いつかは解任したい首相であったと言えよう。

　2000年代に入って，下院の与党勢力が過半数を占めるに至ったことは2で述べた。これによって，政権の下院運営も大きく変化していった。まず，会派規律が強化された。下院での投票行動において，「統一ロシア」結成までは「統一」と「祖国＝全ロシア」は必ずしも一致していたとは言えないが，結成後はほぼ一致した行動をみせるようなった し，会派からの造反票も大きく減少した。これによって，大統領・政府は協調的な議会のもとで立法することが可能となった。このことは，次のような事実にも示されている。まず，下院を通過した法案が大統領もしくは上院と大統領の両方に拒否される確率は，第2期には常時20％を超えていたのに対して，第3期に入って1桁台になり，その後拒否権はほぼ行使されなくなった。さらに大統領・政府発議法案成立率は，1999年までは60％を下回っていたのに対し，2002年からは常時90％を超えるようになった。また，エリツィン時代に議会を迂回するために乱発された大統領令も，プーチン時代に入って減少した。

　この時期からいわゆる「ゼロ読会」と言われる協議が行われるようになった。これは，日本の自民党による法案の事前審査制にも似て，「統一ロシア」の指導部（時に他の会派の指導部も加わる）と法案関係者が公式に審議に入る前に調整を行うものである。多くの法案は，この「ゼロ読会」によって，実質的な審議なしに採択され，少なくとも表面的には議会が政府の決定を追認するだけのラバー・スタンプ（ゴム印）の様相を呈すると考えられるようになった。ただし，全成立法案中，執行機関が発議したものの割合は，第4期下院では若干低下している。これは次のように2通りに解釈できる。第1に，成立する法案を，執行機関以外で提出できたのは主に「統一ロシア」に属する下院議員であるので，この時期に「統一ロシア」が法案作成能力を向上させつつあったと考えることができよう。とはいえ，第2に，「統一ロシア」を利用することにより，執行機関が自身で発議する負担を軽減し，立法を円滑にしたとも考えることができる（Ogushi 2016：62-65）。これらの問題は立法過程を議論する次項でもう少し詳細に検討する。

　また，第5期および第6期下院では，全議席が比例代表で選出されているう

え，会派の移籍が不可能なように制度改正が行われたので，会派からの造反は
ほとんどなくなった。ただし，あまりに円滑な法案採択は，議会の形骸化を指
摘する批判を招いた。さらに2008年の世界金融危機はロシアにも大きな影響を
与えたので，緊急的な立法が多く必要とされ，執行機関の発議による立法が増
加した。こうして，2000年代以降，一般的には「統一ロシア」をヘゲモニー政党
とした，執行権力による議会統制が貫徹されるようになったと考えられている。

3　予算案の事例

　それでも，議会が単に執行権力の決定を追認する機関（ラバー・スタンプ）と
なっているのかに関しては，研究者の間でも議論がある。本項と次項では実際
の法案形成および法律制定過程に触れることで，ロシアの大統領・政府・議会
の関係を解明したい。前項で，2000年代に入って，「統一ロシア」が議会で多
数を占めたことによって，立法が円滑になったと述べた。とはいえ，執行機関
が提出された多くの法案は，議会での修正を経て採択される。単なるラバー・
スタンプであれば，修正は必要ないはずである。なぜ議会において修正がなさ
れるのであろうか。1つの仮説は，立法過程には社会の複雑な利害関係が反映
される，とするものがある。すなわち，執行権力による統制にもかかわらず，
議会が社会の利害の表出機能を果たしており，執行権力が議会を統制下におい
ているにもかかわらず，議会は重要である，と考えるものである。もう1つの
仮説は，議会での立法過程に，省庁間の利害対立が持ち込まれるがゆえに，修
正がなされる，というものがある。この場合，議会がそれ自体として重要であ
る，というより，省庁間対立が議会に波及すると考えるのである。この仮説で
は政府対議会という関係性はあまり想定されず，政府内対立が議会に持ち込ま
れることで法案が修正されると想定している。

　以上の2つの仮説を，予算案を事例に検討してみよう。ここで予算を取り上
げるのは，予算案採択が，いかなる国の議会でも最も重要な役割の1つである
とともに，毎年繰り返されなければならないものでもあるので，ルーティーン
となっている法案採択の典型的な事例でもあるためである。

　予算案の採択方法は，2000年に執行され始め，2007年に大きな修正があった
財政法典によって規定されている（その後も微修正を経ている）。それによると，

毎年財務省が中心になって作成し，10月 1 日までに政府が発議する。財務省は，経済発展省が提出する経済予測分析や大統領の予算演説などを考慮に入れつつ，毎年 2 月には作業に取り掛かる。この段階から，省庁間の利害は対立する。例えば，インフレ抑制もあり緊縮財政を求める傾向が強い財務省と，経済発展のために財政支出を要請する経済発展省の利害は一致しない。経済発展省は楽観的な経済発展予想を立てがち（それに基づいて大きめの財政支出を要求する）のに対し，財務省は控えめな予想を立てることが多い。また，社会保障に関する省庁は，むろん，社会分野への支出の増大を望む。政府による議会への予算案提出前には一旦省庁間で合意形成がなされるが，議会内で巻き返しを図る省庁が出てくる。ノーブルはこのようにして生じる法案修正を執行権力内対立の議会への波及と述べているが，予算案もその例外ではない（Noble 2017；2020；Noble and Schulmann 2018）。

　1990年代には予算案の採択は常に難航した。皆川（2002）の研究によれば，1995年予算案は，94年10月 5 日に提出されたが，12月には 1 度否決され，修正案提出後も700以上の修正提案が出され，越年し，95年 3 月15日に最終的に下院で可決されている。実に161日を費やした計算になる。1998年予算の採択はそれを上回った。1997年 8 月25日に議会に提出された予算案は，翌年 3 月 4 日まで採択されなかった。実に191日を費やした計算になる。このように採択が難航した 1 つの理由は，ノーブルの言う波及である。省庁が政府予算に反映できなかった自身の予算拡大などを狙って，議会での復活を狙って，議会の関係委員会働きかけるといったことが行われた。

　ただし，波及がすべてではなかった。知事や小選挙区選出の下院議員をはじめとした地方政治家も自己利益拡大を狙って予算修正を図った。例えば，農業が主要産業の州選出の議員は，当然農業関連予算の拡大を狙う。さらに，1990年代では「オリガルヒ」と言われる新興財閥（⇒第 7 章）の動きも顕著であった（Chaisty 2006）。こうした各種アクターの駆け引きが議会のなかで行われたことも，審議が長引く理由の 1 つであった。これらは議会への省庁間対立の波及ではなく，議会が社会の諸利害の調整の場になっていたことを示している。

　2000年代に入って，大統領・政府支持勢力が議会で多数を占め，財政法典の成立により，予算成立過程がより統制されるようになっても，この傾向は一定

程度続いた。このことは第3，4期の下院でも，予算審議にかける日数はそれほど大幅に減少していないことにも表れている。この時期に変化したのは，諸利害の駆け引き・調整が議会というよりも「統一ロシア」会派内で行われるようになったことである。前節で述べたように，第4期以降では，いわゆる「ゼロ読会」が頻繁に行われるようになった。しかし，この「ゼロ読会」にもかかわらず，予算案採択に多くの日数を要したことは，他の法案に比しても予算案採択が多くの関係者にとって難しいものだったことを示している。財政法典を改正した2007年に入って，読会が4回から3回になり，3か年計画で予算案を作成するようになってから審議時間が短縮しはじめた。さらに2010年には審議日程を一層短縮するように財政法典の改正も行われた。こうして，政府予算は素早く採択されるようになった。

　それでも，議会における予算案の修正は引き続き行われている。2000年予算案，2007年予算案，2013年予算案を微視的に観察すると，以下の点を指摘することができる（Ogushi 2016）。第1に，議会の場での予算修正が徐々に少なくなっており，通説の言うとおり，執行権力による統制が強まっている。第2に，それでも予算の修正はそれなりの規模で生じている。財務省は通常均衡予算を要望しているのに対し，他の省庁やときには大統領が財政支出の圧力をかけている。予算案の修正は一定程度，執行権力機関内の対立を反映している可能性がある。とはいえ，第3に，議会での予算の修正は，社会保障費の増額に関するものが多いことは，議会が社会的利害の表出の役割を一定程度果たしていると推測される。

❹ ドネツク，ルガンスク人民共和国国家承認アピールの事例

　執行権力内の亀裂が議会の場で明らかになった事例として，ドネツク，ルガンスク両人民共和国の国家承認を求めるアピールの採択過程をみてみよう。これは下院から大統領への請願を採択したもので，通常の法案とは採択過程が異なるが，執行権力内の亀裂が浮き彫りになった事例として取り上げるに値する（なお，未承認国家問題一般に関しては⇒コラム1）。2022年1月19日にジュガーノフ党首をはじめとした共産党の議員は，ドネツクおよびルガンスクの両人民共和国の国家承認を求めるプーチン大統領への議会請願案を下院に提出した。こ

れが，クレムリンの承認を経ずに，もっぱらジュガーノフおよび共産党会派独自の主導によって提議されたものとは考えにくい。これほど重要な請願が審議に付されるまでの過程が非常に短期であったからである。この請願は，まずヴォロージン下院議長が取り上げるべきどうか審査したが，翌20日には，院内の「独立国家共同体・ユーラシア統合・同胞人関係委員会」に審査のために送付されている。これがもっぱら共産党の主導による請願であれば，関係委員会に送る前に，慎重に周囲と相談したであろう。もっとも，21日には，ヴォロージン議長は，問題が非常に重要であり，各会派の長と相談する，そのうえで下院評議会にかけると述べた。この案（以下，便宜上共産党案と呼ぶ）は，共産会派とは別の政権上層部で考案され，提出を共産党にゆだねたか，共産党会派が案を考えたが，提出の前に政権上層部と相談したか，であろう。いずれにしても政権上層部の承認があったものと思われる。それゆえ，ヴォロージンもすぐに院内委員会に送付した。しかし，政権上層部とは見解を異にする外務省から慎重な審議を求める声があったものと推測される。すなわち，この案は外務省とは別の執行機関が作成もしくは承認したので，外務省がその採択に慎重になったように考えられる。

　事実，この共産党案が下院本会議の採択に付される前日の2月14日，同案を審査した院内委員会に所属する2人の議員によって，同案をまず外務省との協議に付し，外務省の承認を得たうえで大統領に請願する案（以下，便宜上院内委員会案と呼ぶ）が提出された。そこで，下院評議会は，共産党案と院内委員会案のどちらかを選ぶ審議を翌15日に本会議で行うことを決定した。下院の審議では，共産党案が賛成多数で採択された。もっとも，共産党案の賛成が351票，院内委員会案の賛成が310票であることから，大半の議員は両案に賛成票を投じたことがわかる。

　この一連のプロセスは，共産党案が外務省にも知らされないまま，共産党議員によって下院に提出されたこと，さらに，院内委員会案は下院の場で外務省が巻き返しを図った結果提出されたこと，をおそらく意味していよう。結果として外務省の巻き返しは功を奏さなかったのであるが，下院が外務省と他の政府部局の対立の場となったことを示している。議員にあまり主体性がなかったのは，両案に賛成票を投じた議員が大半を占めている点にも表れている。この

事例では，下院は社会の利害表出の場というよりも，執行権力内対立を調整する場であった。

　以上，予算案と下院による大統領への請願の事例をみたが，これらを通して，予算案採択過程にみられるように，執行権力の統制にもかかわらず下院は一定程度社会的利害を表出する機能を果たしている点と，予算案や大統領請願案採択にみられるように，下院の場に執行権力内の対立が持ち込まれるので，議会がどれだけ執行権力の統制下に入ろうと，議会における法案修正はなくならない点が理解できよう。

4　権威主義体制下における議会

　最後に，権威主義体制下において議会が果たしている役割を概観して，それがロシアにも妥当するか，考察しよう。議会のような民主制に必須の組織が，権威主義体制においても体制を維持するのに重要な役割を果たしていると比較政治学者が主張するようになって久しい。これらの研究では，権威主義体制においても，議会は，野党勢力の取り込みと政権による情報収集をサポートする機能を果たしていると論じられてきた（久保 2013）。ロシアでは，この両機能に関して一定の成果と限界があったと考えられる。まず，野党勢力の取り込みに関しては，確かに，1990年代に野党であった共産党を取り込むことには成功した。他方で，より政権批判的な立場に立つ政治家・政党は体系的に排除されるようになった（⇒第5章2）。ナワリヌイとその勢力が2021年の議会選挙で排除されたのは象徴的である。このように，批判勢力を排除していけば，政権批判は行き場を失い，時折路上で噴出するようになるであろう。

　他方，情報収集機能も，本章でみたとおり，一定程度機能を果たしてきたと考えることができる。議会の場で情報収集し，社会のニーズに合った政策を行うことはそれなりに行われてきた。経済団体が立法過程に介入することはこれまでも観察されてきたし（Chaisty 2012a），予算案の修正が常に社会保障費の増額を伴ってきたのは，社会的利害の反映であろう。それでも，予算案の修正が年々少なくなってきているのは，この議会の情報収集機能の低下をもたらすであろう。さらに，議会に対する世論の支持が低いのは，議会が利害調整をでき

ないでいることを示していると考えられる。2005年の社会院の設置はこうした議会の利害調整機能の低下を補うためであったかもしれない。

　これら2つの機能に加えて，本章では，執行権力内対立の議会への波及を紹介した。ここでは，議会が主体性をもって法案修正を図るのではなく，一部の執行権力の圧力を受けて法案修正を図るのである。本章では予算案や大統領への請願案をみたが，地下資源法のように執行権力機関内対立が原因で法案審議が停止し，その後忘れ去られてしまったような事例もある（Adachi 2009；Fortescue 2009）。ロシアの議会はこの執行権力機関内対立の調整の場を提供する，という機能は果たしている。

　とはいえ，この執行権力機関内対立はなぜ生じるのであろうか。政党や議会による社会の諸利害の表出を覆い隠し，社会の諸利害が直接執行権力に持ち込まれることで，執行権力機関内対立が生じているように考えられる。社会の利害対立を表面上覆い隠して，執行権力機関内で処理しようとすればするほど，一方で議会その他での執行権力機関同士の対立が生じるであろうし，他方で処理できない利害対立は，テレビで毎年行われる直接対話のように大統領に直接訴えるような方法で解決するか，時折現れるデモのように路上で噴出するようになるであろう。執行権力による議会統制の限界はそうしたところに現れている。

＊本章は，大串（2015）を修正のうえ利用した個所がある。なお，本稿はJSPS科研費18K01444；22H00803；18KK0036；18H03619；23K01237の助成を受けたものである。

📖🎞 おすすめ文献・映画

①皆川修吾（2002）『ロシア連邦議会──制度化の検証：1994-2001』渓水社。
　　1990年代のロシアの議会に特化して研究された日本語で読める唯一の研究書。著者は，ソヴィエト最高会議の研究でも世界的に知られる。議会に関する理論を踏まえたうえで，詳細なデータを収集した著作。
②宇山智彦・樋渡雅人編（2018）『現代中央アジア──政治・経済・社会』日本評論社。
　　ロシア政治の書ではないが，かつてソ連を構成していた中央アジア諸国の政治を扱った第1・2章は，パトロン政治の成立や権威主義体制下での公式の政治制度の役割など，ロシア政治を理解するうえでも非常に示唆に富んでいる。

第7章　ビジネスと政治

> 　現代ロシアにおけるビジネスと政治の関係にはどのような特徴があるのだろう
> か。本章は，ソ連解体以降，資本主義市場経済化が進められたロシアにおいて展開
> されてきた国家（ここでは大統領府および政府の機構と，それらによる統治機能全
> 般を指す）と企業間の関係を考察する。ロシアの資本主義化の過程で，「オリガル
> ヒ」と呼ばれるようになった新興実業家は，「ビッグ・ビジネス」を率いると同時
> にその政治力で台頭した。エリツィン，プーチン両政権を通じ，これら大企業やそ
> の経営陣と政権との結びつきは，ロシアの政治経済のあり方に大きな影響を与えて
> きた。

1　体制転換と政治

1　エリツィン政権の市場経済化政策

　1991年12月にソ連邦が解体し，新生ロシアでは，ソ連型計画経済を軸とする
社会主義体制から，資本主義市場経済体制への体制転換のプロセスが本格化し
た。なお，この経済体制の「転換」は，市場経済への「移行」ともよばれる。

　エリツィン大統領のもと，市場経済化を促進するため，急進的な政策がとら
れた。ガイダール副首相を中心とするチームが，米欧の経済アドバイザーの関
与のもと，いわゆる「ワシントン・コンセンサス」にもとづく市場経済化政策
を立案し実施した。ワシントン・コンセサスとは，アメリカの首都ワシントン
DC を本部におく国際通貨基金（IMF）や世界銀行などが被支援国に対し要求
する経済構造改革や自由化政策のことをいう。

　ロシアの市場経済化政策の柱は，①価格や貿易などの自由化，②国有・国営
企業の私有化・民営化，③マクロ経済の安定化の3つであった。短期間での市
場経済化を目指し，政治的に限られた機会を逃すまいと，スピードを重視し
た。ロシアでの急進的な市場経済移行改革は「ショック療法」と呼ばれるよう
になった。

図7-1　経済成長率（GDP）推移

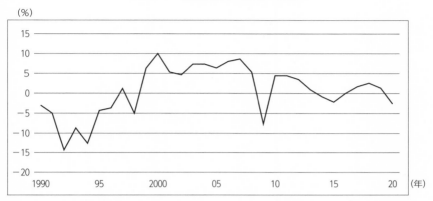

出典：ロシア連邦国家統計局

　市場経済化への道のりは険しく，新生ロシアの経済は混乱に陥った。GDP（国内総生産）は1992年には対前年比で14％以上も落ちこみ，90年代は毎年のようにマイナス成長が続いた（図7-1）。90年代末には，ソ連末期の6割を下回る程度まで，GDPが落ち込んだ。市場経済化政策を受けて，結果的に経済の混乱が生じてしまったことから，「ショックだけで療法なし」と揶揄されるようになった。

　自由化，安定化と並んで政策の柱の1つとなったのが私有化（民営化）である。計画経済は，生産手段の国家所有を前提とする経済システムであったため，国有企業の私有化は，市場経済化をすすめるロシア政府にとって優先事項であった。また，以下示すように，私有化は，現代ロシアの企業セクターを形成し，国家・企業間関係を特徴づけ，ロシアの政治経済体制の様相に大きなインパクトを与えることとなった。

　私有化の第1段階として，ロシア政府は1992年に国有企業の大規模私有化政策を実施した。各ロシア国民にバウチャーとよばれる私有化小切手を配布し，国民はバウチャーを利用して株式会社化された企業の株式を取得できるとする「バウチャー方式」を採用した。私有化に対しては，国有企業経営者を中心に抵抗が強かった。私有化実行のため，政治的妥協が必要だった。その結果，私有化対象となる企業の経営陣や従業員など内部関係者（インサイダー）が，優

先的に株式を取得することが可能となった。

　私有化の第2段階として，ロシア政府は，1994年から「担保オークション方式」を採用した「株式担保型私有化」を実施した。この方式では，政府が国有企業の株式を担保にして民間投資家（主に銀行）から融資を受けるが，政府が融資を返済できない場合には，担保株式はオークションにかけられることになっていた。結局，政府は返済を期限内に行わなかった。よって，担保オークションを通じて，石油や非鉄・製鉄産業の有望な国有企業が，政府担保株と引き換えに，融資をした特定の民間実業家の手に渡った。このあと言及するユーコス，ルクオイル，ノリリスクニッケル，シブネフチ，TNKなどの企業が株式担保私有化の対象となった。

　株式担保型私有化は，政府と実業家の思惑が一致したことで，実施にうつされた。実業家にとっては，資源分野の有望企業をうまく取得する機会であった。財政赤字を抱えていたエリツィン政権にとっては，財政赤字解消へとつながる財源確保の機会であった。1996年6月にはエリツィンが再選を狙う大統領選を控えていた。ロシア連邦共産党の台頭もあり，私有化などの改革の後退を恐れた政府と実業家にとって，エリツィン政権続投は不可欠と考えられていた。

　しかし，政権基盤強化の代償として恣意的な株式の配分を行ったことで，いわゆる「オリガルヒ」と呼ばれるようになった一部の新興財閥に資本の集中が進み，その政治的影響力が強まるとともに政府との癒着が深まった。政府が担保株を融資と引き換えに提供した時点で，ロシアの有望企業が特定の実業家の手に渡る取り決めがされていたとみられ，国民のあいだには，私有化が国有資産の略奪と独占をもたらしたとの批判が強まった。

２　「ビッグ・ビジネス」の生成

　ソ連型経済システム崩壊後，私有化政策を中心に市場経済への移行が進められたロシアでは，大規模な企業を軸に「ビッグ・ビジネス」が誕生した。それは，1990年代市場経済移行下のロシアの企業システムにおいて，最も特徴的な現象の1つであったと言えるだろう。

　私有化政策が一段落した1997年には，「ビッグ10」と呼ばれるビジネス・グループが台頭していた（Паппе 2000）。**表7－1**に示したビッグ10のうち，7つ

表7-1　「ビッグ10」企業集団（1997年）

	企業グループ	企業家	中核金融機関	主要企業
1	ルクオイル	V. アレクペロフ	インペリアル銀行 ルクオイルガラント	ルクオイル（石油）
2	メナテップ	M. ホドルコフスキー	メナテップ銀行	ユーコス（石油）
3	インテルロス オネクシム	V. ポターニン M. プロホロフ	オネクシム銀行 MFK銀行	ノリリスクニッケル（金属）, シダンコ（石油）
4	インコム	V. ヴィノグラードフ	インコム銀行	ババエフスキー, ロットフロント（製菓）
5	ベレゾフスキー スモレンスキー	B. ベレゾフスキー A. スモレンスキー	SBS アグロ銀行	シブネフチ（石油） アエロフロート（運輸）
6	アルファ	M. フリードマン V. ヴェクセルベルグ	アルファバンク	TNK（石油）
7	モスト	V. グシンスキー	モスト銀行	モストデベロップメント モスクワ燃料会社
8	システマ	V. エフトシェンコフ	モスクワ復興 開発銀行	ミクロン, クヴァントなど （電子工業企業） モビリニィテレシステム （テレコム）
9	ロシースキーク レジット	V. マルキン	ロシースキーク レジット銀行	レベジンスキー GOK ミハイロフスキー GOK （選鉱コンビナート）
10	ガスプロム	V. チェルノムィルジン	ガスプロム銀行	ガスプロム（ガス）

出典：Паппе（2000：206-210）をもとに筆者作成。

は，石油・天然ガスなどの天然資源部門企業が中核を成している。ルクオイル，ユーコス，ノリリスクニッケル，シブネフチ，TNK，ガスプロムなど，今日のロシア産業界を代表するビッグ・ビジネスの母体になった企業が目立つ。ルクオイル，ノリリスクニッケル，ガスプロムは現在もロシアを代表する企業であるし，ユーコスと TNK は，国営ロスネフチの一部となった。シブネフチはガスプロムネフチとなり，国営ガスプロムの傘下に入った。ロスネフチはロシア石油最大手であり，ガスプロムは天然ガス最大手である。

　当時，ビッグ・ビジネスが大企業グループという形態をとった背景には，金融制度や法制度をはじめ，市場経済を機能させるのに必要とされる制度環境の未整備を補う効果があったことが指摘されている。企業グループ化は，主として金融機関を軸に展開した。1998年のロシア金融危機のあと，資源企業を中心

とするものへと変化していった。

　グループの総帥は，オリガルヒと呼ばれるようになった実業家で，ロシア政財界でよく知られるようになった人物ばかりである。前節で述べたように，株式担保型私有化によって，石油や非鉄・製鉄産業の重要な国有企業の政府保有株式が民間実業家の手に渡った。その結果，一部の新興財閥に資本の集中が進み，企業グループが形成されていった。

　1990年代低迷を続けたロシア経済は1998年に金融危機に直面するが，この危機以降，ロシア経済は2000〜07年には年平均7％の成長を遂げる（図7-1）。そのうち天然資源分野，とりわけ2001〜04年のGDP成長のうち，石油分野の貢献が大きい。その石油分野で注目されるのは，ビッグ10に名を連ねるルクオイル，ユーコス，シブネフチ，TNKなど民間大企業である。OECD（経済協力開発機構）は，2001〜03年のロシアのGDP成長の5分の1から4分の1程度を民間石油会社が直接担っていたと推計している（OECD 2004）。

2　エリツィン時代のビジネスと政治

■1　「オリガルヒ」の台頭

　ロシアにおける市場経済化の過程で，上記のようなビッグ・ビジネスを躍進させたビジネス・エリートが頭角を現した。ここでビジネス・エリートとは，国家的重要事項の政策決定に影響力を持つ，経済的・財政的資源を持つ企業のトップ層を指す。具体的には，政治的影響力を有するオリガルヒとよばれる新興実業家を含めた大企業の総帥をビジネス・エリートとして捉えることができる（Крыштановская 2005）。表7-2に示されるロシア企業家富豪ランキング（フォーブス誌など）の上位を占める企業家が，概ねこれに該当すると考えられている。

　オリガルヒとして知られるようになった人たちは，市場経済移行の初期段階で，政権との強い結びつきによって，いち早くビジネスチャンスを獲得し，政府の政策決定に影響力を行使し，企業活動を有利に運ぶための環境づくりを行うことができた。

　1990年代初めに台頭した新興実業家の多くは，旧ソ連時代のエリートである

表7-2　ロシア企業家ランキング　（フォーブス誌）

表7-2-1　2003年　　　　　　　　　表7-2-2　2022年

	名前	資産額 （100万ドル）	主要収入源 （業種）	名前	資産額 （10億ドル）	主要収入源 （業種）
1	M. ホドルコフスキー	8000	石油	A. モルダショフ	29.1	鉄
2	R. アブラモヴィッチ	5700	石油	V. ポターニン	27.0	非鉄
3	M. フリードマン	4300	石油・金融	V. リーシン	26.2	鉄
4	V. ヴェクセルベルグ	2500	石油・非鉄	V. アレクペロフ	24.9	石油
5	V. ポターニン	1800	非鉄	L. ミヘリソン	24.9	ガス・ 石油化学
6	M. プロホロフ	1600	非鉄	G. ティムチェンコ	22.0	ガス・ 石油化学
7	O. デリパスカ	1500	非鉄	A. ウスマノフ	18.4	鉄
8	V. エフトシェンコフ	1500	投資	A. メリニチェンコ	17.9	投資
9	V. アレクペロフ	1300	石油	P. ドゥロフ	17.2	テレコム
10	A. モルダショフ	1200	鉄	S. ケリモフ	15.8	投資

出典：https://www.forbes.ru/.

「ノメンクラトゥーラ」出身か，あるいは彼らとの緊密なつながりがあった。ソ連末期には，ソ連共産党の青年組織であったコムソモールが，ノメンクラトゥーラが有する権限を与えられ，幅広い商業活動を展開した。

　企業家たちの成功のカギは，当局側よりビジネス上の特恵，権限，認可が与えられる一握りの「授権」者になることであった。エリツィン政権下では1992〜97年にかけて，企業の私有化が行われ，ビジネス・エリートの形成が進んでいった。私有化された企業を買収してオーナーになり，支配企業家層の一員となるパターンが株式担保型私有化のプロセスである。一部の「授権」者が金融部門で成功し，さらには株式担保型私有化により，有望な国有企業を手に入れることができたのも，政権中枢への距離の近さと特恵的地位の獲得に依存するところが大きかった。

　加えて，ビジネスの担い手としての能力がそなわっていたことも重要である。ただ単にコネがあるだけでなく，企業の構築や企業改革を行うだけの力があり，自らのビジネスを発展できる能力を発揮できる人たちがオリガルヒとして生き残っている（安達 2016）。

② 政治権力との互酬関係

　エリツィン時代には，民間の大企業の力が増大した。ビジネスの側が，政治に介入し，食い込んでいく動きが強まり，「国家捕獲（state capture）」という現象が起きた（Hellman et al. 2000）。企業や実業家は，国家構造との緊密な関係を築き，特定のビジネス上の利益を支持する政府機関および立法機関に代表を送り出すことに力を注いだ。そのことによって，自らに都合の良い法律や各種規制を実用化することができた（Yakovlev 2003）。

　このように，ロシアの国家は非自律的で「捕獲」されてしまっていたかもしれないが，同時に，国家官僚は強力な「収奪の手（grabbing hand）」を持っていた。国家機構全般の行政能力は弱かったが，過度の官僚主義を背景に，国家当局者各個人が行使できる裁量権や分配できる利益供与や支援の度合いは高かった（Frye and Shleifer 1997）。

　エリツィン時代にオリガルヒと政権との間に生まれたのは，特定の種類の相互作用と交流関係だった。それは暗黙の了解に基づいた互酬関係であり，エリツィン政権はロシアの市場経済化の過程で，ロシアの大企業とオリガルヒの台頭を助け，その拡張を容認した。大企業の発展と成長において，大統領府や政府は，オリガルヒたちとその企業を庇護する役割を果たした。その見返りに，オリガルヒたちは，政権が権力を維持するための資源やサポートを提供した。

　エリツィン時代の代表的なオリガルヒであるベレゾフスキーは，90年代半ばに，自身を含む「7人組」がロシア経済の約半分を支配している，と「政商」としての自分たちの影響力を誇示したことがある。その7人には，次節以降に登場するホドルコフスキーやポターニンが含まれる。

　ビジネス・実業界が国家機構を「捕獲」できるほど，力関係がビジネス界側にシフトしていた。以降みていくように，このバランスに変化が訪れるのがプーチン時代である。

3　プーチン時代のビジネスと政治

① 分水嶺となったユーコス事件

　2000年にプーチンが大統領に選出される。プーチン時代の経済は，原油をは

じめとした資源価格上昇を追い風に，着実な成長路線を歩んだ。政治的にも経済的にも混乱を極めたエリツィン時代とは対照的に，プーチン登場によってもたらされた国内の政治的安定が相まって，その後2008年までの連続プラスの経済成長へとつながっていく。エリツィン時代にずっと赤字続きだった連邦財政は2000年から黒字化した。税制改革が功を奏し，徴税率が改善した。税法典第2部が2000年に施行され，所得税が一律13％になり，法人税が36％から24％に下がるなど，主要な税に関して種類や税率が減った。資源分野の税制改正も行われ，原油価格の上昇に合わせて税率が上がる方式がとられるようになり，原油価格の高騰の影響もあり，税収増をもたらした。

　新生ロシアでは資本主義の導入と私有化が進められ，1990年代後半は民間大企業の躍進がみられた。しかし，2000年に始動したプーチン政権下では，石油などの資源産業を中心にいわゆる「脱民営化」の動きが強まる。エリツィン時代の企業私有化の流れを転換させ，資源産業への国家の介入を強化する動きである。これは企業と国家の関係に大きく影響した。

　大統領に就任してまもなく，2000年にプーチンとオリガルヒとの間で不文律の「協定」が交わされたと言われている。それは，オリガルヒが納税義務を果たし，政治に介入しない限りにおいて，プーチンはオリガルヒがこれまで築いてきた財産に対する権利を尊重するという種のものだったという。プーチンのオリガルヒに対する自らの立場を示すものであり，ロシアの企業と国家の均衡関係に内在するトップダウンの性格を暗示している。

　プーチン政権下での企業に対する国家介入強化の象徴的な出来事が，「ユーコス事件」である。プーチン時代の国家・企業間関係のある種の方向修正を規定したという意味でも，ユーコス事件は分水嶺的出来事であった。ロシアにおける政治とビジネスの間柄を理解するために重要な出来事なのでここで詳しめに扱う。

　ユーコスはロシアを代表する民間石油企業であった。株式担保型私有化のあと，ホドルコフスキーが社長となり，一時はロシア最大規模かつ最高収益を誇った石油会社となった。2003年10月に，ホドルコフスキーは詐欺，脱税，横領などの容疑で逮捕された。ユーコス社は巨額の脱税などの罪で追徴課税が課せられたあと，資産差押え，破産宣告，解体への道をたどり，2007年に国営石

油企業ロスネフチに吸収合併される形で消滅した。

　それまでオリガルヒ最大の成功者とみなされていたホドルコフスキーや彼の
ビジネスがなぜ標的とされたのか。プーチン政権の立場からみれば，ホドルコ
フスキーの政治活動や政策への介入や，それを実現するホドルコフスキーの膨
張する経済力など，複数の要因が組み合わさった結果とみられる。

　ユーコスとホドルコフスキーは，経済的にも政治的にもプーチン政権の方向
性に相反する動きを続けていた。ユーコスが行っていた税金問題に関するロ
ビー活動は，その強引さで際立っていた。ユーコス副社長から下院議員に転身
したドゥボフは，下院の税制委員会議長を務め，ユーコスにとって「望ましく
ない」法案の成立を阻止したり，逆に都合の良い法案成立を促したりしてい
た。エリツィン時代から2003年後半までの時期は，石油など資源部門はいわゆ
るオリガルヒたちに忠実な代表たちが，あらゆる政党から下院の議員ポストを
支配していた。まさに上述の「国家捕獲」の具体例である（実際のところ，ホド
ルコフスキーの逮捕後，税法が改正され，ユーコスを中心に大手石油会社が脱税や節税
に利用していた優遇税制措置が撤廃された）。

　ユーコスのロビー活動は資源政策の分野でも顕著であった。例えば，対中国
輸出に向けたユーコス自前のパイプライン建設計画が，プーチン政権を苛立た
せたといわれている。ロシアの石油輸出に対する国家支配の要である国営トラ
ンスネフチ社によるパイプライン独占が脅かされることになるからである。さ
らに，ホドルコフスキーは，ユーコスをシブネフチというロシア民間石油大手
と合併させた後，その一部をアメリカの石油メジャーに売却しようとする計画
していたという。石油をロシアの戦略的分野と捉えるプーチン政権が，ユーコ
スの欧米メジャーへの売却を支持するはずはなかった。

　ホドルコフスキーの政治活動がユーコス事件につながったとみる説もある。
政界への転身への憶測は絶えなかったし，ホドルコフスキーやユーコスは，
プーチン政権与党の「統一ロシア」でなく，野党支援を積極的に行っていた。
また，ホドルコフスキーは，2001年には「オープンロシア」という非政府組織
を創設し，自由や民主主義の価値を唱える活動に従事すると同時に，特にアメ
リカのエリートたちとのネットワーキングを積極的に行った。ロシアの政治の
あり方そのものについての発言も目立った。

　ホドルコフスキーの行動は，2000年にプーチン大統領とオリガルヒたちの間で結ばれた暗黙の「協定」に逆らうものであり，プーチン政権を刺激するものだった。

　ユーコス事件は，この「協定」が，政治に口を出さない限りにおいてビジネスを黙認するという以上に，政権が期待するような協力を果たすことがビッグ・ビジネスに求められ，ましてや政権の意向から独立しようとする企業や実業家は，プーチン政権下のロシアでは生き残りにくいことを示した。

　解体を余儀なくされたユーコスの資産を獲得することにより，ロシアを代表する石油会社となったのがロスネフチである。ユーコスの資産が，ロスネフチの生産と精製のそれぞれ70％以上も貢献することになり，ロスネフチは石油生産と精製で第8位から第1位に躍り出た。そのロスネフチを率いるのは，プーチン大統領とも近い，セーチン社長である。2004年に取締役会会長となり，2012年からCEOを務めている。

② 国家による企業支配強化

　ユーコス事件を境目に，プーチン政権下では，国家と大企業のパワーバランスが明確に国家優位に傾いていった。こうした傾向の強まりによって，企業による「国家捕獲（state capture）」から，国家による企業収奪（business capture）」へと，国家と企業の関係が変貌したという見方もでてきた。

　国家による企業支配が強まったのは，プーチンが政権を獲得してから国家機構の中央集権統制を確立できたことと，1998年以降のロシアの経済回復により国家財政が強化されたことが関係している。同時に，脱税・節税に悪用されていた上述の税制優遇措置がホドルコフスキー逮捕後に改正されたほか，資源分野の税制も改正され，石油会社からの徴税が改善した。また，将来原油価格が下落して歳入不足に陥ったときの備えとして，安定化基金が2004年に創設されるなど，クドリン財務大臣のもと堅実な財政運営が続いた。

　プーチン政権になり，経済における国家のプレゼンスが大きくなったことをいくつかのデータが示している。2000年以来ロシアの国有部門は増大し，2012年には経済の約半分を占めるようになったとみられる。2006年に，ロシアのGDPの38％を国有セクターが占めていたが，2008年には40〜45％程度に増え

た。2008年のグローバル金融危機はこの傾向を強め，2009年には50％を超える
ようになったとみられる。具体的に石油部門をみると，1998年から1999年に原
油生産の10％を国営部門が担っていたのが，2013年には40％から45％を担うよ
うになった（安達・岩﨑 2020）。

　国家主導で企業の再編や統合を推進する取り組みも進んだ。2007年には，
「国家コーポレーション」という形態の特殊法人が相次いで設立された。これ
は，形式上は非商業組織と位置づけられているが，営利組織を子会社に抱えて
実質的にビジネス活動を行う国策会社である。しかし株式会社ではないため，
民法典による規定が当てはまらず，会社法が定める法人のような説明責任は要
求されない。国家コーポレーションの総裁はロシア連邦大統領が基本的に任命
する。国家コーポレーションは国家の経済への拡張の新しい形となった。重点
産業を発展させるため国家資金を優先的に配分することを目的としていると言
われ，代表的な国家コーポレーションには，軍需産業を担うロステクや原子力
企業ロスアトムなどがある。

　2008年に就任したメドヴェージェフ大統領は，2009年に国家コーポレーショ
ンを通常の株式会社に改組することを提案するなど，より透明性を求める改革
を提唱した。しかし2012年に大統領に返り咲くことが決まったプーチンは，国
家コーポレーションはじめ，国家主導の垂直統合型国策会社による資産管理の
重要性を再確認した。また，メドヴェージェフ大統領は在任中に，一時期国営
企業の取締役会から閣僚を排除する決定をしたが，プーチン大統領が再登板す
ると，国営企業の取締役に閣僚が（再）選出されるようになった。

　台頭する国営企業・国策企業とともに，新たなビジネス・エリートの集団が
出現した。このなかには，いわゆる「シロヴィキ」と呼ばれる，FSB（連邦保
安庁）やその前身であるKGB（旧ソ連の国家保安委員会）や内務省などの治安機
関出身者が多く含まれている。エリツィン時代のオリガルヒが支配していた代
表的な大企業は，シロヴィキに支配されるようになった。例えば，ホドルコフ
スキーが支配していたユーコスの資産を獲得したことを契機に大手石油会社と
して成長したロスネフチを支配下におさめたのは，シロヴィキの代表の1人と
されるセーチンである。第1世代オリガルヒの筆頭格であるベレゾフスキー
は，自動車大手アフトヴァズと航空大手アエロフロートの元オーナーであっ

た。アフトヴァズは，シロヴィキであるチェーメゾフが支配する国家コーポ
レーション・ロステクの傘下に入った。プーチン政権下で大統領府副長官を務
めたシロヴィキの盟友，イワノフはアエロフロートの会長に就任した。

　ベレゾフスキーがオリガルヒ「7人組」の力を豪語してから10年後には，
プーチン大統領に関係が近い「5人組」が頭角を表した。上述のセーチン，
チェーメゾフ，イヴァノフ，に加え，ロシア鉄道を支配下におさめたヤクーニ
ン，そしてガスプロムのトップになったミレルの5人である。2005年，彼らが
支配する大企業の資産額は合わせてロシアの GDP の1/3を上回ったとされ
る（Treisman 2007）。ロスネフチ，アエロフロート，ロステク，ロシア鉄道，
ガスプロムのいずれも国営大企業である。ガスプロム社長のミレルは，プーチ
ン大統領が故郷サンクトペテルブルク市に勤務していた際の部下であり，2001
年からガスプロムの社長を20年以上にわたって務めている。

❸　プーチン時代のオリガルヒ

　このように，エリツィン後は，プーチン大統領に近い人々が，「プーチン時
代のオリガルヒ」として勢力を増すようになった。彼らはおおまかに「シロ
ヴィキ」，「プーチンの友人」，そして「第1世代含むその他」のグループに整
理することができる。プーチン政権下では，政治だけでなく，ビジネス分野で
もシロヴィキの勢力拡大が顕著である。

　表7-3は，露経済誌 RBK が発行する売上高に基づいたロシア企業ランキ
ング「RBC500」の上位10社のリストである。2位のロシア石油最大手のロス
ネフチを率いるセーチン社長は，プーチン大統領との関係が深く，大統領府副
長官やエネルギー担当の副首相としても大統領を支えてきた。6位の兵器輸出
企業を中核とする国策会社ロステクのチェーメゾフ社長もシロヴィキの1人で
ある。KGB 出身のチェーメゾフはプーチン大統領が旧東ドイツのドレスデン
勤務以来交友があると言われる。KGB 出身者というと，第8位の VTB 銀行
のトップも，KGB 出身のコスティン会長である。VTB の副総裁を務めるの
は，プーチン大統領の最側近の1人と言われるアレクサンドル・ボルトニコフ
FSB 長官の息子のデニス・ボルトニコフである。上位10位にはリストされて
いないが，第14位に位置している国営パイプライン会社トランスネフチのトカ

表 7-3　企業ランキング：RBC500 2021

	企業	2000年売上高 （10億ルーブル）	業種	国営
1	ガスプロム	6322	石油ガス	○
2	ロスネフチ	5371	石油ガス	○
3	ルクオイル	5195	石油ガス	
4	ズベルバンク	3413	金融	○
5	ロシア鉄道	2279	輸送	○
6	X5	1978	小売	
	ロステク＊	1878	投資	○
7	マグニート	1554	小売	
8	VTB	1369	金融	○
9	ロスアトム	1260	原子力	○
	SAFMAR＊	1157	投資	
10	ノリリスクニッケル	1117	冶金	

注：＊は他社と厳密比較困難な複合グループだが，同位としている。
出典：経済誌 RBK。

レフ社長も KGB 出身でシロヴィキグループの 1 人である。また，この表から
は，ロシア経済では資源分野を中心に国営企業が大きな存在感を示しているこ
とがわかる。

　プーチン時代のオリガルヒとして，「プーチンの友人」グループも台頭し
た。アルカディー・ローテンベルクは大統領の元柔道仲間で，産業建設会社ス
トロイガスモンタージュ（SGM）を率いる。弟のボリスとともに，フォーブス
誌ロシア版の「富豪一族ランキング」で上位常連のローテンベルク一族の中心
をなす。もともとガス事業には携わっていなかったアルカディーだが，2007年
設立の SGM は，14年に国営天然ガス企業ガスプロムの請負最大手に台頭した
ことがある。

　表 7-2-2 はフォーブス誌ロシア版が発表する富豪ランキングの2021年のリ
ストである。6 位のティムチェンコはプーチン大統領に近いと言われ，投資会
社ヴォルガ・グループを率いる。石油貿易ビジネスを手掛けていたティムチェ
ンコだが，ヴォルガ・グループが09年に民間ガス企業ノヴァテクの18.2％を取

得したことを契機に，ノヴァテクはロシアのLNG（液化天然ガス）事業を担う
会社として急成長した。ガスプロムにかわって北極圏でのLNG事業を展開し
たノヴァテクを率いるのは，5位のミヘリソンである。

　「プーチンの友人」として，コヴァリチュクにも触れておく。コヴァリチュ
クはバンク・ロシアの筆頭株主で，ローテンベルク兄弟，ティムチェンコとと
もにプーチンと個人的に近い関係をもつ。特にコヴァリチュクとは，コロナ禍
の生活が続き直接的な交友関係が狭まるなかでも大統領は近い関係を保ってい
るという情報がある。

　「第1世代含むその他」には，エリツィン時代から継続して活躍するオリガ
ルヒを含む。表7-2-2をみると，1位のモルダショフを筆頭に，トップ10の
うち，そのほとんど（5・6・9位以外）がエリツィン時代からのオリガルヒで
ある。表7-1にも登場する2位のポターニンは，株式担保型私有化の案を発
案したとされるオリガルヒであり，ノリリスクニッケルを長年にわたり牽引し
てきた。アレクペロフは，長期にわたり民間石油大手ルクオイルの総帥を務め
た。

　2022年2月24日のロシアによるウクライナ侵攻を受けて，西側諸国を中心に
ロシアに対して厳しい経済制裁が科されている。政権と関係が強いオリガルヒ
も資産凍結など個人制裁の対象になっている。オリガルヒがロシアの政財界に
おいて重要な役割を果たしており，それゆえ個人制裁の対象となる。

4　企業国家間関係の変化と継続性

　ロシアでは，政権との距離が近い実業家が多くの有力企業を率いるという仕
組みが機能してきた。政権との公式ないし非公式なつながりによって，当局側
よりビジネス上の特恵が与えられたオリガルヒの成功や興隆は，政権との関係
に依存する。同時に，これらオリガルヒが，政権の支えにもなっている。この
ような相互依存の関係が，ソ連解体後のロシアで継続的に成り立っている。

　プーチン大統領は，2000年に大統領就任後にエリツィン時代に定着した政治
とビジネスの関係について言及したことがある。「国家がどこで終わり，ビジ
ネスがどこで始まるのか，ビジネスがどこで終わり，国家がどこで始まるのか

を理解することは難しい」と述べ，非公式性に基づく関係の性質と，政界と財界の境界の曖昧さを問題視した。

　プーチン大統領は就任当時，ビジネスと政治の関係のあり方を変え，国家がビジネスから「等距離（equidistance）」を保てるようにしようと考えた。しかし，実際には，距離感は平等ではなく，一部のオリガルヒは「より平等」であり，プーチン大統領との距離と関連する結果となった。特に大統領は自身に近い人々を中心としたサークルを通じて，ロシア経済の根幹をなす石油・ガスを中心に戦略的産業に対する支配を確立し，権力基盤を強化するようになった。

　企業が国家との特別な関係に依存している場合，政権との関係の構築と維持が課題となる。難しいのは，企業や実業家たちが絶えず懲罰や報復の恐れのもとにある「罰の保留状態」（Ledeneva 1996）におかれていることである。実際の罰は保留中であるが，脱税や詐欺など何らかの罰に問われるのはいつでも可能，ということである。実業家が国家の側との良好な関係，少なくとも非敵対的関係，を保ち続ければ，罰は永遠に保留かもしれないが，何の確証もない。これは，企業活動にとって，国家の役割が潜在的に不安定要因になる可能性を示している。さらに，このような状況において，産業界では特に民間部門の活力が削がれていくのではないだろうか。また，国家の産業支配や一部のオリガルヒとその大企業の台頭は，企業家精神や企業セクターのダイナミズムにプラスの効果をもたらさないのではないか。現状では，企業セクターの衰退が加速化され，経済成長期にロシアの成長を牽引した企業活動への悪影響を及ぼす恐れがあることが懸念される。

📖📽 おすすめ文献・映画

①パッペ，ヤコフ／溝端佐登史（2003）『ロシアのビッグビジネス』文理閣。
　　ソ連解体後のロシアの「ビッグビジネス」の形成や「オリガルヒ」の動向を，政治経済的現象として詳しく分析し，本章で言及した「ビッグ10」を中心にロシアの企業グループについて具体的に考察している。
②安達祐子（2016）『現代ロシア経済──資源・国家・企業統治』名古屋大学出版会。
　　資源大国ロシアの経済を大企業の発展から読み解くことを目的としているが，特に，第4章と第6章で新興財閥オリガルヒの成長と変遷について，政治とビジネスの関係を軸に考察している。

福祉領域における国家の撤退

　体制転換に直面して大きな変化を遂げたものの1つとして挙げられるのが福祉領域である。その出発点となるソ連の社会福祉は以下の特徴を持つものであった。第1に，ソ連では完全雇用という建前のもとで賃金が保障されていた。そのうえで，一定の労働歴を持つ労働者は年金を受け取ることができた。第2に，国民は各種のサーヴィスを受けることができた。医療や教育は無償であった。また，企業や労働組合を通じて保育サーヴィスなどが提供されることもあった。第3に，ソ連体制下では食料品，住居費，公共料金などにも多くの補助金が投入されており，生活必需品が安価で供給されていたことも事実上の福祉として機能していた。

　ソ連体制の崩壊は，こうしたソ連型福祉の前提を突き崩すことになった。市場経済へと移行したことに伴い，賃金は保障されなくなった。ソ連崩壊後も一部の食料品や公共料金などは安く抑えられていたものの，それ以外の多くの品目は自由価格へ移行した。それに加え，1990年代の混乱が新たな課題を生み出した面もある。このようななかで社会的弱者に対する年金などの支援がより一層重要な意味を持つかに思われたが，急速な市場経済化はハイパーインフレをもたらし，各種の給付は実際の物価水準からは乖離したものとなった。経済改革の過程で1991年に導入された失業手当も同様の困難に直面した。この時期は政権内部での意見対立も厳しく，福祉を削減して市場原理を持ち込むという政策判断が行われたわけではなかったが，結果として国家の福祉領域からの撤退が進んでいった。

　プーチン政権が発足すると，福祉分野においてもいくつかの変化が生じた。第1の変化として挙げられるのが，1990年代末からの景気回復に伴う税収増加等によって社会福祉領域の予算が増加したという点である。このことにより，年金の遅配なども改善し，その給付水準も高くなった。第2に，この時期から年金制度を始めとした各種の社会政策において自由化の方向性が示され，2000年代前半にはそれに基づいた制度改革が実施された（Cook 2007）。ここで目指されていたのは，可能な限り国家による関与を減らし，受益者負担へと移行していくことであった。こうした不人気政策の推進が可能になったのは，プーチン政権の権力基盤が安定し，野党や関係官庁などのステークホルダーの自立性が低下していたためであった。

　しかし，福祉政策の難しいところは，生活に直結する論点でもあることから，一般の人々の関心が高く，その削減に対しては強い反発が生じやすいという点にある。すなわち，このような政策をめぐっては，たとえエリート層では一定の合意が得られたとしても，それが一般の人々に受け入れられずに改革が進められなくなったり，政権の支持が低下したりするリスクを伴っているのである。こうした福祉の削減は影響を受ける人の数も桁違いであることから，反体制派に対しては強権的に抑圧をすることをいとわない

プーチン政権としても，それを無視したり，力ずくで抑え込んだりすることは難しい。

　国家の撤退に関わる困難が明らかになった例としてよく知られるのが2004年の恩典現金化法である。恩典はソ連時代に退役軍人，功績があると認められた人々，障害を持った人々などに対して与えられた現物支給（交通，住宅，公共サービス，医療などの無償もしくは割引での提供）を指す。この制度は経済的な混乱のなかで応急的な福祉供給としてセーフティネットの役割を果たすようになっていたが，同時に問題点も指摘されていた。制度は入り組み，その多くは資金が足りず，また支援を必要としている人にターゲットを絞れていないなど，きわめて非効率なものだったのである。プーチン政権は，これを現金化して支給することを目指し，2004年にその改正に着手した。この法案自体はスムーズに成立したが，いざこの改革を実施しようという段で，年金生活者たちはこの改革に強く反発した。彼らからすれば，既存の現物支給の代わりに給付されるとされた現金額はそれまで受けていた恩恵に見合うものではなく，恩典現金化は事実上の福祉の削減にほかならなかったのである。同年の冬には各地で高齢者らによるデモが起こり，政府もその対応に苦慮することになった。その結果，プーチン政権はこの恩典現金化の改革を大幅にスケールダウンさせ，恩典をただちに現金支給に切り替えることは回避された。

　もう1つの例として挙げられるのが，2018年に実施された年金制度改革である。ロシアにおける年金改革はすでに2000年代初頭から実施されていたが，年金財政を維持するために解決しなければならない重要な課題を積み残していた。それは，ソ連時代からの名残で男性が60歳，女性が55歳とされていた年金支給開始年齢の引き上げであった。これは明らかな福祉の削減を意味したが，財政的にも待ったなしの状況となったことから，プーチン大統領が第4期目に入ったタイミングで着手される運びとなった。この背景には，しばらくの間は次の選挙についての心配をしなくてもよいという事情もあった。2018年6月に出された政府案は，年金支給開始年齢を男性65歳，女性63歳へと引き上げるとしていた。この大幅な引き上げは猛反発を受け，抗議運動が相次ぎ，さらには政府の内部でも妥協を図ろうとする動きが出るにも至った。こうしたなかで，政権は妥協する姿勢を示した。同年8月末，それまでこの改革についての発言を避けてきたプーチン大統領が国民に向けたメッセージを発表し，女性の受給開始年齢を63歳ではなく60歳にすると表明して支持を訴えたのである。これをもって年金制度改革は実現を向かうことになったが，その代償は大きかった。2018年夏のこの件を機に，クリミア併合以後，80％近くを維持していたプーチン大統領の支持率は低下し，同年9月の統一地方選挙でも一部地域の与党系候補は苦戦した。

　ここまでの経過から明らかになるように，福祉分野における国家の撤退は容易ではなく，長期間にわたる努力が必要とされるものであった。現在のプーチン政権はメディアを掌握し，政治空間も独占して自由に統治を行っているようにみえるが，こと福祉の削減に関しては反発も大きく，自由に物事を進めることができるわけではない。これは，政治的にはプーチン政権にとっての最大の弱点の1つとも言える。

第8章 連邦制とチェチェン

ロシアは，多民族国家であるが，多様な民族や地域をいかに統合し，国家としての一体性を確保してきたのか。また，そのためにどのような手段を用いて，どれほどの犠牲を払ったのか。本章は，この疑問に連邦制と分離主義問題の観点から答える。本章では，ロシア連邦の制度的特徴と歴代政権下における中央・地方関係の変化を説明し，ロシアの連邦制を揺るがしたチェチェンの分離独立紛争を考察する。ロシア連邦では，1990年代には憲法体制から逸脱する分権化が進んだが，2000年代には制度的矛盾が是正され，中央集権化が進んだ。だが，このような連邦制の枠組みから取りこぼされてきたのが，チェチェンである。ロシア政府は，チェチェンの分離独立を阻止するために2度にわたり軍事力を行使し，多数の犠牲を出したが，同地を連邦内に留めることに成功してきた。

1 連邦制の特徴

本節では，基礎的な情報を提示しつつ，ロシアの連邦制の特徴について説明する。

■ 多民族連邦国家としてのロシア

ロシアは多民族国家である。2010年のセンサス調査によれば民族およびエスニック集団の数は194に及ぶ（総人口は1億4280万人）。このうち10万人以上が43民族である。全人口の77.7％がロシア人（1億1100万人）であるが，残りの22.3％（3180万人）は非ロシア人である。このようにロシアの国民は，多数派民族としてのロシア人と，少数派民族としての非ロシア人によって形成されている。

こうした民族的多様性を反映し，ロシア連邦は，少数派民族（非ロシア人）による自治的原則に基づいて形成される連邦構成主体（共和国，自治州，自治管区）と，多数派民族（ロシア人）を中心とし，地理行政的原則に基づいて形成

表8-1　ロシア連邦の構成主体数

		1993年以降	2008年以降
民族自治体	共和国	21	21
	自治州	1	1
	自治管区	10	4
地域自治体	地方（辺区）	6	9
	州	49	46
	連邦都市	2	2
	連邦構成主体数	89	83

出典：筆者作成。
付記：2014年のクリミア併合と2022年のウクライナ東部・南部4州の併合宣言後、ロシアの主張では連邦構成主体数は89、共和国は24、州は48、連邦都市は3になる。

される連邦構成主体（地方，州，連邦都市）に分けられる（表8-1）。地理行政単位に意識を置き，ロシアの連邦制をみると，それは単に「中央・地方関係」としても捉えることができるが，民族自治地域も含めると，「民族問題」が無視できない重要性を帯びる。

　さて，ロシアの連邦構成主体の数は，現在に至るまで変化している。これは，一般的には2000年代半ばの民族自治管区の吸収・合併による減少を指すが，ロシア政府の主張では2014年のクリミア併合と2022年のウクライナ東部・南部4州の併合によっても変化している。ただし，これらの併合は国際的には認められていない。

　連邦構成主体のうち民族自治単位（共和国や自治州，自治管区）は，その自治体の名称となっている民族がおり，それを「基幹民族」と形容する。ダゲスタン（山岳国家を意味し，多様な民族の混住地）を除いて民族自治体は，基幹民族名を冠している。しかし，特定の少数派民族（基幹民族）が人口構成上の多数派である地域に民族自治単位が形成されているわけでは必ずしもない。例えば，26の民族自治単位のうちロシア人が人口の半数以上を占めている地域は，14もある（図8-1）。

　民族自治地域を考える際には，民族人口の規模や凝集度も問題になる。例えば，ユダヤ自治州を形成するユダヤ人は同自治州に1600人しか居住していない。つまり，「基幹民族」でありながら，ユダヤ人は自治州人口の1％しか占

図 8-1　民族自治単位における基幹民族とロシア人の人口割合

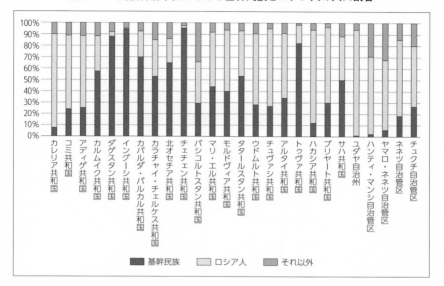

出典：筆者作成。データは（Росстат 2021b）より。ダゲスタンではダゲスタン系諸民族を，カバル
　　　ダ・バルカルとカラチャイ・チェルケス，ハンティ・マンシでは複数の基幹民族を合計して算出
　　　している。

めていない。またユダヤ人はロシア全土に16万人が居住しているが，全ユダヤ
人人口の１％しか自治州に居住していないのである。民族人口の規模は，すべ
ての民族に領域的自治を認めることが困難ななかで，どれほどの規模の民族に
までは領域的自治を認めるのかという問題を提起する。これに対して，民族人
口の凝集度は，特定の民族が複数地域に分散して居住している場合，どのよう
にして彼らに領域的な自治を保証するのか，あるいはそもそもその必要性はあ
るのかという問題を提起する。

　これらは，いずれも民族自治単位の設置・形成基準に関わる疑問であるが，
結論を先取りすれば，ロシア連邦においてこうした基準は確立されていない。
そもそも現在の民族自治地域は，ソ連時代のロシア・ソヴィエト連邦社会主義
共和国（ロシア共和国）の民族自治単位を基本的に引き継いでおり，それらが
ソ連時代に設置された経緯や背景もそれぞれ異なっている。新生ロシア連邦の

誕生時にも連邦制の原理・原則論に立ち戻り，こうした基準を策定することはなかった。

　ただ，このことは，ロシアの連邦制において民族問題が主要な課題にならなかったことを意味しない。むしろ，ソ連末期にロシアの連邦制は揺らぎ，民族問題は先鋭化しており，領域的一体性を堅持し，ロシアの連邦制をどのように実現するのかは大きな問題となった。そして，このなかには後述するチェチェンのように分離独立を主張し，紛争へと発展する事例もあったのである（ソ連解体後の分離独立紛争については**コラム１**も参照）。

❷　非対称な連邦制

　ロシアの連邦制は，「非対称な連邦制」と形容される。非対称とは，連邦構成主体間の水平的関係性と，各々の連邦構成主体と連邦中央の垂直的関係性が，等しくないことを意味する。また制度上と，事実上の非対称性に分類できる。

　まず制度上の非対称性から説明する。制度上の非対称性とは，連邦構成主体の法的地位や権限が異なることを意味する。制度とは憲法に限定されず，**2** で触れる1990年代の中央と地方の権限区分条約なども挙げられるが，こうした条約は，2000年代に入り破棄されたため，ここでは憲法についてのみ紹介する。

　憲法では連邦構成主体の同権（対称）性と非対称性の双方が明示されている。すなわち第５条の第１項には連邦構成主体間の水平的関係における同権性を，第４項には連邦中央（連邦国家権力機関）との垂直的関係における同権性が示されている。だが第２項では，共和国は独自の憲法を有するとし，それ以外は独自の憲章を持つと定め，共和国と他の連邦構成主体を差別化している。また第68条第２項では，共和国にはロシア語に加え独自の国家語を定めることができる権利を認めている（⇒第４章２）。

　次に事実上の非対称性とは，連邦構成主体の人口，面積，経済規模，資源，財政的独立性等によって連邦構成主体間に一定の「格差」が存在していることを意味する。当該地域の政治指導者は，こうした特徴を活用し，自らの政治的・経済的影響力を行使しようとするため，事実上の非対称性は水平的・垂直的関係性のいずれにおいても観察可能である。

　例えば，面積について連邦構成主体（連邦都市を除く）のなかで最も小さいイングーシ共和国（3600km²）は，連邦全体の0.02％しか占めない。最も大きな連邦構成主体であるサハ共和国（308万km²，連邦全体の18％を占める）は，イングーシの約850倍である。また人口について，首都モスクワは1265万人，モスクワ州も770万人であるが，最も少ない連邦構成主体のネネツ自治管区は4万4400人に過ぎない（Poccтaт 2021a）。

　石油や天然ガスは，チュメニ州，ハンティ・マンシ自治管区，ヤマロ・ネネツ自治管区，タタールスタン共和国などに，金はサハ共和国に埋蔵されているが，これらの資源を持つ連邦構成主体は豊かな地域である。例えば，ハンティ・マンシ自治管区の域内総生産は，ユダヤ自治州の80倍規模になる。当然，こうした連邦構成主体は，安定的財源を確保でき，連邦に税収を振り分ける余裕もあるため，「ドナー地方」と形容される。逆に，政府間の財政移転や連邦補助金などに予算の大部分を依存している地域を「レシピエント地方」と形容する。2021年現在，最も依存しているのは，経済後発地域の北コーカサス連邦管区の自治体で，イングーシは予算の85％，チェチェンは同84％を連邦からの補助金に頼っている（Poccтaт 2021a）。

　しかし，これら北コーカサス地域は，後述するように紛争やテロが発生した地域であり，ロシア連邦の安定に大きな脅威を与えてきた。連邦政府もこれら地域の動向を注視し，北コーカサス担当省（2014～2020年）を設置し，大規模な経済開発プログラムに取り組んできた。経済後発地域の発展のために中央省庁が設置されるケースは他にも極東（極東開発省：2012年～）やクリミア（クリミア担当特別省：2014～2015年）でみられる。

　中央と地方の政治的関係性は，2で後述するように1990年代は分権化が進んだ結果，連邦中央の統制が地方に及ばず，地方に支持基盤を有する政治指導者が中央に対抗する場面が観察できた。このような「地方ボス」のなかには，中央政界でも一定の発言力を持ち，連邦構成主体のリーダーのように振る舞う者もいた。だが，2000年代の中央集権化によって「地方ボス」は減少した。他方，連邦中央も地方首長も協力的な関係を構築することで政治的利益や安定性を確保しようとする傾向は残存し，現状でも「地方ボス」に類する政治指導者はおり，また事実上の分権化も機能している。

図8-2 8つの連邦管区と基礎情報

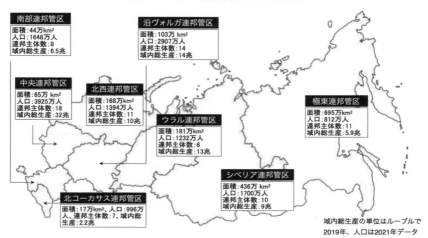

南部連邦管区
面積:44万km²
人口:1648万人
連邦主体数:8
域内総生産:6.5兆

沿ヴォルガ連邦管区
面積:103万 km²
人口:2907万人
連邦主体数:14
域内総生産:14兆

中央連邦管区
面積:65万 km²
人口:3925万人
連邦主体数:18
域内総生産:32兆

北西連邦管区
面積:168万km²
人口:1394万人
連邦主体数:11
域内総生産:10兆

ウラル連邦管区
面積:181万km²
人口:1232万人
連邦主体数:6
域内総生産:13兆

極東連邦管区
面積:695万km²
人口:812万人
連邦主体数:11
域内総生産:5.9兆

シベリア連邦管区
面積:436万 km²
人口:1700万人
連邦主体数:10
域内総生産:9兆

北コーカサス連邦管区
面積:17万km²、人口:996万人、連邦主体数:7、域内総生産:2.2兆

域内総生産の単位はルーブルで
2019年、人口は2021年データ

出典:筆者作成。データは Росстат(2021a)より。
付記:各連邦管区のデータは,ロシア政府(国家統計局)の発表(2021年)であるため,クリミアも
南部連邦管区のデータに含まれていることに注意されたい。

　以上のように多様な連邦主体によって構成される広大なロシアの各地域は,
8つの連邦管区に分割され,それぞれ大統領に任命された全権代表に統率され
ている。各連邦管区は面積,人口,経済活動,連邦構成主体数などで規模感や
地域差があるが,こうした多様性を前提としつつも,ロシア全土を統合し,領
土的一体性を確保してきたのが,連邦制である。

2　連邦制の変化

　本節では,ロシアの連邦制が歴代政権において,どのように変化してきたの
か,連邦制度の形成期,分権化期,再集権化期と分類し,説明する。

1　ペレストロイカから新生ロシア連邦へ

　ソ連邦は,法的に等しい権利を有する主権共和国によって形成され,各共和
国は連邦からの離脱権を有していた。実際には,この離脱権を行使できない統
治体制が敷かれており,また離脱権を行使する際の手続法もソ連解体直前まで

定められることがなかった。このような前提がありながらも，ソ連は主権共和国が自由意志によって形成した国家連合（Union）であるという名目において，コンフェデレーション（国家連合）的な連邦であった。

　これに対して，ソ連時代のロシア共和国は，名称に「連邦」の語を含んでいたものの，全体が連邦的原理で構成されていたのではなく，民族自治地域のみが連邦制の構成要素とされた（塩川 2021：674）。当然，ソ連を形成するロシア共和国（連邦構成共和国）は主権国家であるため，ソ連からの離脱権を有したが，民族自治地域はソ連に直接参加しておらず，ロシア共和国の一部に過ぎなかった。例えば自治共和国は，独自の憲法や立法・行政府を有し国家的体裁を持っていても，ロシアから離脱する権利は保持しなかった。自治州や自治管区の権限はより限定され，その権能は中央から付与されるという色彩を帯びていた。

　しかし，ソ連全土における改革の動きのなかで自治共和国の主権共和国への格上げ運動が展開されることになる。結果的に1991年末までにロシアの民族自治地域のうち77％が主権宣言を採択した（塩川 2007b：24）。この動きを受けて，ロシア政府も同年には自治共和国を共和国に名称変更し，アディゲ，ゴルノ・アルタイ，カラチャイ・チェルケス，ハカス各自治州を共和国に格上げするなどの懐柔策を講じた。また後述するように分離志向を強めるチェチェン人に対して，同じ共和国を構成するイングーシ人は，北オセチアとの領有権問題を解決するために，単独の共和国を創設し，ロシア残留を宣言した。

　こうしてソ連解体までに21共和国，１自治州，10自治管区という新生ロシア連邦の民族自治地域の数は決まった。ソ連解体後の1992年３月には，連邦国家権力機関（連邦中央）とこれら民族自治地域に加え，地方・州など地域的行政単位の間で連邦条約が締結された。連邦条約では，共和国を「主権共和国」と形容するなど，他の構成主体と差別化したが，ソ連邦のように主権共和国の離脱権を認めなかった。主権国家としてロシア政府と対等な条約締結を求めていたタタールスタンと，すでにロシアからの独立を宣言していたチェチェンはこの条約に署名しなかった。しかし，２共和国を除く連邦構成主体が連邦条約に調印することで，ロシアがソ連のように解体することは回避された。

　当時，連邦中央では，エリツィン大統領と議会が激しく対立していた。この

ようななかでエリツィンは，連邦構成主体と連携することで大統領優位の憲法を制定しようと試みた（溝口 2016）。他方で，ソ連末期からロシアにおいては，民族自治地域の権限拡大要求とともに，ロシア人地域から民族自治地域と同様の権限を求める声が強くあがっていた。こうした声をエリツィンは利用し，憲法では共和国から「主権」の文字を削除し，他の連邦構成主体との同権性を確保しようとした。だが，93年に国民投票によって採択された憲法でも連邦構成主体の法的名称は異なり，共和国のみ「国家」とされるなど差異は依然として残った。

　こうして国家の法的枠組みを整えたロシアは，連邦条約を拒否したタタールスタンとチェチェンに対処することとなった。両地域との交渉は，91年頃から段階的に取り組まれた。まず93年１月にチェチェンと権限区分条約締結準備議定書に合意したが，チェチェンのドゥダーエフ大統領の反対で交渉は頓挫した（富樫 2015）。しかし，この合意はタタールスタンとの議定書締結へとつながり，94年２月には権限区分条約の締結に至った（塩川 2007b；小杉 2019）。同条約は，連邦中央と連邦構成主体の管轄・権限の区分を規定する憲法，連邦条約に加え，憲法第11条で定められた「その他の条約」に該当するものであった。

　こうしてエリツィン政権は，チェチェンを除き，新生ロシア連邦を形成し，その領土的一体性を堅持することに成功した。

❷　エリツィン政権期における分権化

　ロシア憲法は，大統領に強い権限を与えているにもかかわらず，1990年代のエリツィン大統領は，議会や地方に対して「弱い大統領」であった。中央・地方関係での「弱い大統領」を規定づけたのは，逆説的ではあるが，ロシア連邦の領土的一体性の堅持のために権限区分条約など憲法から逸脱する合意を認めたからであった（溝口 2016）。本来，権限区分条約はタタールスタンという分離志向の強い共和国を連邦内に留めるための例外的な措置のはずだった。

　しかし，他の共和国も同様の条約を求めたため，連邦中央は1995年までに６共和国と条約を締結した。1996年以降は，選挙を前にしてエリツィン大統領側が地方の協力を得るために権限区分条約を活用したため，結果的に42件の権限区分条約が生まれた。権限区分条約では，連邦管轄の権能を共同管轄へ，共同

管轄の権能を連邦構成主体の専轄へと移行する内容で，合意事項も多岐にわたった（中馬 2009）。こうして憲法体制から逸脱する中央と地方の合意が締結されたが，締結主体の約7割がロシア人地域であったことも連邦制をより歪なものとした。

　だが，問題は権限区分条約に限定されなかった。共和国憲法や連邦構成主体の憲章，地方政府や議会の法的決定なども含むと連邦法との矛盾は一層顕著であった。例えば，イングーシ共和国では連邦法に矛盾する法的決定の割合は4割近くにのぼった（Libman 2016）。しかも95年に地方知事選挙が解禁されて以降は，地方の利益を主張し，支持基盤のある地方首長にエリツィン政権は対抗困難になった。当時は，連邦の国家会議（議会下院）でも政権与党が安定多数を形成できないなかで，地方では独自の政党も設立され，地方首長が影響力を保持していたため，大統領選挙などでは地方の協力が不可欠だった。さらに96年以降，連邦会議（議会上院）は，各地方の首長と議長によって構成されるようになったため，上院が連邦と地方の利害調整の場にもなった（油本 2015）。

　こうした分権化と非対称な連邦制の拡大は，必ずしも政治的・経済的成果を生み出さなかった。権限区分条約の締結に成功した連邦構成主体は，経済資源に富み，政治的に活用できる構造的な資源を有していると理解されていた（Söderlund 2003；Dusseault et al. 2005）。またこれら連邦構成主体の首長は，地域や民族の利益を主張し，自らが民意を代表していると主張する傾向があった。では，これらの地域は，権限を拡大し，経済成長や民主主義を深化させたのだろうか。実は，権限区分条約を含む制度的・非制度分権化は，むしろ当該地域の民主主義の後退，不平等性の拡大，経済制度の質の低下などをもたらしたとされる（Libman 2016）。

　中央・地方関係が個別の条約に基づいていることの問題点は，エリツィン政権も認識しており，1996年以降，中央・地方関係の改革が模索された（中馬 2009；小杉 2019）。1997年には，大統領権力の強化と地方への監督を目的として大統領全権代表制が導入された。また上下院での長い審議を経て，99年6月に憲法や連邦法に矛盾する連邦構成主体の法律や条約を3年以内に改善させることを定めた法律を成立させた（⇒第3章1）。

3　プーチン政権期における集権化

　エリツィン政権末期に憲法や連邦法と矛盾する権限区分条約などに対する規制は制定されたが，これを適用し，中央集権的な連邦制を回復させたのが，プーチン政権である（⇒第3章2）。

　プーチン政権は，ロシア連邦の「国家的危機」のなかで産声をあげた。第1次チェチェン紛争後，事実上の独立状態にあったチェチェンが政情不安へと陥り，チェチェン武装勢力によるとされるテロがモスクワなどで発生したのである（合計300人以上死亡）。当時，病弱で支持率が低迷していたエリツィン大統領に代わり，この危機に対処し，国民の絶大な支持を得たのがプーチン首相であった。プーチンは，エリツィン大統領から後継指名され，2000年5月に大統領に就任すると，「強い国家」を掲げて種々の改革を実行する。

　プーチン大統領は，就任直後に連邦管区制度を導入し，これに大統領全権代表制を合体させた。また連邦会議についても地方首長と議長ではなく，地方の執行・立法機関からの代表者選出と変え（2000年8月），政党法も改訂し（2001年7月），一部の地方にしか存在しない地方政党の存続を困難にした。これらは，いずれも連邦に対抗する「地方ボス」の影響力を削ぐ効果を持った。さらに2004年には北オセチアでチェチェン系武装勢力による学校占拠事件が発生すると，危機管理と垂直的な問題対応の必要性から大統領による地方首長任命制（ただし地方議会が承認）が導入された。

　プーチン大統領は，権限区分条約についてすでに役割を終えたとみなし，廃止の方向で対応した。34の連邦構成主体（締結主体の約7割）は，権限区分条約の失効条約を締結した。連邦は，2003年に失効条約を締結しない主体に対して2年以内に連邦法による承認を受けないと条約は失効するとする法改正を行った。タタールスタンは，新条約締結を目指し，連邦と交渉を重ね，2007年に連邦構成主体で唯一，新たな権限区分条約を締結した。だが，94年の条約とは大きく異なり，ロシア憲法や連邦法との矛盾を解消したものであった。さらに同条約は，2017年8月に期限を迎え失効した。「権限区分条約の時代」は終焉を迎えたのである。

　プーチン政権下では，憲法秩序が回復され，中央・地方関係も大きく改善した。他方で，地方首長の任命制などは連邦中央が地方に介入し，首長を送り込

むことを必ずしも意味しなかった。プーチン大統領の2期目までは，むしろ有力首長は軒並み再選され，外部出身（アウトサイダー）の地方首長の割合も限定的であった。このような連邦中央と地方の癒着は，プーチンの高い支持率を背景に与党「統一ロシア」が中央議会で「圧倒的一党優位」（油本 2015）を構築していったからであった。

　こうした癒着体制で生まれた事実上の自治や分権は，中央・地方関係を安定させたものの，連邦構成主体の民主主義を後退させたと言われる（Libman 2016）。こうしてメドヴェージェフ政権下（2008〜12年）で汚職対策として地方首長が解任され，「アウトサイダー知事」が増えると，中央・地方の互恵的関係が損なわれ，これは与党「統一ロシア」の得票率低下へと繋がった（鳥飼 2020）。連邦政府は，世論への配慮もあり，2012年に地方首長の公選制を復活させた。だが，この選挙でも連邦は，大統領に忠実な候補者を当選させるため，ライバルを選挙前に立候補困難にさせ，あるいは意中の候補を首長代行に任命することで経験と知名度を高め当選させてきた（溝口 2022）。近年，連邦が送り込むアウトサイダー知事は増加傾向にあるが，現職であれアウトサイダーの候補であれ，大統領との関係によって当選の可能性が決まってくるのであれば，このような中央・地方関係は，地方の有権者の利益を損ない，民主主義を後退させていると言えよう。

　プーチン大統領の3期目以降の連邦制における大きな変化としてクリミア併合（2014年）が挙げられる。これはウクライナの政変を受けたものだが，併合プロセスは，①親露派政権の樹立，②ウクライナ（中央政府）からの独立宣言，③併合のための住民投票，そして④条約締結という流れであった。したがって，これらの手続きを満たせば，他の地域もロシアに併合される可能性がある。これは，ジョージアからの独立を主張する南オセチアやアブハジアはもとより，ロシアが占領するウクライナ地域にも当てはまる（実際にロシアは2022年9月にウクライナ東部・南部4州の併合を主張した）。しかし，後述するチェチェン紛争でみられるように分離独立を主張する国内の少数派の要求を「国家への脅威」として武力を用いて排除しておきながら，自らが支援する他国の少数派の要求を「民族自決」として正当化し，併合すらしようと試みるのは，明確な二重基準であろう。

3　チェチェン紛争

　本節では，ロシアの民族問題のなかで唯一紛争へと発展し，ロシア連邦という国家のあり方に多大な影響を与えたチェチェン紛争について，その起源・経緯・結果を説明する。

1　連邦制と分離主義問題

　ソ連末期のロシアの民族自治地域では自由化の流れを受けて多数の民族組織が創設されたが，そのなかで急進民族派が政権を握ったのも，ロシアからの独立を主張したのもチェチェンのみである。チェチェンにおいて分離独立運動が高揚した背景には，チェチェン人を取り囲む環境が他の民族と異なっていたことが度々指摘される。それは歴史，民族・文化，政治，経済的な特徴に集約できる（富樫 2015）。

　ロシアとチェチェンは「侵略と抵抗」の長い歴史を持つとされ，19世紀のカフカース戦争，ロシア革命期の独立闘争，ソ連体制下における粛清と強制移住などを経験している。このような弾圧を生んだのは，チェチェン民族に氏族・部族などの強い血縁・地縁組織が存在し，独自の慣習法を保持し，イスラームへの強い信仰心が根付いていたからだとされる。このため，ソ連はチェチェン人の体制への統合にも失敗してきた（共産党入党率は低かった）。それは，ソ連体制がチェチェン民族に警戒感を抱き，自治共和国の指導部に登用しなかったからでもあった。チェチェン経済は，首都グローズヌィの石油関連産業に依存していたが，チェチェン人の失業率は高く，住民の多くは出稼ぎ労働に従事していた。以上のような特徴を持つチェチェンでは，ソ連体制による自由化の流れは巨大な遠心力を生み出し，民族運動を急進化させていった。

　チェチェン人は，1934年以降，イングーシ人と民族自治単位を形成していたが，これが両民族の運動を複雑化させた。すなわちイングーシ人は，隣接する北オセチアとの間に領有権問題を抱えており，当該問題解決のためにもロシアに残留する必要があった（富樫 2021）。対して，チェチェン人の民族運動は，ロシアからの分離（当初は主権共和国への格上げ，後に独立）を主張していた。な

お，チェチェン・イングーシ自治共和国指導部は，自治共和国の存続と自治権拡大を求めていた。

1991年6月に在野のチェチェン民族大会が開催され，ロシアにもソ連にも属さない主権共和国が宣言された（イングーシ側は11月にチェチェンとの分離を決議）。さらにチェチェンの急進民族派は，自治共和国首長の退任と議会の無効化を求め，権力掌握を目指した。こうした最中，8月にはモスクワでソ連共産党保守派のクーデターが発生した。自治共和国指導部は，野党よりも対応に遅れたため批判を招き，これを機に急進民族派（元ソ連軍少将のドゥダーエフ）が権力を奪取した。この「チェチェン革命」に対してロシア指導部は，最高会議第1副議長が満足の意を表明するなど好意的な反応を示した（塩川 2021: 1978）。

ロシア指導部は，当初，チェチェンにおけるドゥダーエフ政権樹立を黙認したが，次第に独立路線を明確にし，集権化を進める同政権に危機感を覚える。ただ，ソ連解体後もロシア中央政界では大統領と議会の権力闘争が展開され（⇒第3章1），チェチェンに対応する余力はなかった。92年10月にはイングーシと北オセチアの間で係争地をめぐり紛争も発生したため，情勢の不安定化を懸念したロシアは11月にチェチェンとの間で権限区分条約交渉を開始した。だが，チェチェンでは，この交渉は大統領と議会の権力闘争と結びついていたため，議会を中心にまとめられた草案をドゥダーエフ大統領は拒否してしまう（富樫 2015）。

93年10月に中央政界における議会との闘争に勝利したエリツィン政権は，同12月以降に本格的にチェチェン問題に関与し始める。ドゥダーエフを排除した政権樹立を模索し，反対派への軍事・経済的支援を強化する。ロシアは，94年2月にタタールスタンと権限区分条約を締結し，残された問題はチェチェンだけになった。エリツィン政権は，94年11月の反ドゥダーエフ派による大規模な軍事作戦が失敗し，関与していた多数のロシア兵が捕虜になると，憲法秩序の回復，領土保全などを謳い，武力介入を決断する。

❷　2度にわたるチェチェン紛争

第1次チェチェン紛争時，ロシア指導部は早期終了を予測していた。ロシア

政権は，開戦前に親露派チェチェン政権をすでに樹立しており，首都陥落後に
この政権と各種合意を形成することで問題解決を試みたのである。

　だが，首都陥落には３ヶ月を要し，チェチェン側の抵抗も激しかった。チェ
チェンには駐留ソ連軍から引き継いだ大量の武器があり，指導部にもソ連軍出
身者が一定数いた。またロシア軍の進軍によって，チェチェン内部の政治勢力
や住民は，一部を除いてロシアへの抵抗という点で団結した。さらにロシア軍
の作戦は，首都グローズヌィへの無差別爆撃やサマーシキ村での虐殺事件，戦
闘員と住民を選別する選別収容所など非人道的なもので，チェチェン側の強い
反発を生んだ。それでもロシア軍は平野部では支配地域を拡大したが，山岳
戦，ゲリラ戦ではチェチェン側が地の利を活用し，ロシア軍を苦しめた。

　チェチェン側の激しい抵抗に対して，ロシア軍側の士気も低かった。資本主
義経済への移行という混乱期に，十分な説明もなく農村から徴兵された若いロ
シア兵士たちは貧弱な装備で前線に送られ，次々と死傷，もしくは行方不明と
なった。こうしたなかで「ロシア兵士母の会」のような市民運動・反戦運動も
盛り上がった。司令部と前線の作戦指揮をめぐる対立や軍規の乱れも発生し
た。レーベジ将軍のように公然と反戦を主張する軍人もいた。紛争中の95年12
月の下院選挙では，野党・ロシア連邦共産党が第１党になり，紛争の継続は困
難になった。

　ロシア政府は，開戦後も親露派政権のみがチェチェンの正統な政治権力と主
張し，彼らと権限区分条約案まで合意した。ただ多くの政治勢力はすでに親露
派から離反し，紛争終結のために独立派との連携を進めた。国際社会からも
チェチェンにおける人権侵害への批判は高まっていた。欧州評議会は人権状況
が改善するまでロシアの加盟手続きを停止するとし，欧米諸国もロシアへの援
助凍結に言及するなどした。エリツィンは，大統領選挙で再選するために独立
派との和平交渉に傾き，第１回投票（96年６月）で３位につけたレーベジ元将
軍を安全保障会議書記に任命，チェチェン交渉に当たらせた。７月の決選投票
でエリツィンが大統領に再選されると，８月にはロシアとチェチェンの間で独
立問題を５年間棚上げする合意が締結された。

　96年12月までにロシア軍がチェチェンから撤退し，97年２月に実施された
チェチェンの大統領選挙では，マスハドフ元首相が選出された。５月にはロシ

アとチェチェンで平和条約が締結され，合わせて99年までに様々な協力合意に
も署名した。だが，両者の法的地位に関する合意は締結されなかった。既述の
ように97年以降，少なくとも連邦中央は地方への監督や権限区分条約の規制を
試みていた以上，この枠に留まらない主権国家間の条約形成を主張するチェ
チェンとの交渉妥結は，ロシア側の論理からは困難であった。

　さらにロシア政府は，合意した財政支出を渋ったが，これはチェチェンの内
紛や治安を悪化させた。99年8月にダゲスタンにおいてチェチェンのイスラー
ム過激派が現地勢力と協力し，蜂起すると，当時無名だった連邦保安庁
（FSB）長官のプーチンが首相に任じられ対応することになった。プーチン首
相は，モスクワで頻発するアパート爆破事件をチェチェン人の犯行とし，平和
条約の破棄を宣言，ロシア軍は再びチェチェンに進軍した。ただ，アパート爆
破事件については不審な点も多く，FSB による自作自演を指摘する声も少な
くない。

❸　対テロ作戦と連邦による統制

　第2次チェチェン紛争は，首都の陥落に限定すれば4ヶ月を要し，ロシア軍
は第1次紛争よりも苦戦した。だが，第1次紛争とは全く異なる状況で紛争は
進められた。戦術面では，ロシア側は，徹底的な空爆，連邦軍・内務省部隊・
FSB 部隊の投入，契約兵の動員，激しい殲滅・掃討作戦，独立派との交渉拒
否という方針をとった。また親露派勢力については，第1次紛争と異なり現地
に一定の支持基盤がある元独立派宗教指導者のアフマト・カディロフを任命し
た。また投降した独立派戦闘員に恩赦を出し，親露派政権に取り込む戦略も
採った。

　紛争は，「対テロ作戦」という名目で正当化された。開戦前のテロでロシア
市民が多数死傷したこともあり，武力行使は圧倒的な支持を受け，これがプー
チンの高い支持率に直結した。プーチンの圧倒的支持率は，政治家や政党を彼
になびかせ「プーチン一強体制」を生み出した。前述した中央集権的な改革
も，国民からの高い支持率があり断行できた。したがって，ロシア国内におい
て第2次チェチェン紛争を取り巻く政治環境は第1次チェチェン紛争とは全く
異なった。2001年9月に米国同時多発テロが発生し，世界的に「対テロ戦争」

が叫ばれるようになると，国際的な批判も抑えられるようになった（⇒第**3**章**2**・第**11**章**3**）。

　ロシア政府は，2002年に紛争の軍事的段階の終結を宣言し，2003年にはチェチェンで新憲法の信任投票を行い，議会・大統領選挙も実施した。憲法では，チェチェンの国家的地位を「ロシア連邦内の国家」とし，「連邦領土の不可分の一部を構成」とした（第2条）。当初は，権限区分条約締結を意図し，共和国の主権について「連邦管轄と連邦・共和国の共同管轄を除く全権」（共和国専管）と規定していたが（第1条），権限区分条約は締結されず，2007年の憲法改正でこの記述は削除された（富樫 2018）。

　連邦中央は，圧倒的な軍事力を用いて，多くの民間人を犠牲にし，連邦の一体性を回復させたが，その後も独立派は抵抗を続けた。プーチン政権は，主要な独立派指導者を殺害したが，恒常的な対テロ態勢を解除するのには10年かかった（2009年）。さらに2007年にチェチェン独立派は，動員対象と戦域をコーカサス全土に広げるため，北コーカサスのロシアからの解放とイスラーム国家の建国を掲げる「コーカサス首長国」を主張した。北コーカサス地域では，権威主義体制とエリートの汚職，急進的イスラームの弾圧，高い若年失業率などの問題を抱えていたため，この動員戦略は一定の成功を収めた。2007年以降，テロは隣接共和国に広がり，最盛期には200件以上となった（富樫 2021）。

　ロシア政府は，一方で北コーカサスの社会経済発展のために多額の予算を支給し，他方で徹底した反対派の弾圧を断行した。2011年のシリア内戦発生以降，北コーカサスにおける急進的イスラーム運動の「グローバル・ジハード組織」とのつながりも大きな問題となった。シリアやイラクへ向かった外国人義勇兵の輩出国1位がロシアだったのである。これは，ロシアがシリア内戦に強く関与する1つの要因となった。だが，動員対象の競合する「イスラーム国」の登場は，「コーカサス首長国」を内紛・弱体化に向かわせた。ロシア政府はこの好機を見逃さず，彼らの殲滅に成功した。

　現在，チェチェンは，親露派初代大統領のアフマト・カディロフの息子，ラムザン・カディロフが強固な権威主義体制を構築している。ラムザンは，プーチン大統領に忠誠を誓うことで，政治・経済的自由を享受しており，領域的にロシアに留まっていても，その独立性は1990年代のチェチェンに匹敵するとも

指摘される。こうした事実上の自治や分権化は，ポスト・プーチン体制に何らかの対応を迫る可能性がある。

📖 🎦 おすすめ文献・映画

①ボドロフ，セルゲイ監督（1996）『コーカサスの虜』（映画）。

　　レフ・トルストイの原作小説の舞台を現代のチェチェンに置き換え，第1次チェチェン紛争をテーマにした映画。第1次チェチェン紛争時のロシア兵，チェチェン社会の理解に役立つ。

②ミハルコフ，ニキータ監督（2007）『12人の怒れる男たち』（映画）。

　　ロシアの著名な監督による米国同名映画のリメイク版。第2次チェチェン紛争，汚職や不正，家族や愛，人種・民族，資本主義と共産主義，現代ロシアが抱える様々な矛盾を考察できる映画。

③富樫耕介（2015）『チェチェン——平和定着の挫折と紛争再発の複合的メカニズム』明石書店。

　　ロシア連邦で唯一発生した分離主義紛争であるチェチェン紛争の研究書。一度，和平に至ったチェチェン紛争はなぜ再発したのか，紛争再発に至る経緯とその複合的メカニズムを明らかにした本。

第 **9** 章　ナショナリズムと国民／国家の範囲

ソ連解体後のロシアにおいて，国民／国家統合は常にきわめて重要な問題である。それは広大な国土を持ち多くの民族が暮らすロシアという国をいかに統合するかという問題であると同時に，ウクライナをはじめとする周辺諸国との関係にも影響する問題である。このことを理解するために，本章ではまず 1 において，ロシアにおける愛国主義とナショナリズムについて整理する。そのうえで，2 では新たな独立国家として歩みを始めたロシア連邦における国民統合の試みを概観し，3 ではロシア国民の範囲について，国籍法の変遷を中心に論じる。

1　愛国主義とナショナリズム

　近年，ロシアにおいて愛国主義の重要性が増していると言われている。2014年 3 月のクリミア併合は，ロシア人にとって「失地回復」の意味を持ち，彼らの愛国心を大いに刺激した。実際，それまで低下傾向にあったプーチン大統領の支持率は約20ポイント上昇し，80％を超える水準になった。2020年の憲法修正でも，国民の愛国心を強化することを目的とするような文言が加えられた（⇒第 4 章 3 ）。その一方で，広大な国土を持ち，多くの民族が暮らす国家をどのように統合するかという問題は，ロシアに常に付きまとう問題でもある。そこで，近年の愛国主義やナショナリズムが以前のものと比べてどのように変化したのかを理解することが必要である。

　しかし，これらの概念がどのような意味で用いられているかにはよく注意する必要がある。愛国主義は，一般に「自分の国を愛し，自国のために尽くそうとする思想や運動」と理解される。それは何よりも「国家」への帰属意識に基づくものであると言える。一方，ナショナリズムは，「ネイションと政治的単位（国家）を一致させようとする思想や運動」と定義できる。どちらについても，そのような思想を持ったり運動を行ったりする主体（つまり，つながりや共

通性を持つ「われわれ」）がどのような集団なのかによって意味は変わる。愛国主義について言えば，「国を愛し，自国のために尽くす」主体は誰なのかという問題である。ナショナリズムについても同様で，「ネイション」を構成するのは誰なのかというのがやはり問題になる。日本語でもネイションは「民族」と訳される場合と，「国民」と訳される場合があるが，この言葉にエスニックな意味がどのくらい含まれるかによってその指し示す内容は異なる（塩川2008）。

　ロシアでも，「ロシアとは何なのか？」「ロシア人とは誰なのか？」という問題が議論されてきた。実際に，ロシア語にはロシア国民を意味する「ロシヤーニン（россиянин）」とロシア民族を意味する「ルースキー（русский）」という2つの単語がある。また，国家や国籍に関わる形容詞としては「ロシースキー（российский）」という形容詞があり，これも民族や言語などに使われる「ルースキー」とは区別される。ちなみに，ロシア語には「国民」「人民」を意味する「ナロード（народ）」とエスニックな意味合いが強い「ナーツィヤ（нация）」という単語があるが，後述するように前者が「ルースキー」と，後者が「ロシースキー」とともに使われることもあり，これらが厳密に使い分けられているわけではない。ただし，総じて言えば，「ロシヤーニン」や「ロシースキー」はロシア国籍の保有者が「われわれ」意識の主体として想定されるのに対し，「ルースキー」は民族集団としての「ロシア人」がその主体として想定される言葉である。ソ連という国家の解体は，ロシア人にとっての「われわれ」意識を不安定にしたために，ナショナリズムに関する様々な議論が登場した。そこで，ロシアのナショナリズムの類型を示した**表9−1**をもとに，この点を整理してみよう。

　ナショナリズムのよく使われる分類として，国家中心的なシヴィック・ナショナリズムと民族中心的なエスニック・ナショナリズムという区別がある。前者は一定の領域内に居住し，同一の政府と法のもとに結びついた人々の共通意識に基づくものである。国家中心ということもあり，シヴィック・ナショナリズムは愛国主義とある程度親和性がある。ソ連解体後，チェチェンの独立運動を経験したこともあり（⇒第8章3），ロシア政府は多民族を包摂するシヴィック・ナショナリズムを強調してきた。プーチン政権になってからも，

表9-1　ロシア・ナショナリズムの4類型

	国家主義的	民族主義的
「中心」志向	ロシア連邦のシヴィック・ナショナリズム	排外主義的ナショナリズム
「帝国」志向	帝国（ソ連）救済型ナショナリズム	ロシア民族至上主義的ナショナリズム

出典：Kolstø（2016：23）を一部修正して作成。

様々な形で国民の愛国心強化を図ろうとする政策が行われてきた（西山 2018）。それに対し，エスニック・ナショナリズムは民族的な共通性に基づくネイションが想定される。この例としては，非ロシア系民族を差別する排外主義が挙げられる。2000年代半ばまでは，チェチェンの独立派勢力によるとみられるテロ事件がロシア国内で散発していたこともあり，極右主義者による北コーカサス地方出身者などに対する暴行事件が社会問題となっていた。表9-1の「ロシア連邦のシヴィック・ナショナリズム」と「排外主義的ナショナリズム」の2つは，この違いを表している。

　この2つの類型は，ロシアのナショナリズムの多様性を理解するうえでの出発点となる。ただし，ロシアのナショナリズムは，旧ソ連諸国との関係も関わるため，事情はもう少し複雑である。ナショナリズムが国内で完結する問題ではなく対外的な関係に左右されるというのは，どの国にも共通することではある。「われわれ」としての意識は「他者」の存在に強い影響を受けるからである。ロシアの場合，それに加えて，帝政ロシアやソ連という「帝国」支配の歴史があるために，「われわれ」の範囲をロシア国外にまで拡張しようとする見方も存在する。つまり，ロシア連邦という国家の内部にのみ「われわれ」意識を共有する仲間が存在するという考え方（「中心」志向）ではなく，旧ソ連諸国（の一部）にまでその範囲は及ぶという考え方（「帝国」志向）である。

　例えば，「ソ連の復活」や「ソ連に対する郷愁」を伴うような「帝国救済型」のナショナリズムが存在する。プーチン政権では，大祖国戦争（独ソ戦）をはじめとしてソ連時代の歴史が国家統合に利用されていると言われるが，これもそのようなナショナリズムの一種と考えることができよう。ここでは，共産主義イデオロギーの復活が唱えられることは多くなく，広大な領域を支配していたかつての「国家」の復活に力点が置かれる。

　それに対し，ロシア以外の旧ソ連諸国に居住する多くのロシア民族やロシア

語を母語とする人々（以後「ロシア系住民」とする）との結びつきを強調するナショナリズムも存在する。ロシアはこの地域を「近い外国」と呼び，そこにロシアの「死活的利益」が存在すると主張したうえで，「ロシア系住民の保護」を理由にしばしばその地域に介入した（⇒第11章3）。このように，民族的同一性を理由に周辺諸国に介入する動きは，ロシア民族至上主義的ナショナリズムと呼べる。

　以上のように，ロシアのナショナリズムは，「ロシア連邦のシヴィック・ナショナリズム」「排外主義的ナショナリズム」「帝国（ソ連）救済型ナショナリズム」「ロシア民族至上主義的ナショナリズム」の4つに分類できる。しかし，これらはあくまで理念型であり，現実にはこれらが様々に組み合わさった形で現れることが多いし，この分類に当てはまらないような主張もある。いずれにせよ，愛国主義やナショナリズムがどのような形をとっているのかにはよく注意する必要がある。

2　ロシア連邦における国民統合

　多民族国家であるロシアではどのように国民統合が行われてきたのだろうか。先の節でも触れたとおり，統合理念を理解する際には，そこで想定されている「ロシア人」がロシア民族と結びつく「ルースキー」なのか，それともロシア国民を指す「ロシヤーニン」なのかという点が重要な論点である。もっとも，この区別は時期によっても異なり，絶対的なものではないという点には留意が必要である。以下では，政権によって提示された統合理念，そして統合の際に想定される国家のシンボルが1990年代から現在に至るまでどのように変化してきたのかを明らかにする。

1　エリツィン政権下の国民統合

　ソ連時代，人々のアイデンティティは重層的であった。まず，その最上層に位置したのは「ソヴィエト国民（советский народ）」であった。これに加え，人々は各民族への帰属意識を持っていた。ソ連では，民族自決のスローガンのもと，各民族の自治の領域が設定されていたことから，民族アイデンティティ

は領域とも重なる面があり，階層構造をなしてもいた。ソ連のすぐ下のレベル
に位置していた連邦構成共和国は民族の名称を冠し，国民国家の体裁をとって
いた。そして，共和国の下にはより規模が小さな民族集団が位置し，領域単位
としては自治共和国，自治州，自治管区が設けられていた。各民族は遠い将来
には融合していくと想定されていたが，実際には民族の差異は維持された。こ
うした重層性は，ソ連時代の国内パスポート（身分証明書）に，国籍とは別に
民族籍を記載することになっていたという点にも見出せる。

　ただし，ロシア連邦の前身であるロシア・ソヴィエト連邦社会主義共和国
（以下，ロシア共和国」）は例外的な存在であった（塩川 2007a：202-205）。まず，
ロシア共和国は，ロシア民族のホームグラウンドとはされず，多民族が共生す
る連邦国家と位置づけられた。共和国の国名に使われた形容詞が「ルース
キー」ではなく「ロシースキー」であったことは，この点をよく示している。
さらに，ロシア共和国は独自の共産党組織などを持たず，国民国家としての体
裁をとっていなかった。これはロシア人がソ連の中枢を占めていることの裏返
しでもあったが，非ロシア人のナショナリズムが許容され，時には推奨された
ことと比較するとその違いは際立っていた。この背景には，支配側にあるロシ
ア民族のナショナリズムは大国主義の表れであり，否定すべきとする考え方が
あった。

　ソ連の崩壊は各連邦構成共和国の独立という形に着地し，ソ連時代からある
程度進んでいた国民国家化がさらに進展することになるが，ロシア共和国の版
図をそのまま引き継いだロシア連邦では，このプロセスは一筋縄ではいかな
かった。ペレストロイカ末期，エリツィンはソ連に対抗するロシアという構図
を明確にし，帝政期からの白・紺・赤の三色旗を採用するなど，新たなロシア
像を打ち出そうとした。しかしこれは多分にソ連への対抗という面を有してお
り，「ロシアとは何か」という問題に決着がついていたわけではなかった。と
りわけ重要な意味を持ったのはその多民族性をどう位置づけるかということで
あった。一部の共和国が独立志向を強め，ロシア連邦としての一体性が保たれ
るかが危ぶまれる事態ともなるなかで，民族的に多様な人々の統合は喫緊の課
題となっていた。

　1990年代のロシアにおいては，シヴィック・ナショナリズムの構築が目指さ

れた。これに大きな影響を与えたのが，1992年には民族問題担当大臣も務めたロシア科学アカデミー民族学人類学研究所長のティシコフである。彼はナショナリズムは構築可能であるとする立場に立つ学者で，ソ連時代の民族政策を厳しく批判していた。ティシコフは，ロシアは，その領域内に居住し，市民権を持つ人々によって構成される国民国家であるべきだと主張した（Tishkov 2009）。ロシア国家を構成するネイションは当然，民族的なロシア人のみに限られるものではない。そこで重要な意味を持ったのが，「ロシヤーニン」という，より包括的で市民的なアイデンティティであった。

　エリツィン政権は，基本的にはこの市民的なネイション・ビルディングを後押しする立場をとった。これはまず，エリツィン大統領自身が「ルースキー」ではなく「ロシースキー」，「ロシヤーニン」という言葉を好んで用いたことに見出せる。エリツィン大統領はこの「ロシヤーニン」アイデンティティに肉付けをすべく，「ロシアの思想（ロシースカヤ・イデーヤ（российская идея））」を定義しようとした（Rutland 2010）。また，1997年には，ソ連時代から維持されてきた国内パスポートにおける民族欄の廃止が決まった。国籍とは別に民族籍を有するというソ連時代からの二重性は廃止された。これもまた，「ロシア人」を，単一の市民的なカテゴリーに統一しようとする試みであったと解釈できる。

　しかし，エリツィン政権の姿勢は必ずしも一貫してはいなかった。これは各種の公式文書における統合理念の規定にも表れている。1993年憲法においては，ロシア人は「多民族からなる人民（многонациональный народ）」であると規定されており，これは民族集団をネイションの基礎単位とする考え方に基づくものであった。1996年に策定された，民族政策に関する初の公的な文書「ロシア連邦の国家民族政策の概念」もまた，こうした両義性に特徴づけられていた。同構想では「ロシヤーニン」という言葉がロシア国民全体を指す文脈で用いられていた一方で，ロシア人を「多民族からなる人民」とする規定やロシア人（「ルースキー・ナロード（русский народ）」）の役割への言及など，民族を単位とした発想に基づく文言も含まれていた。

　1990年代における国民統合の試みは，半ば成功し，半ば失敗した。これが半ば成功であったと言えるのは，国家の解体が現実味を帯びる局面が生じたのに

もかかわらず，チェチェン紛争を除けば，民族間対立が激化するような事態には至らなかったからである（⇒第8章3）。しかし，「ロシヤーニン」が人々を統合するアイデンティティとはならなかったという点においては失敗であった。その理由はエリツィン政権の立場が一貫しなかったことにも求められるが，より根本的な問題は，ロシアとはどのような伝統に依拠する国家なのかという，そもそもの前提についての共通了解ができていなかったという点に見出すことができる。とりわけ，直近の過去であるソ連をめぐっては，エリツィン政権が一定の距離を置いていた一方で，ロシア連邦共産党などはこれを肯定的に評価しており，両者の立場の相違は大きかった（⇒コラム2）。国旗や国歌といった国家のシンボルについても意見が二分される状況のなかで，ロシア国民であることに基づく「ロシヤーニン」アイデンティティを新たに根付かせることは至難の業であった。

❷　プーチン大統領就任後の国民統合（2000年代）

　プーチン大統領の第1期目には，ロシア国内の状況は変化していた。1990年代末から行き過ぎた分権化の是正が始まり，中央地方関係にも一定の秩序がもたらされた。また，同時期から経済状況も改善したことにより市民生活は安定した。政治面でも与党「統一ロシア」の登場と勢力拡大により，1990年代においてみられたような厳しい政治的抗争は過去のものとなった。しかし，これだけで国民を統合できるわけではなく，やはり何らかの理念が必要であった。

　プーチンはしばしば国家主義者と形容されるが，その考え方は国民統合の理念にもみて取ることができる。プーチンは，大統領代行に就任する直前の1999年12月，『独立新聞』に「千年紀の狭間におけるロシア」というタイトルの論文を出した。この論文のなかで，彼は，「ロシアの思想（ロシースカヤ・イデーヤ）」として「愛国主義」，「大国性」，「国家の中心性」，「社会の連帯」を挙げた。そして，ロシアの復活の鍵となるのは国家であり，ロシアは強い国家権力を持つ必要があると強調した。国民をどのように統合するのかという問題に取り組むにあたり，プーチンはまず何よりも国家の役割を重視したのである。

　また，プーチン大統領のもとでは，ソ連期を含む過去の歴史が統合のシンボルとして積極的に動員された。1990年代とは対照的に，プーチン大統領就任直

後にソ連国歌（1944年制定）のメロディーが復活したことはその一例である。プーチンは，ロシアという国家を，こうした過去の伝統を引き継ぐものとして位置づけようとしたのである。この文脈では帝政期からソ連期に至るまでの長い歴史が引き合いに出されているが，そのなかでもとりわけ重要な位置を占めるのが第二次世界大戦時の独ソ戦である。独ソ戦はソ連時代から「大祖国戦争」と呼ばれ，ソ連が多大な犠牲を払ってナチズムを敗北に追い込んだ英雄的な出来事と捉えられてきた（立石 2019）。これは民族の違いを超えて人々を団結させる，ほぼ唯一といってもいいほどの共通体験であり，愛国主義の源泉として位置づけられている（西山 2018）。これは特定の民族のナショナリズムとは一線を画した「市民的愛国主義」と理解することができる。

　プーチン大統領の第2期目以降は，ロシア国内における民族主義や排外主義の台頭が新たな課題として現れた。一連の運動が盛り上がるきっかけとなったのが，2000年代以降の移民の増加であった。「よそ者」に対する差別感情が強まるなかで，ロシア民族中心主義的な考え方がそれまで以上に力を持つようになった。2005年からは，「民族の調和の日」である11月4日に民族主義者らの行進「ロシアン・マーチ（ルースキー・マルシュ）」が始まり，「ロシアは『ルースキー』のために」というスローガンが叫ばれるようになった。こうした運動の盛り上がりは移民・非ロシア人に対する暴力事件にも発展した。

　こうした問題の対処に際し，政権は，民族中心的なナショナリズムには否定的な立場をとり，こうした民族主義的な勢力が力を持たないように様々な策を講じた。この時期における政権のスタンスは「反民族的ナショナリズム（anti-national nationalism）」（Rutland 2010）とも形容され，基本的には，エリツィン期において目指された路線の延長線上にあるものと捉えられる。この時期には，公的な言説において「ルースキー」という形容詞が用いられるケースも散見されるようになってはいるものの，「ロシースキー」，「ロシヤーニン」が圧倒的に多く用いられていた（Laruelle et al. 2023）。政権はあくまでも市民的なナショナリズムを前面に出そうとしていたのである。

❸　プーチン第2次政権発足後の変化（2010年代以降）

　2010年代に入ると，政権を取り巻く状況は変化した。とりわけ大きな衝撃と

なったのが2011年から12年にかけての抗議運動であった。これは大統領への返り咲きを目指していたプーチンに衝撃を与え、政権はてこ入れをする必要に迫られた。その際に、プーチンは保守的な価値観を前面に出すとともに、国民の多数派である「ルースキー」を重視する姿勢をみせた（Blakkisrud 2022）。

　その第一歩となったのが、2012年１月、大統領選挙を控えたプーチンが『独立新聞』に発表した論文「ロシア：民族の問題」である。同論文において、プーチンは、ロシアは歴史的に多民族によって構成されてきた国家であるとしたうえで、ロシア人（「ルースキー・ナロード（русский народ）」）が国家の形成において果たした主導的な役割やその歴史的な使命について触れた。プーチンは、「ルースキー」の単一民族国家を作ろうとする考え方はロシアの歴史に反しているとも述べているが、「ルースキー」の役割を強調する方向に舵を切ったことは明らかであった。

　ただし、プーチン論文で示された考え方には根強い批判があり、これがそのまま政策となったわけではなかった。2012年12月には、1996年の「概念」以降初めての公式文書として「2025年までの国家民族政策戦略」が策定された。ここでも焦点となったのは「ルースキー」の位置づけであった。そのなかでも、2012年のプーチン論文において「ルースキー」について用いられた「国家を形成する民族」というフレーズが「戦略」に盛り込まれるかどうかは大きな注目を集めた。しかし、この点については様々な議論があり、最終的には、「システムを形成する核」という、ややトーンダウンした表現が採用された。また、「戦略」においては多民族的なロシア連邦の国民を指す新たな概念として「ロシースカヤ・ナーツィヤ（российская нация）」が導入されており、市民的な規定も試みられていた。

　2014年のクリミア併合は国民統合の観点からも２通りの変化をもたらした。まず、プーチンが「併合」時の演説においてクリミアを「ルースキー」の土地と呼んだことに示されるように、これをきっかけとして「ルースキー」重視の傾向がさらに強まったことが挙げられる。ただし、ここで用いられた「ルースキー」については、これを狭い意味でのロシア民族と捉え、ロシア民族中心主義の表れであるとする議論がある一方で、より広く、東スラヴ民族（ロシア人、ウクライナ人、ベラルーシ人）の総体を指しているとの見方もある（Laruelle

2021＝2022：271-272）。もう1つの重要な変化は，併合後に「クリミア・コンセンサス」と呼ばれる翼賛的な状況が生じたという点である。どのようなナショナリズムを追求すべきかは従来論争的なトピックであったが，「失地回復」の熱狂のなかで，そのニュアンスの違いは覆い隠されたのである（Hale 2018）。

　2010年代には，ロシアを，独自の価値体系を有しているという意味で「国家文明」と規定する公式言説も現れるようになった（Blakkisrud 2022）。これに言及される際には「ルースキー」ではなく「ロシースキー」を伴って「ロシースカヤ・ツィヴィリザーツィヤ（российская цивилизация）」という言い方がされることが多い（Hale and Laruelle 2020）。「文明」という規定には，例えば西側との対抗などといった地政学的な意味合いも含まれているが，これをロシアの国民統合という観点からみた場合に際立っているのはその曖昧さである。こうした規定は，異なる「われわれ」意識を持つ人々を，その違いを顕在化させずに緩やかに統合しようとする試みであるとも捉えられる。

　2022年のウクライナ侵攻は，ロシアの国民統合にも新たな課題を突き付けている。侵攻に先立つ2021年7月，プーチンは，「ロシア人とウクライナ人の歴史的一体性」と題した論文においてロシア人，ウクライナ人，ベラルーシ人の一体性を強調した。このように拡大した「ルースキー」概念はウクライナ侵攻の底流をなしていると考えられるが，ウクライナもロシアの一部とする見方はロシア国内でも賛同を得られておらず，国民の認識との乖離が明るみに出ている（Laruelle et al. 2023）。また，侵攻に際して国民の支持を得るため，政権は，「大祖国戦争」のアナロジーを持ち出すなどして「市民的愛国主義」を鼓舞しようとしている。しかし，侵攻に伴う人的な犠牲が一部の民族地域に偏っているとの指摘もあり，その実態は，諸民族が助け合って共通の敵に立ち向かうという構図からはほど遠い。こうした状況のなかで，政権の提示する物語がいつまで力を持ち続けるのかは未知数である。

3　「ロシア国民」の範囲の変遷

　以上のように，ロシアでは現在に至るまで国民統合が大きな課題であり続けている。これに密接に関連する論点として，そもそもどの範囲の人々が「ロシ

ア国民」なのかという問題も，ロシアの政治においては重要である。現在のロシアはソ連崩壊によって誕生した国家であるが，かつてソ連国民だった人々のうち，ロシア国内に住む人々のみが「ロシア国民」となったわけではなく，「ロシア国民」の範囲はそれよりも広く設定されてきた。以下，主にロシアの国籍法の変遷をたどりながら，ロシアにおける「国民の範囲」について考えてみたい。

■ 旧ソ連国民に開かれた国籍政策（1990年代）

　ロシアにおける国籍をめぐる議論の始まりは，ソ連末期に遡る。ソ連の国籍制度では，「ソ連国籍」に加えて，ソ連構成共和国の「共和国国籍」が存在していた。例えばソ連構成共和国の1つであったロシア共和国には，「ロシア共和国国籍」が存在した。これは他の共和国においても同様であった。しかし，各ソ連国民がどの共和国の国籍を持つかは居住地に応じて決まるものとされ，構成共和国には「自国民の範囲」を規定する権限がなかった。

　これに対し，ソ連末期に各地でナショナリズムが高まると，バルト諸国を中心に，自前の国籍法を制定し，能動的に「自国民の範囲」を規定しようという動きが生まれた（塩川 2007c）。1990年5月には新しいソ連国籍法が制定され，構成共和国に国籍法を制定する権限が与えられた。そしてロシア共和国でも1991年11月に国籍法が採択され，ソ連崩壊後の1992年2月に施行された（以下，「1991年国籍法」）。

　1991年国籍法は，まず施行日にロシア国内に恒常的に居住するすべての旧ソ連国民を自動的にロシア国民と認定した。それに加え，ロシア以外の旧ソ連諸国に住む旧ソ連国民についても，申請手続きをすれば特段の要件を課されることなくロシア国籍を取得できるものとした。つまり1991年国籍法は，ロシア国内に住む旧ソ連国民を所与のロシア国民としたうえで，ロシア国外に住む旧ソ連国民についても簡単にロシア国籍を取得できる道を用意したのだった。

　これは，ロシア以外の旧ソ連諸国に住むロシア系住民を念頭に置いた制度であった。特に1989年から1990年にかけて多くの共和国で言語法が成立したことは，ロシア語の地位が脅かされるという危機感を高めた。またバルト諸国で検討された国籍法案がロシア系住民を国民の範疇から排除する規定を含んでいた

ことも問題視された。これらを背景にロシアでは，他の共和国に住むロシア系住民に対して国籍を付与し，「自国民」として権利を保障する必要があるという考えが強まり，国籍法に反映されたのだった。

　こうして1991年国籍法が有効だった1992年から2002年までの間に約170万人がロシア国外でロシア国籍を取得した。また1993年以降ロシアは外国人がロシア国籍を取得する際に前国籍の放棄を求めなくなったため，ロシア以外の旧ソ連諸国の国民がその国籍を保持したままロシア国籍を取得し二重国籍となるケースも多かった。

❷　移民の呼び込みと未承認国家での国籍付与（2000年代～）

　1990年代末になると，ロシア政府は，1991年国籍法の規定をソ連崩壊後の「移行期間」における例外的な措置と捉え，終了すべきと考えるようになった。特に，国外に住む人々に簡単に国籍を与えることは，ロシアにとって経済的負担であるという考えや，犯罪者の流入につながって安全保障上の悪影響があるとの考えが強まった。そしてプーチン政権成立後の2002年7月，新しい国籍法が施行された（以下，「2002年国籍法」）。

　2002年国籍法は，旧ソ連国民に対する優遇措置を原則として廃止し，旧ソ連国民についても一般の外国人と同様，国籍取得のためには連続5年以上のロシア国内での居住要件等を課した。国外での国籍取得の可能性は極めて限定された。この国籍政策の新たな方針は，ロシア国内でも「在外同胞を見捨てるのか」といった批判を招き，激しい論争の的となった（Shevel 2012）。

　一方でプーチン政権は，旧ソ連国民のうちロシアにとって有用な人々には積極的に国籍を与えて「ロシア国民」として受け入れるようになっていく。それには主に2つの要素があった。

　1つ目の要素は，移民の呼び込みである。プーチン大統領は就任当初から，人口減少とそれに伴う労働力不足を深刻な課題と捉えてきた。そこで，主に旧ソ連諸国から移民を呼び込む政策を打ち出し，国籍を積極的に与えて「ロシア国民」として包摂することで移住のインセンティブを与えようとした。具体的には，2006年に「在外同胞のロシア連邦への自発的移住に対する支援供与に関する国家プログラム」を打ち出し，旧ソ連国民を中心とする「同胞」とされる

人々のロシアへの移住を支援するとともに，2008年に国籍法を改正して，同プログラムに参加し移住した人について，5年間の居住要件等を満たすことなくロシア国籍を取得できることとした。

　2つ目の要素は，アブハジアや南オセチアなどの未承認国家を勢力圏として維持することを目的とした，住民への大規模なロシア国籍の付与である。アブハジアと南オセチアは，ジョージアから事実上の独立状態となっている地域であり，当然ロシアの国外にあるが，その住民の大半がロシア国籍を取得した「ロシア国民」であることが知られている。アブハジアでは，2002年6月に住民に対する大規模なロシア国籍付与キャンペーンが実施され，1ヶ月間で約15万人がロシア国籍を取得した。当時の報道によれば，ロシア外務省の職員がロシアのパスポートをスーツケースいっぱいに詰めてアブハジアに隣接するロシアの都市ソチに運び，アブハジア各地に臨時の申請所が設けられて，短期間に多くの住民に国籍が付与されたという。南オセチアでも2004年5月から国籍付与が加速し，同年9月には住民の98％がロシア国籍を取得するに至った。このように自国の領域外で多数の「国民」を出現させるロシアの政策は「パスポータイゼーション（passportization）」と呼ばれ，国際的な非難の対象となっている。

　なぜロシアはこのようなことを始めたのだろうか。2002年や2004年は露ジョージア関係が緊迫し，かつジョージア政府がアブハジアや南オセチアの支配を回復しようとするのではないかとの観測が高まった時期であった。そのためロシアとしては，アブハジアや南オセチアの住民の大半を「ロシア国民」とすることで，両地域への強い関与の姿勢を示し，ジョージア政府の試みを抑止しようとしたと考えられる（Nagashima 2019）。そして2008年8月のロシア・ジョージア戦争の際，ロシアは「南オセチアの住民の大多数がロシア国民であること」を理由の1つとして軍事侵攻を行った（⇒第11章3）。

　以上のように，2000年代以降のロシアは，原則としてロシア国内に一定期間以上住む人々のみを自国民と規定しつつ，他の旧ソ連諸国に住む人々のロシアへの移住を支援し積極的に「国民」として受け入れたり，国外の未承認国家の住民に国籍を与えたりした。こうした政策の背景には，1990年代以来続く，旧ソ連国民を「同胞」として特別視する考え方があり，状況に応じて有用な人々

を国民として受け入れてきたのだと言える。

❸　ウクライナ危機と「ロシア国民」の範囲の拡大（2014年〜）

　2014年のウクライナ危機以降も，「ロシア国民」の範囲は拡大を続けている。

　2014年3月18日，ロシアは「クリミア共和国」と「条約」を結び，クリミア半島を併合した。同「条約」において，クリミア半島に居住する人々は1ヶ月以内に申告しなければロシア国民とみなされる旨が規定され，その結果200万人以上が新たに「ロシア国民」となったとされる。

　2014年4月以降，ウクライナ東部地域での分離主義が高まった。この時，ウクライナ東部地域では「パスポータイゼーション」は始まらなかったが，ロシア政府は紛争によってウクライナからロシアへ逃れてきた人々に対して積極的に国籍を付与し，「ロシア国民」として受け入れた。特に活用されたのは2006年に打ち出された「在外同胞のロシア連邦への自発的移住に対する支援供与に関する国家プログラム」であり，ロシア政府はウクライナからの避難民に対して同プログラムへの参加を通じた国籍取得を促した。

　大きな転機となったのは，2019年3月の国籍法改正と同年4月の大統領令である。この国籍法改正により，ロシア大統領は「人道的目的」のために特別な要件なく国籍取得できる人々のカテゴリーを決められるようになった。これに基づき，2019年4月，プーチン大統領はウクライナ東部の「ドネック人民共和国」および「ルガンスク人民共和国」に居住する人々について，ロシアに移住することなくロシア国籍を取得することを可能とする大統領令を発出した。翌月から，両「共和国」の移民庁が各地方の窓口でロシア国籍取得の申請書の受付を開始し，申請書を隣接するロシアのロストフ州に送って，国籍取得の手続きが進められた。3年後の2022年2月21日にロシアは両「共和国」を国家承認することになるが，この時までに約77万人の住民がロシア国籍を取得したという。そしてロシアによるウクライナ侵略開始後の2022年7月の大統領令で，全ウクライナ国民が特別な要件なくロシア国籍を取得できることとなった。

　こうしてソ連崩壊後の「移行期間」が終了した2000年代以降も，「ロシア国民」の範囲は徐々に拡大されてきた。総じてロシアは，ロシア系住民を中心とする旧ソ連国民を潜在的な「ロシア国民」と捉えており，移民として積極的に

受け入れたり，国外の特定地域の人々に国籍を付与したりしてきた。ロシアにとって「ロシア国民」の範囲は伸縮可能なものであり，そのことが旧ソ連空間に緊張をもたらしているとも言えるだろう。

＊本内容は筆者の所属組織の見解を表すものではない。

📖🎬 おすすめ文献・映画

①塩川伸明（2008）『民族とネイション──ナショナリズムという難問』岩波書店。

　　民族，国民，国家をめぐる問題を整理したうえで，19世紀以降に国家やナショナリズムがいかに変遷してきたかを論じている。扱われる事例も幅広く，民族問題を学ぶためにまず最初に手にとるべき1冊。

②西山美久（2018）『ロシアの愛国主義──プーチンが進める国民統合』法政大学出版局。

　　プーチン政権において「愛国主義」という理念が具体的にどのような政策として実行されたのかを分析することによって，2000年代のロシアが直面した課題とそれに対する政権の対応がわかりやすく書かれている。

③小泉悠（2019）『「帝国」ロシアの地政学──「勢力圏」で読むユーラシア戦略』東京堂出版。

　　本章のテーマである「ロシアの範囲」という問題を「主権」と「勢力圏」という観点から読み解いている。ジョージア，ウクライナ，中東との関係などについても論じられており，ロシア外交を学ぶうえでも参考になる。

ジェンダー

　ロシアにおけるジェンダー平等化の本格的な試みは，社会主義時代に始まった。私的財産制を否定する社会主義は，男性である家長の財産的優位を失わせ，男女平等をもたらすと考えられていた。こうした考えを基に，十月革命後のソヴィエト政権は，社会主義の建設を目指しつつ，帝政期に劣位に置かれていた女性の地位向上を目指すこととなった。政権は，法的平等だけでなく社会経済的平等を重視し，女性の経済的自立をはかるべく，女性の就労を促した。とりわけ，1920年代末からの急進的社会主義建設の時期に女性の就労が積極的に進められた。ただし，女性就業者の割合が大きく伸びたのは，独ソ戦の時期である。戦後しばらくすると，労働人口に占める女性の割合は，ソ連全体でもロシア・ソヴィエト連邦社会主義共和国（ロシア共和国）でも，5割を若干超える水準に達した。教育水準も上がり，高等教育を受けて専門家として働く女性は，1960年代初頭には，ソ連邦全体の全産業分野の平均で過半数を占めるに至っていた。

　こうして一定の教育を受け，賃労働に就くのが男女ともに当然となったが，このことは，性別役割分業の否定に結び付かなかった。女性がケア労働をもっぱら行い，家庭運営に責任を持つことは「自然」とみなされ，平等に反するとは捉えられなかった。むしろ，女性がこうした負担を担っていることを前提として，その負担を軽減する政策が採られた。何より，女性には子供を産んでもらわねばならなかった。戦争や革命ゆえに人口喪失の機会が何度もあったソ連では，人口再生産は政権の重要課題であった。女性は母親になることを強く期待され，母親という役割には社会的・政治的な意義が付与されていた。

　家庭生活で母親たる女性がイニシアティヴを握る状況が作られたことは，男性にも少なからず影響を及ぼした。すなわち，男性は，働く妻よりも多く稼ぐことを期待されていた一方で，家事の能力を持たずに妻に依存する存在とイメージされた。こうしたジェンダー間関係への反発から，女性を家庭に帰すべきだという保守的な主張が1960年代末に登場する。

　こうした男性側からの反発はあれども，男性は決して弱者ではない。経済面でみると，女性の就労は，医療衛生，教育といった特定の産業分野に集中しており，これらの分野の平均賃金は相対的に低かった。かつ，賃金の高い熟練労働者や上級の職位には男性が多かった。結果として，女性の平均賃金は男性の7割未満にとどまっていた。また，政治面からみても，女性代議員こそ3割程度いたが，政治的リーダーはほぼ男性で占められていた。

　社会主義体制下での在り方は，ソ連解体前後の政治経済体制の転換と経済状況の悪化で一変した。新生ロシアにおいて子育ては私事とされ，母親への支援策は失われ，多くの女性たちが職を失い，労働市場から退出した。他方で男性は失業に見舞われても，妻

より多く稼ぐという期待を背負い，簡単に就労を諦めるわけにはいかなかった。こうした体制転換と国家解体の負の影響は多くの人々に及んだが，なかんずく男性の心身の健康を損ない，その平均寿命は，一時期は60歳を割り込んだ。

ソ連解体後のロシアにおける労働人口に占める女性の割合は，1990年代前半に数パーセント下降した後，再上昇して5割を若干切る程度となっている。社会主義時代が終わっても，結局のところ，女性は家庭に回帰したわけではない。教育水準においては，男女とも高等教育を受ける割合が増大しており，男性よりも女性の進学率の方が若干高い。ただし，性別役割分業は続いており，女性がもっぱらケア労働を引き受けている。ロシア長期モニタリング調査をみる限り，男性のみならず，ロシアの女性の多数派は，世代を問わず，「男性の仕事は外で稼ぐ事，女性の仕事は家を守ること」に賛成しており，ケア労働における性別役割分業を受容していると解せる（雲 2021）。また，就労分野の偏りも，市場経済化に伴って偏る分野に変化が起きたものの続いており，平均賃金の差も縮まっていない。

社会主義時代からの明確な変化は，政治参加の停滞である。世界経済フォーラムが2021年に公表したグローバル・ジェンダー・ギャップ・レポートのランキングをみると，ロシアは156ヶ国中81位であり，この順位には政治参加の側面が大きく影響している。調査項目のうち，ロシアは，経済（25位），教育（1位），健康（1位）では上位に位置するが，政治だけは133位とかなり低い。代議機関における女性割合の低下は，選挙の自由度が増したソ連末期に始まり，ソ連解体後のロシア下院ではいったん1割を切ったが，現在では約16％となっている。ソ連時代には女性の割合が政権の意向で意図的に上げられていたと考えられる。

以上のように，現代のロシアにおけるジェンダー間関係には，社会主義政権がもたらした一定の平等と同時に，より古くからある伝統的な規範意識がもたらす不平等とが併存している。伝統的な性別役割分業を受容する度合いの高さは，旧社会主義諸国に共通しており，なかでもロシアはその傾向を強く持っているという。すでに述べたように，性別役割分業は，少なくともケア労働に関しては，社会主義時代の男女平等観念では否定されておらず，むしろ男女の自然な違いの存在は前提となっていた。このことは，保守的な規範意識を現代まで維持することに貢献した可能性がある。

最後に，近年の注目すべき動向について触れておく。3期目以降のプーチン政権は，ジェンダーに関し保守的な態度を明確にし，それによって西側的な価値観を拒否する姿勢を示してきた。ウクライナ侵攻のなかで，その姿勢はより鮮明なものとなっている。

1つの例は，2013年に制定された，いわゆる同性愛宣伝禁止法である。この法律によって，未成年者に対して，「非伝統的な性的関係」を宣伝することが禁じられ，性的少数者によるパレードができなくなるなどの事態が生じた。こうした直接的な影響のほか，性的少数者に対する社会的な理解が後退し，世論調査において同性愛に対して嫌悪感を示す者の割合が増したという。2022年12月には，禁止を拡大する法改正が成立した。

今１つの例として，出産育児を奨励する叙勲制度がある。多子母を叙勲する制度は，独ソ戦中に戦争による人口喪失を背景として導入された。最上級の称号は母親英雄であり，10人以上の子（養子も含む）を産み育てた母親に，勲章および特典とともに与えられた。この制度はソ連解体とともに消滅したが，2008年および2010年に，４人以上あるいは７人以上の子供（養子も含む）を産み育てた両親に対する叙勲制度としてよみがえった。すなわち，この時点では，母親のみならず父親も叙勲の対象とするという意味で，制度はジェンダー中立的なものとなった。しかし，2022年８月，プーチン大統領は，母親だけを叙勲対象とする母親英雄の授与を復活させる大統領令に署名した。

ロシア正教会と政治

　ロシア正教会とは，ローマ帝国期のキリスト教に起源をもつ東方正教を信仰する一地方教会である。東方正教は，ローマ・カトリックとは異なる教義，典礼，教会慣例を持っている。政治との関係においては「シンフォニア（ビザンチン・ハーモニー）」と「独立教会制」という2つの特徴が指摘されるべきであろう。

　東方正教世界の理想とする政教関係は「シンフォニア」と呼ばれる。東方正教を奉じたビザンツ帝国では，俗権（国家権力）と教権（教会権力）の抗争が西ローマ帝国とその後継国家ほどには目立たず，長らく「皇帝教皇主義」すなわち，国家権力が教会権力を上回るという西側からの誤解を受けてきた。しかし東方正教世界では，そもそも聖俗の対立という考え方自体が否定される。人間社会に規律をもたらす国家とその精神を導く教会は，身体と魂のように別々の存在でありながら，お互いに補完し合う関係にあることが理想とされてきた。

　また，東方正教会は，ローマ教皇に相当する教会の最高権威を持たない。東ローマ帝国にあっては古代総主教座（コンスタンティノープル，アンティオキア，イェルサレム，アレクサンドリア）がそれぞれの管轄領域を持ち，領域内に生起する問題を独自に解決する権限を有していた（独立教会）。それぞれの総主教（首座主教）は互いに等しい存在であるが，コンスタンティノープル総主教は「同輩中の首位」と呼ばれる権威を持ち，世界総主教と称される。その後，16世紀にはモスクワに総主教座が認められた。また国民国家の台頭と歩調を合わせるように，19～20世紀にかけて中東欧を中心に新たな独立教会が創設されていった。

　以上のように，東方正教は近代西欧社会で生まれた「政教分離」の考え方にはなじみにくく，また「独立教会制」を原則とすることによって，ナショナリズムと帝国主義のどちらの理念とも結びつきやすいという特徴をもっている。ロシア正教会の場合，ロシア帝国時代から引き継いだ多民族から構成される管轄領域を有しており，それはアルメニアとジョージアを除く旧ソ連領全域並びにロシア人ディアスポラが教会生活を送る世界各地に及ぶ。プーチン大統領が「世紀最大のカタストロフィ」と呼んだソ連解体を，ほとんど唯一生き延びた組織がロシア正教会なのである。

　しかしながら，20世紀以降のロシア社会にあって，ロシア正教会もまた激動を経験した。十月革命後，ロシア正教会をはじめとする宗教団体は大弾圧をこうむり，大祖国戦争（独ソ戦）後は，党＝国家の監視下に置かれた。しかし，ソ連が解体し，価値観の見直しが進むなかで，伝統的宗教団体の社会的重要性が急速に増大した。1997年に公布された「良心の自由と宗教団体に関する」連邦法前文では，正教会を頂点として，イスラーム，仏教，ユダヤ教ならびにロシア諸民族の伝統的宗教団体が特に尊重されることが明記されている。過去の弾圧の苦い記憶と現在享受する特権の旨味のはざまで，伝統

的宗教団体は政治に対して翼賛的な態度をとっている（Anderson 2015）。

とはいえ，ロシア正教会は巨大な組織であり，決して一枚岩ではない。その政治的傾向は，リベラル派，保守派，ファンダメンタリスト（超保守派）の3つに大きく分けられると言われる（Papkova 2009）。ソ連解体直後の1990年代には，異論派の論客としても知られたアレクサンドル・メーニ司祭の流れを汲むリベラル派が存在感を放っており，知識層を中心に民主主義を推進し，西欧近代の価値観に適応するような教会改革が試みられた。その精神がよく反映されているのが，2000年に正教会が採択した「社会的原則」と呼ばれる文書で，教会と世俗社会のかかわり方の原則を述べたものである。政教関係については，キリスト者の立場から容認できない過ちを国家が犯した際には，教会は良心的不服従の姿勢をとることが宣言されている。

ところが，2010年代初頭以降，ロシアの政治言説のなかで「伝統的な精神的道徳的価値」と呼ばれるものの重要性が高まるにつれて，正教会の内部においてもリベラル派の力は後退していった。代わって目立つようになったのが，保守派とファンダメンタリストの言動である。両派ともに，西側の価値観を行き過ぎた個人主義であると否定し，その対極として集団への献身，性役割に基づいた家庭と社会生活の重要性を訴える。また，グローバリゼーションにも批判的で，外国人嫌いやレイシズムも目立つ。2009年に総主教に着座したキリル総主教率いる教会主流派は，中道的な保守派と言われていた。しかし，近年では大衆の感情に訴えかけるようなポピュリスト的性格が強調され，軍との協力やミリタリズムを前面に押し出した活動が増加しており（Adamsky 2019），主流派がファンダメンタリストに近づきつつある。

フランス出身の国際政治・政治思想研究者のラリュエルは「プーチン政権のハイブリッドな生態系」を支える二本柱として，軍産複合体とともに，正教会と正教的価値観を前面に押し出す政治アクターから成る「正教界」の存在を指摘している（Laruelle 2021＝2022）。政治の中枢にまで深く浸透した正教会は，家庭生活，教育，軍事，経済産業活動，文化，スポーツなど社会生活のあらゆる分野において，その影響力を行使して，反西洋的な伝統的価値観の遵守を訴えている（Curanovic 2014）。

さらに，2022年2月に始まったロシア・ウクライナ戦争では，「ロシア世界（ルースキー・ミール）」と呼ばれる侵攻の大義の一翼をロシア正教会が担っている。「ロシア世界」とは，ロシア語，正教信仰，そして歴史的記憶を共有する国境を越えた民族のつながりを指し，その中核となるのが，キリル総主教が訴える「聖ルーシ」，すなわち，988年のキーウ大公ウラジーミルによる東方正教受容を引き継いだロシア，ウクライナ，ベラルーシの3民族である。特に，ルーシ受洗の舞台となり，歴史ある聖地や大修道院を擁し，信仰心の篤い信者が多いウクライナはロシア正教会にとって，非常に重要な意味を持つ。モスクワ総主教座から自主管理教会としての特別な地位を認められてその傘下にあったウクライナ正教会であるが，この戦争によって，「ロシア世界」からの離脱の動きを強めており，両者の断絶はもはや決定的である。このように，ソ連解体後のロシア正教会の運命は，ロシア政治の動向と軌を一にしていると言えよう。

第 **III** 部

国際関係

第**10**章　冷戦期のソ連外交

冷戦は，1947年から1991年までの40年以上にわたり，世界を２つの陣営に分断した。しかし，一口に冷戦といっても，時期や地域によって，その様相は大きく異なった。ソ連の場合，ソ連共産党の指導者に権力が集中していただけに，スターリン，フルシチョフ，ブレジネフ，ゴルバチョフという歴代の指導者がどういう方針をとったかが決定的に重要であった。彼らはお互いに大きく異なるタイプの政治家であったが，ソ連外交の方針をめぐって共通点も存在した。そこで，本章では，これらの指導者の動向を中心に，冷戦がはじまり，変容，終焉へといたるなかで，ソ連がどのような外交政策を展開したかを概観する。その際，ソ連が外交上特に重視していたのがアメリカとヨーロッパであったことから，これらの地域との関係を中心に整理する。

1　スターリン外交と冷戦の始まり

◼1　中東欧をめぐる米ソ間の対立

まずはソ連の動向を中心に，冷戦がどのようにして始まったかを確認しておこう。話は第二次世界大戦中に遡る。1941年６月にナチス・ドイツがソ連に侵攻し，同年12月に日本がアメリカを攻撃すると，ソ連，アメリカ，イギリスは戦時の大同盟を結成した。これを受けて，３国間で戦争協力や戦後秩序をめぐる外交交渉が活発化した。しかし，ソ連の指導者スターリンは非常に猜疑心の強い性格で，ドイツに勝利した後も，いずれ再び資本主義諸国との戦争に巻き込まれると考えていた。そのため，彼はソ連の安全保障を強化するような国際環境を作ることを最優先の外交目標とした。その際，彼が特に重視したのが中東欧地域をソ連の勢力圏に組み込むことであった。同時に，スターリンは，アメリカとの協力関係を維持することも望んでもいた。その背景には，戦争の甚大な被害があった。戦時中のソ連の死者は2700万人にのぼり，多くの都市や町が徹底的に破壊されていた。そのため，ソ連は切実に平和を必要としており，

アメリカから復興支援を得たいと望んでいた。

　しかし，1944年から45年にかけて，ソ連軍がドイツ軍を追って東欧に進入し，この地域を支配下に組み込むと，これら2つの方針を同時に実現するのは困難になった。米英がソ連の強権的な東欧政策に反発するようになったからである。その際，大きな争点となったのがポーランドをめぐる問題であった。戦時中，紆余曲折のすえに，米英はポーランドでの自由選挙の実施と引き換えに，共産党主導で形成されたポーランド臨時政府を受け入れた。しかし，スターリンは自由選挙に関する約束を守らなかった。彼にとって，ポーランドは安全保障上最も重要な隣国であり，譲歩するつもりはなかった。ポーランド共産党は非共産党系の政治家を大量に逮捕・投獄した。当然ながら，米英は反発した。ポーランドの西部国境も大きな争点となった。1939年に，ソ連は独ソ不可侵条約の密約に基づいて，ポーランド東部を併合した。スターリンは戦後もこの地域を手放すつもりはなく，代償としてポーランドにドイツ東部地域を割譲することを提案した。米英はスターリンの要求を受け入れたが，戦後ポーランド・ドイツ国境をめぐる問題が残された。戦後に西ドイツがこの国境線を承認しなかったため，この問題は冷戦期の東西間の重要な対立点となった（山本2021）。このように，ソ連と米英はポーランドをめぐって多くの火種を抱えていた。

　とはいえ，このことが直ちに冷戦につながったわけではなかった。ローズヴェルト米大統領はソ連との協力は可能だと考えていた。スターリンも東欧諸国に共産党の独裁体制を押し付けることは控えた。当初，スターリンが東欧の共産党勢力に求めたのは，幅広い諸政党と協力して連立政権を樹立し，そのなかで主導権を握ることであった。しかし，この戦略は共産党が一定の支持を得ていたチェコスロヴァキアではある程度機能したものの，それ以外の国では成功の見込みはなかった。しかも，ソ連兵士が東欧各地で民間人を恣意的に殺害し，略奪・強姦などの蛮行を繰り返したため，ソ連や共産党に対する民衆の反感は高まった。そこで，現地の共産党勢力は，ソ連軍の支援を受けながら，反対勢力を弾圧することで権力を掌握していった（吉岡2017）。このような政策は，米英のさらなる懸念と反感を招いた。

　東欧に続いて大きな争点となったのがドイツであった。1945年5月にドイツ

が降伏すると，米・英・仏・ソの戦勝4ヶ国はドイツを分割占領した。しかし，占領政策をめぐって4国間の対立が続いた。スターリンはドイツが再び強大化することを強く警戒して，ドイツの弱体化と賠償の取り立てを最優先にした。フランスも同様の方針をとった。これに対して米英は，ヨーロッパの復興のためにはドイツ経済の再建が必要だと考えるようになり，西側占領地区を統合する方針に傾いていった。そのため，戦後数年のうちに，ドイツ分断に向けた動きが始まった（山本 2021）。

❷　冷戦の始まり

　東欧やドイツをめぐって米ソ間の対立が深まるなか，1947年にアメリカは，トルーマン・ドクトリンとマーシャル・プランを相次いで発表し，ソ連との対決姿勢を鮮明にした。それでも，当初，スターリンはマーシャル・プランを通じてアメリカから復興支援を得られるのではないかと期待した。しかし，アメリカにそのような意図はないことはすぐに明らかになった。これを受けて，スターリンも西側に対抗するために，東欧への統制を強めた。1947年9月に，彼は共産党・労働者党情報局（コミンフォルム）の設立を指示し，部下のジダーノフを通じて，世界が帝国主義陣営と反帝国主義陣営に二分されたとの認識を伝えた。さらに彼は，東欧諸国に対して，反対勢力の徹底的な弾圧とソ連型の社会主義体制への移行を指示した。1949年には，東欧に対する経済的統制を強めるために，経済相互援助会議（コメコン）が設立された。冷戦が本格的にはじまりつつあった。

　ヨーロッパが東西に分断されるなか，最後に残ったのがドイツをめぐる問題であった。米英が西ドイツの建国を進めると，スターリンはこれを阻止するために，1948年に西側3国が管理する西ベルリンへの通行を封鎖した。いわゆるベルリン封鎖（第1次ベルリン危機）である。しかし，米英が西ベルリンへの大規模空輸作戦を展開したため，封鎖は失敗に終わった。1949年に東西両ドイツ国家が相次いで建国され，ドイツの東西への分断が固定化された。

❸　アジアの冷戦

　ヨーロッパで始まった冷戦は，東アジアにも波及した。第二次世界大戦中，

スターリンのアジアにおける最優先目標は，日本の降伏前に対日参戦を果たし，満洲，千島諸島，南樺太などを獲得することにあった。中国については，スターリンは社会主義革命の成功を期待しておらず，満洲におけるソ連権益の承認と引き換えに，蔣介石との協力関係を維持することで満足していた。その後，中国で内戦が始まり，1949年に中華人民共和国が成立すると，ソ連は中国との同盟を結んだ（Westad 2017＝2020）。

　中華人民共和国の成立はアメリカに大きな衝撃を与えたものの，アジアにおける冷戦が本格化するのは1950年の朝鮮戦争の勃発後のことであった。朝鮮半島は終戦まで日本の植民地であったが，日本降伏後に北緯38度線を挟んで，北部をソ連，南部をアメリカが分割占領した。その後，1948年に両地域はそれぞれ朝鮮民主主義人民共和国，大韓民国として独立し，朝鮮半島の分断が始まった。しかし，両国ともに武力による祖国統一を諦めておらず，北朝鮮の指導者金日成はスターリンに対して韓国攻撃を認めるよう繰り返し要求した。当初，スターリンは金日成の要求を退けたが，1950年春に考えを変えた。朝鮮半島の情勢は北朝鮮に圧倒的に有利だという報告や，アメリカの介入はないだろうといった予測が影響したと言われている。いずれにせよ，4月にスターリンは，北朝鮮による韓国攻撃を承認した。

　しかし，これはスターリンの大きな過ちであった。6月に朝鮮戦争がはじまると，トルーマン米大統領は直ちに国連安全保障理事会に働きかけて国連軍を組織し，北朝鮮への反攻を開始した。これに対して，スターリンは北朝鮮を救うために中国による軍事介入を要請した。毛沢東も北朝鮮支援のために義勇軍を派遣することを決定したため，戦争は泥沼化した。朝鮮戦争の影響は世界中に及んだ。アメリカは，共産主義勢力が世界規模で攻勢を強めていると判断し，軍事同盟のさらなる強化に乗り出した。ソ連もまた，軍備増強を急ぐとともに，東欧諸国に対して軍拡を命じた。冷戦は著しく緊張の度合いを高めた。スターリンは，周辺国の犠牲のうえにソ連の安全保障を強化しようとしたが，かえってアメリカとの全面的な対決を招いた。1953年にスターリンが死去するときまでに，ソ連外交は完全に袋小路に陥ったのである（Westad 2017＝2020）。

2　スターリン死後のソ連と冷戦の変容

■ スターリンの死と緊張緩和の模索

　1953年3月のスターリンの死は，緊張緩和に向けてソ連外交が大きく転換するきっかけとなった。スターリンの側近たちは外交政策の見直しに着手し，早くも7月には朝鮮戦争の休戦にこぎつけた。とはいえ，緊張緩和に向けた動きは直ちに進んだわけではなかった。むしろ，スターリンの死や1956年のスターリン批判をきっかけに，東側陣営全体で動揺が生じた。西側との関係でも，1960年代初頭には第2次ベルリン危機やキューバ危機のような国際的な危機が相次いだ。それでも，1960年代半ば以降，国際関係は相対的に安定し，緊張緩和が徐々に進んだ。本節と次節では，スターリン死後に権力を掌握したフルシチョフと，フルシチョフ失脚後に党書記長に就任したブレジネフという2人の指導者に注目しつつ，冷戦変容期のソ連外交の変化について概観しよう。

　スターリンの死は，ただちにソ連のみならず東欧にも影響した。東ドイツでは，強引な社会主義化に反発する民衆のデモが大規模な反乱に発展した。これに対して，ソ連の新指導部は軍を出動させて反乱を鎮圧した。ドイツをめぐってソ連指導部内には様々な方針があったとはいえ，勢力圏の西端に位置する東ドイツを手放すつもりはなかったのである。

　同時に，ソ連指導部はヨーロッパの分断を前提としたうえで，西側との緊張緩和を模索しはじめた。早くも1954年に，マレンコフ首相は，米ソ間の戦争は世界文明の破壊につながるため，緊張緩和と交渉が唯一の選択肢だと主張した。これは，帝国主義諸国との戦争は不可避であるというスターリンの見解とは異なるものであった。新たな緊張緩和路線の最初の成果は1955年に現れた。5月に，ソ連はそれまで国交のなかった西ドイツと外交関係を樹立し，米・英・仏・ソ4国の占領下にあったオーストリアについても，中立を前提に独立を認めた。また，この前後に，ソ連は東欧諸国とともにワルシャワ条約機構を設立したが，これも軍事力の強化を目的としたものではなかった。ソ連の狙いは，交渉を通じて北大西洋条約機構（NATO）とワルシャワ条約機構を同時に解体し，全欧安全保障体制を構築することであった。そのため，当初，ワル

シャワ条約機構は軍事同盟というよりは，西側との交渉の道具にすぎなかった。もっとも，西側がソ連の提案を拒否したため，ソ連の目論見は実現されなかった（山本 2021）。

② フルシチョフの台頭と1956年の危機

この間，ソ連指導部内では次第に共産党第1書記のフルシチョフが台頭した。彼の最初の大きな政治的な決断は，1956年2月の第20回ソ連共産党大会におけるスターリン批判であった（⇒第1章3）。同時に，この党大会で，フルシチョフは資本主義体制と社会主義体制の関係についても自らの考えを明らかにした。その内容は，2つの体制の優劣を決めるのは，両陣営間の戦争ではなく，経済をめぐる競争であるというものであった。そして，彼は，社会主義陣営はこの競争に勝利できると確信していた。フルシチョフの外交政策は，このような楽観論に基づいていた。

しかし，東欧では，スターリン批判を受けて社会主義体制が大いに動揺した。1956年6月にはポーランドのポズナンで民衆のデモが暴動に発展した。ポーランド軍が暴動を鎮圧したが，その後も政治危機が続いた。そこで，ポーランド統一労働者党は民衆の支持を得ていたゴムウカを党第1書記に選出することで，事態の鎮静化を図った。フルシチョフは，この決定を事前に知らされておらず，ポーランドの決定に反発したが，最終的にゴムウカの説得を受け入れた。

しかし，ハンガリーでは，事態はポーランド以上に深刻であった。ハンガリーでも抑圧的な政権に対する民衆の不満が高まり，夏から秋にかけて政治情勢は著しく緊迫化した。10月には政治的なデモが反乱に発展したため，フルシチョフはソ連軍を出動させた。しかし，この措置はかえって反体制運動を活発化させた。そこでフルシチョフは，しばらくためらったのちに，より大規模な介入によって反乱を鎮圧する決断を下した。このままではハンガリーの社会主義体制が崩壊し，東側陣営からの離脱につながると判断してのことであった。

③ ソ連・東欧関係の変化とベルリンの壁建設

ポーランドやハンガリーの出来事は，ソ連・東欧関係を徐々に変えていく

きっかけとなった。これらの事件後，ソ連と東欧の指導者は，民衆の要求にある程度配慮した政策を行わない限り，再び大規模な抗議運動が起きかねないと理解した。そこで，彼らは，人々の生活水準を向上させることで，体制に対する民衆の支持を引き出そうとした。そのため，経済水準の向上が，ソ連・東欧圏の安定につながる重要な政治問題として浮上した。これを受けて，ソ連・東欧間ではコメコンにおける経済統合が本格的に試みられるようになった。その際，経済発展のために必要となる石油，天然ガス，鉄鉱石などの天然資源については，ソ連が相対的に安価で提供し，その代わりに東欧諸国の工業製品等を輸入した。東欧の工業製品は概して低品質で割高であったため，この取引はソ連よりも東欧にとって有益であった。それでも，ソ連指導部からすれば，これは東欧圏の政治的な安定を保つためにやむをえない措置であった。東欧諸国における工業化の進展とともに，エネルギー需要が増大すると，ソ連・東欧諸国は，1960年代に石油パイプライン，1970年代末にガスパイプラインを共同で建設した（藤澤 2019）。

　しかし，東西間の経済競争に勝利するというフルシチョフの野心的な目標は，実現されなかった。特に東ドイツでは，このことは直ちに明らかになった。多くの東ドイツ市民が政治的自由や経済的な豊かさを求めて，西ベルリン経由で西ドイツに流出したからである。西ベルリンは，地理的には東ドイツの中心部に位置していた。しかし，この地域は米・英・仏3国の管理下にあったため，東ドイツ政府としても手を出せなかった。そこで東ドイツは，住民流出にともなう国内危機を解決するために，西ベルリンをめぐる問題を解決するようフルシチョフに強く働きかけた。フルシチョフもまた，東ドイツの中心部にある西ベルリンが西側の拠点となっていることを問題視した。そこで，彼は，1958年11月に，西側3国に対して，西ベルリンからの撤退を求める最後通牒を突き付けた。アメリカは直ちにソ連の要求を拒否し，ベルリンをめぐって東西関係が著しく緊張した。第2次ベルリン危機が始まったのである。

　この間，東ドイツ市民の流出はさらに加速し，東ドイツの社会基盤は崩壊しつつあった。そこで，東ドイツ政府は，西ベルリンの周囲を鉄条網で囲んで西ベルリンとの往来を遮断するほかないと主張した。アメリカとの交渉が行き詰まるなか，フルシチョフもこの要求を受け入れた。その結果，1961年8月に西

ベルリンを取り囲むベルリンの壁が建設された。東西ドイツ間の往来がほぼ完全に遮断されたことで，東ドイツの社会主義体制は安定し，第2次ベルリン危機も終息に向かった。

4　冷戦のグローバル化とキューバ危機

　しかし，これで東西関係が安定したわけではなかった。翌1962年には，キューバをめぐって米ソ間の対立が著しく先鋭化した。この背景には，核軍拡競争の激化に加えて，冷戦のグローバル化があった。第二次世界大戦後，アジア・アフリカ地域では脱植民地化の動きが本格化した。民族独立運動の活動家の中には，社会主義に魅力を感じるものも多かったが，スターリンはソ連の安全保障を最優先にして，反植民地運動への支援に積極的ではなかった。これに対してフルシチョフは，第三世界の反植民地運動もいずれは社会主義にいたるだろうという楽観的な展望のもとに，早くも1955年にはこれらの運動を支援する方針を打ち出した。

　ソ連が第三世界に対する関与を拡大するなか，1959年にキューバ革命がおこった。革命後にアメリカとの関係が断絶すると，キューバのカストロ政権は支援を求めてソ連に接近した。ソ連指導部はこれを受け入れたが，当初は経済支援などが中心であった。しかし，ケネディ政権がカストロ政権転覆を狙った作戦を実施すると，フルシチョフはキューバ革命を救うために，キューバにソ連の核ミサイルを配備することを思いついた。1949年にソ連が原爆実験に成功して以来，冷戦には常に米ソ間の核軍拡競争という側面が付きまとっていた。とはいえ，1960年代初頭にはまだソ連の核兵器は質量ともにアメリカに大きく後れをとっていた。それだけに，フルシチョフは，キューバへの核ミサイル配備はアメリカの核兵器に対する対抗措置の一環であると考えた。

　しかし，このフルシチョフの決定は，明らかに十分に検討されたものではなかった。アメリカの反応は迅速であった。ケネディ大統領は核ミサイルの撤去を求め，キューバ周辺の海域を封鎖した。フルシチョフがケネディの要求を拒否したことで，危機は一気に先鋭化し，両国は核戦争の瀬戸際に近づいた。明らかにこれはフルシチョフにとって大きな誤算であった。極度の緊張状態のなか，フルシチョフは譲歩し，トルコからのアメリカのミサイル撤去と引き換え

に，キューバから核兵器を撤去することに同意した。これを受けて，キューバ危機は終息し，米ソ間で核軍備管理に向けた対話が始まった。

5 中ソ対立

　フルシチョフ期には，中ソ関係も悪化した。とはいえ，これはフルシチョフが中国を軽視したためではなかった。むしろ，フルシチョフはスターリンよりも中国を重視し，軍事，経済，科学技術などの面で支援を大幅に拡大した。その中には，核関連技術も含まれていた。彼はまた，スターリンが旧満州で確保した利権についても放棄することに同意した。しかし，1950年代後半に，毛沢東が「大躍進」の掛け声のもとに社会主義化を強行すると，両国の方針の違いが顕在化した。西側との関係でも，両国の方針は大きく異なっていた。フルシチョフが西側との緊張緩和を求めたのに対して，中国は対米対決路線を先鋭化させた。そして，1960年の国際共産党大会の場で中国がソ連を公然と批判したことで，両者の対立は決定的なものとなった。1980年代まで続く中ソ対立が始まったのである（Westad 2017=2020）。

　このように，フルシチョフはスターリン時代の外交方針を見直して，緊張緩和を進めようとした。しかし，フルシチョフ外交は，緊張緩和と緊張激化の間で揺れ動く，場当たり的で不安定な要素を内包していた。より安定した東西関係の構築は，フルシチョフを失脚に追い込んだブレジネフの課題となった。

3　緊張緩和から新たな対立へ

1 ブレジネフ時代の始まり

　ブレジネフは，1982年に死去するまで，20年近くにわたりソ連共産党書記長（1966年までは第1書記）としてソ連政治を主導した。彼は，体制間競争で短期間のうちに資本主義に勝利できるというフルシチョフの楽観論を退けつつも，西側との緊張緩和を推進するという方針を継承した。ただし，ソ連指導部は，西側に足元をみられることなく関係を改善するためには，アメリカと同等の軍事力を保有する必要があると考えていた。そのため，ブレジネフ時代には，軍事支出が大幅に拡大した。この大規模な軍拡の結果，1970年代初頭には，ソ連

はアメリカに並ぶ核戦力を保有するようになった。ブレジネフの緊張緩和外交は，この軍事力を背景に進められた。

　ブレジネフにとって，外交面で最初の重要な問題となったのがチェコスロヴァキアであった。フルシチョフと同様に，ブレジネフも第二次世界大戦後にソ連が獲得した勢力圏を維持することを重視していた。それだけに，1968年にチェコスロヴァキアで，「プラハの春」と呼ばれる自由化・民主化の動きが活発化したことは大きな懸念材料となった。ソ連指導部内では，平和裏に改革が進められているチェコスロヴァキアに軍事介入すべきかをめぐって議論が続いた。ブレジネフはためらったすえに，8月に軍事介入に同意した。その結果，ソ連・東欧軍はチェコスロヴァキアに侵攻し，武力で「プラハの春」を中断させた。その後，軍事介入を正当化するために，ソ連はブレジネフ・ドクトリンを発表した。これは，社会主義世界全体の利益は1国の利益に優先するというものであった。これ以後，東欧では，本格的な改革は事実上不可能になった。

❷　緊張緩和の時代

　軍事介入は西側の非難を招いたものの，東西関係への影響は限定的であった。すでに1960年代半ばから東西間で緊張緩和に向けた試みがなされていたが，1969年以降にこの動きは本格化した。その背景には，西ドイツのブラント政権による活発な東方外交もあったが，中ソ対立も間接的に影響していた。1969年には中ソ国境で武力衝突が複数回発生し，中ソ対立は抜き差しならないものとなった。アメリカのニクソン政権は中ソ対立から漁夫の利を得ようとして，対中関係改善に乗り出した。これに対してソ連指導部は，米中接近を警戒し，西側との関係改善に積極的になった。米ソ間では，キューバ危機以後，核軍拡競争を野放しにしておくことのリスクが認識され，対話の機運が生じていた。1963年の部分的核実験停止条約や1967年の核不拡散条約などはその最初の成果であった。その後，両国は，核ミサイル保有数に上限を設けるために戦略兵器制限交渉（SALT）を進め，1972年に最初の合意が成立した。

　ヨーロッパでも，この時期に緊張緩和が進んだ。それまで，西ドイツは東ドイツという国家が存在することを承認せず，西ドイツのみがドイツを代表する国家であると主張していた。また，オーデル・ナイセ線を戦後のドイツ・ポー

ランド国境と認めることも拒否し続けていた。これに対してソ連は，これらを承認するよう西ドイツおよび西側諸国に強く求めていた。1969年に転機が訪れた。西ドイツのブラント新政権は，従来の方針を転換して戦後国境と東ドイツの存在を事実上承認した。これをきっかけに，東西間の対話が進み，1970年代前半には，西ドイツとソ連・東欧諸国との間で一連の条約が調印された。これを受けて，ヨーロッパでは多国間協議も進展した。1975年には，ヨーロッパ諸国に加えて，米ソ両国とカナダの首脳がヘルシンキに集まり，ヨーロッパにおける国境線の不可侵や基本的人権の尊重などを謳ったヘルシンキ議定書を採択した。

　かくして，1970年代半ばまでに，ソ連は主要な外交目標を達成した。アメリカとは対等な条件での核軍備管理交渉を進め，ヨーロッパでは二国間・多国間合意を通じて戦後国境の国際的な承認を獲得した。東西間の経済交流も活発化した。ソ連は西側から工業用設備や穀物などの消費財を輸入するために，大量の外貨を必要としていた。これに対して，西欧諸国は大量のエネルギー資源を必要としていた。そこで，天然ガスをめぐる交渉が進み，1970年代には，ソ連と西ドイツを結ぶ天然ガスパイプラインが西ドイツの借款のもとに建設された。ソ連外交にとって，1970年代前半は最良の時期であった。

③　新たな対立の始まり

　しかし，米ソ間の緊張緩和は長続きしなかった。この背景には，アメリカ国内の政治状況に加えて，ソ連の政策が引き起こした摩擦があった。この時期，アメリカがヴェトナムから撤退したのに対して，ソ連はアフリカの社会主義勢力への軍事支援を拡大した。ブレジネフ自身はアフリカへの関与に積極的ではなかったが，すでにこの地域に派兵していたキューバの強い求めに応じて介入を決定した。このようなソ連のアフリカ政策は，アメリカとの関係を悪化させた。さらにこの時期，ソ連軍は老朽化した中距離ミサイルに代わる新型ミサイルSS-20を東欧に配備していた。これを受けてNATOは，対抗措置として，ソ連がSS-20を撤去しないかぎり新型ミサイルなどを配備すると決定した。ただし，東西関係が一気に緊張したわけではなく，1979年には米ソ間で核兵器の制限を定めたSALTII合意がかろうじて成立した。

　しかし，1979年12月にソ連軍がアフガニスタンに侵攻したことで，米ソ関係は新たな対立の時代を迎えた。アフガニスタンでは，1978年に人民民主党がクーデターで権力を掌握し，社会主義的な政策を強引に推し進めていた。これに反発したイスラム勢力がゲリラ戦をはじめると，アフガニスタン指導部はソ連軍の派遣を要請した。当初，ソ連指導部は不介入の方針であった。しかし，アフガニスタンの指導者アミンがアメリカとの接触を模索しているという真偽不明の情報が入ると，ソ連に忠実な指導者を擁立するために介入を決定した。アメリカはソ連の侵攻に強く反発し，ただちに経済制裁やSALT IIの批准手続きの停止などを決めた。冷戦の緊張が再び高まった。

　この直後に，ポーランドで新たな危機が生じた。1970年代にポーランドは西側からの融資と引き換えに，大量の工業製品や消費財を輸入していた。しかし，1980年までにこのような政策は破綻した。対外債務の返済のために，ポーランド政府は食料品の値上げを発表した。民衆は強く反発した。各地でデモやストライキが頻発したほか，労働者の保護を目的に，独立自主管理労組「連帯」が設立された。政権は国内のコントロールを失いつつあった。1956年のハンガリーや1968年のチェコスロヴァキアの事例を踏まえれば，ソ連の軍事侵攻が危惧される状況が生まれた。しかし，ソ連はすでに国内外で様々な問題を抱えており，軍事介入によって西側との関係をさらに緊張させることはできなかった。そのため，ソ連指導部は軍事介入を避けつつ，ポーランド政府に戒厳令を敷かせることで事態に対処しようとした。1981年12月に，ポーランド政府は戒厳令を発して，「連帯」幹部の一斉逮捕に踏み切った。

　ソ連を取り巻く国際情勢が急速に悪化するなか，1982年11月にブレジネフが死去した。1970年代後半以降，ブレジネフは脳の障害のために政務能力を失いつつあったが，それでも書記長の座にとどまっていた。そのため，ソ連では政策調整が十分に機能していなかった。これは，ソ連外交の迷走を深刻化させた。しかも，彼の死後も状況は改善しなかった。最初はアンドロポフ，次にチェルネンコがソ連共産党書記長に就任したが，いずれも高齢で持病を抱えており，短期間のうちに相次いで死去した。ソ連には，国内外の危機に対処する能力を持った指導者が欠けていた（⇒第1章3）。

4　ゴルバチョフと冷戦の終焉

■1　ゴルバチョフ外交の展開

　1985年3月に，ゴルバチョフがソ連共産党書記長に就任した。彼は前任者たちとは異なり，若く精力的で，ただちに袋小路に陥っていた外交の見直しを始めた。ゴルバチョフは，ソ連経済を立て直すためには軍事支出を削減する必要があることを理解していた。また，1986年4月のチェルノブイリ原発事故を受けて，核兵器の危険性を強く意識するようになった。そのため，国内で政治経済改革に着手するとともに，アメリカとの軍縮交渉を進めた。しかし，レーガン米大統領の戦略防衛構想（SDI）をめぐって米ソの対立はなかなか解消しなかった。SDIとは，ソ連の弾道ミサイルを宇宙空間で撃ち落とすというものであった。ゴルバチョフはSDIの放棄を強く求めたが，レーガンは拒否した。交渉が停滞するなか，ゴルバチョフは譲歩した。その結果，1987年に中距離核戦力（INF）の全廃を定めた条約の調印が実現した。ゴルバチョフ外交の最初の大きな成果であった。

　ゴルバチョフにとって，軍縮と並ぶ重要な問題だったのが，ソ連軍のアフガニスタンからの撤退であった。彼はこれを早期に実現したいと望んでいた。しかし，現実には，ソ連軍の撤退は簡単ではなかった。ゴルバチョフとしても，ソ連軍の撤退直後にアフガニスタン政府が総崩れとなるようなことは避けたいと考えていた。そのため，彼はイスラム勢力を支援するアメリカとの間で何らかの合意を成立させようとしたが，失敗に終わった。それでも，ゴルバチョフが無条件に軍を撤退させる方針に切り替えたことで，1989年までに撤退は完了した。

■2　東欧圏の解体

　これらの問題と比べると，当初，ゴルバチョフにとって東欧の優先順位は高くなかった。これは，この時期の東欧諸国がある程度安定していたためであった。それでも，ゴルバチョフは，東欧との関係でも見直しを進め，ブレジネフ・ドクトリンを放棄した。すでに1986年に彼は東欧の首脳にこのことを伝え

ていたが，1988年12月には国連総会の場で公式に表明した。このゴルバチョフ
の言動は，東欧における体制転換の動きを加速させた。この点で先行したのが
ハンガリーとポーランドであった。ポーランドでは，政権と「連帯」との交渉
のすえに，1989年6月に総選挙が実施された。結果は，「連帯」の圧勝で，8
月に「連帯」を中心とする政府が成立した。ハンガリーはもともと東欧でもっ
とも改革が進んでいた国であったが，複数政党制への移行を決め，1989年9月
にはオーストリアとの国境を開放した。

　このハンガリーの決定は，東ドイツを動揺させた。ベルリンの壁建設以降，
東ドイツ市民は西ドイツに移動する手段をほとんど失っていたが，今やハンガ
リー・オーストリア経由で西ドイツに移動するルートが生まれた。これを受け
て，西ドイツに逃れようとする東ドイツ市民が大挙してハンガリーに押し寄せ
た。保守的な東ドイツ政府は，ワルシャワ条約機構の首脳会議を開催して事態
に対処しようとしたが，ゴルバチョフには東欧の事態に介入するつもりはな
かった。東欧との関係では，彼が何をしたかよりも，あえて何もしないという
決断を下したことのほうが決定的に重要であった。

　1989年秋には，東ドイツ国内でも民主化を求めるデモが活発化した。東ドイ
ツ指導部は事態に全く対処できなかった。そうしたなか，1989年11月には多く
の東ドイツ市民が東西ベルリンを隔てる国境検問所に押し寄せた。民衆の圧力
に抗しきれなくなった国境警備隊が国境を開放したことで，冷戦の象徴だった
ベルリンの壁が崩壊した。ゴルバチョフは，ここでも決して介入しようとしな
かった。ベルリンの壁の崩壊は，他の東欧諸国における社会主義体制の崩壊を
加速させた。

❸　ドイツ統一をめぐる駆け引きと冷戦の終焉過程

　かくして，1989年末までに東西関係は著しく改善し，東欧圏は解体しつつ
あった。そこで，ゴルバチョフはブッシュ米大統領に対して，ヨーロッパの分
断を克服するような新たな欧州秩序の構築に向けて米ソ間で協力するよう提案
した。具体的には，彼はワルシャワ条約機構とNATOという冷戦期の軍事同
盟を解散して，新たな全欧安全保障体制を構築することを望んでいた。しか
し，ブッシュは，アメリカこそが冷戦に勝利したと認識しており，NATOを

解散するつもりはなかった。そのため，この時期には，冷戦をどのような形で終わらせ，どのようにして新たな欧州秩序を構築するかをめぐって，主要国間で新たな競争が生まれた（吉留 2021）。

　焦点となったのがドイツ統一をめぐる問題であった。西ドイツのコール首相は，ベルリンの壁崩壊を受けて，ドイツ統一に向けて動き出した。ブッシュは，統一ドイツのNATO加盟という条件で，コールの動きを支持した。ゴルバチョフはコールの動きに強く反発したが，東ドイツが崩壊しつつある以上，ドイツ統一は避けられないと考えるようになった。そうしたなか，1990年2月に，アメリカのベーカー国務長官はドイツ統一に関するゴルバチョフの同意を引き出そうとして，NATOの管轄範囲を「1インチ」たりとも東方に拡大しないと述べた。これに対してゴルバチョフも，ドイツ人の自決権を尊重する発言をした。ただし，実際には，コールとの会談の際に，このベーカー発言はブッシュの了承を得たものではなかった。そのため，ベーカーの「1インチ」発言はその後も外交上のしこりとして残り続けた（吉留 2021）（⇒第11章）。

　いずれにせよ，ゴルバチョフがドイツ統一を容認する姿勢を示したからといって，直ちにドイツ統一が実現したわけではなかった。次に問題となったのは，どのような形でドイツ統一を進めるかであった。ブッシュやコールが，西ドイツによる東ドイツの吸収合併，ならびにNATOの統一ドイツ全土への拡大を求めていたのに対して，ゴルバチョフはこれに反対し続けた。彼が望んでいたのは，ソ連を含む東西ヨーロッパを包摂するような新しい全欧協力体制を実現し，その過程で東西ドイツの対等な形での統一を認めるというものであった。しかし，1990年春の東ドイツ議会選挙で，コールの方針を支持する政党が勝利すると，ゴルバチョフの立場は弱いものとなった。最終的に，1990年7月に，彼は西ドイツによる東ドイツの吸収合併と統一ドイツ全土へのNATO拡大に同意した。その結果，1990年10月3日にドイツは統一された。同時に，冷戦の終わらせ方をめぐる米ソ間の競争にも決着がついた。ゴルバチョフは冷戦対立を終わらせて，東西が対等な形で参加する新たなヨーロッパの国際関係を作り出そうとした。しかし，実際には，消滅したのは東側陣営のみであった。1991年6月と7月にコメコンとワルシャワ条約機構が相次いで解散されたのに続いて，同年12月には，ソ連自体が解体した（塩川 2020）。冷戦は，イデオロ

ギー的にも地政学的にも，ソ連の敗北という形で幕を下ろしたのである。

📖 🎥 おすすめ文献・映画

①山本健（2021）『ヨーロッパ冷戦史』筑摩書房。

　　冷戦期のヨーロッパ国際関係に関する優れた入門書で，東西関係のみならず，西側・東側陣営内の外交的駆け引きに詳しい。冷戦期ヨーロッパの外交交渉に興味がある人に特におすすめ。

②ウェスタッド，O.A.（益田実監訳／山本健・小川浩之訳）（2020）『冷戦―ワールド・ヒストリー　上・下』岩波書店。

　　分量が多く読むのが大変だが，冷戦がヨーロッパのみならず中国，インド，中南米，アフリカなど世界中の地域を巻き込んで展開されたことを分かりやすく論じた良書である。

第11章　現代ロシア外交

ロシア連邦の対外政策の決定権は大統領に委ねられているが，その対外行動に影響を及ぼす要因は多様である。国内的性格のものとして，歴史，地理と気候条件，国家アイデンティティ，政治エリートの認識，世論，経済，資源，宗教などが挙げられる。対外的性格のものとしては，外的脅威，勢力均衡の変化，国際機関とその規範，ルールなどがある。どの要因に力点が置かれるか，またどの地域の優先度が高まるかは，ソ連崩壊後の30年間で変化してきた。本章では第1に，1990年代に生じた地政学的変化と国家アイデンティティの危機を反映した外交論争を取り上げる。第2に，対外政策決定システムの概要を説明する。そして最後に，過去30年間の地域別政策を概観する。

1　1990年代の外交論争

予期せぬソ連の冷戦からの撤退と，連邦解体に伴う15の主権国家成立という国際政治の地殻変動により，ロシアの地理的環境は大きく変わった。バルト諸国，ベラルーシ，ウクライナの独立により，ロシアの西部国境は東へ後退し，バルト海，黒海へのアクセスも限定された。また南部コーカサスは紛争の火種を抱え，東部では中国との国境画定問題に加え，極東地域や中央アジア諸国への中国の影響力拡大という懸念も生じ始めた。ソ連崩壊直後のロシアの政治エリートの間では，このような地理的変化と結びついた国家アイデンティティについての論争が生じ，対外政策方針にも大きな影響を及ぼした。とりわけ，敵対関係を終結させた後のヨーロッパの安全保障秩序のなかにロシアや他の旧ソ連諸国をどのように位置づけるのかという議論は，2022年のロシア・ウクライナ戦争にみられるとおり，現在も続く問題である。以下では，1990年代のロシアでどのような外交論争が展開されたのかを振り返ってみたい。

1991年8月のクーデター後から，1992年末頃までエリツィン政権の対外政策に強い影響力を持っていたのは，コズィレフ外相（1991年12月〜96年1月）が主

導した「大西洋主義」の支持者であった。彼らはロシアを西欧文明の一部であると考え，西側先進国を「自然な同盟者」とみなし，ヨーロッパの安全保障制度への参加を目指した。しかし，沿ドニエストル，南オセチア，アブハジアの分離独立紛争やタジキスタンでの内戦が相次いで勃発し，東欧諸国がNATO加盟を模索するようになると，最高会議やエリツィンの側近の間から批判が噴出した。エリツィンは，近い外国（ソ連から独立した諸国）での軍事プレゼンスを維持し，民族的ロシア人とロシア語話者を保護する方針転換を迫られた。

　大西洋主義へのオルタナティヴとして台頭したのはユーラシア主義者たちであった。彼らは，ロシアは西でも東でもない，独自の文明であると位置づけ，西と東の架け橋となることがロシアの役割だと主張した。国際政治学者のセルグーニンによると，ユーラシア主義は「民主派（改革派）」に属する潮流と，よりスラヴ性を強調する潮流に分化した（Sergunin 2016）。

　前者は，大統領顧問を務めたスタンケヴィッチのように，「ユーラシア」というロシア固有の価値を強調することによって世論や幅広い政治エリートの支持を獲得しつつ，国益重視の地域政策を提唱した。具体的には，CIS加盟国の結束を高め，ロシアがそれを主導すべきだと主張した。また，ロシア国内のムスリム人口の観点から，中東，西アジア諸国との関係にも関心を示す一方，貿易拡大の観点からアジア・太平洋の日本，韓国，ASEAN諸国との関係強化を主張した。注意したいのは，民主派ユーラシア主義者は，欧米諸国との良好な関係の維持が必要だと考えていた点である。

　これに対し，後者のユーラシア主義は，西側からの支援や，主権の制約を伴うヨーロッパの国際制度に参加することに反対した。彼らが対外政策の優先事項とみなしたのは，旧ソ連構成国における民族的ロシア人の保護であり，その手段として軍事力の行使も排除しなかった。

　大西洋主義と2つのユーラシア主義の論争は，ロシア国内の政治的混乱とともに支持を失い，代わって台頭してきたのが「国家主義（государственники）」あるいは「大国主義（державники）」と呼ばれる潮流であった。この時期の大国主義者の認識の特徴は，ロシアは西か東かという選択肢をとるべきではなく，ロシアはヨーロッパ国家でもあり，アジア国家でもある，と考える点にあった。ロシアに固有の歴史や価値の尊重を訴える一方で，西側との関係には高い

優先順位が与えられるべきであるが，「勢力圏を有する独立した大国」としてのロシアの役割を犠牲にすべきではない，と主張していた。大国主義者たちは，1993年後半から現実味を帯びてきたNATO拡大路線への主要な批判者であった。1993年12月に実施された連邦議会選挙の下院選で，ロシア自由民主党が躍進し，親欧米路線の基盤が弱まると，大西洋主義者および民主派ユーラシア主義者と目されていたエリートの多くは，大国主義者の勢力に合流していった（Sergunin 2016）。

　1996年1月，対外情報庁長官プリマコフが外相に任命された（1996年1月〜98年9月）。これに対し，国外からは改革路線の後退が懸念されたが，ロシア国内では民主派から保守派まで幅広い層の支持を獲得した。プリマコフは元々，中東研究を専門とする学者であり，世界経済国際関係研究所（IMEMO）所長等を歴任するなか，国際問題でゴルバチョフのアドバイザーを務めるようになり，政治の舞台に引き上げられた。外相としてのプリマコフは，全方位外交を展開しつつ大国間のバランスをとる大国主義路線をとった。NATO，EUの拡大路線に対抗するために，CIS，東欧，アジア・太平洋との関係の見直しが開始されたのである。回想録のなかでプリマコフは，外相時代の焦眉の問題の1つは，NATO東方拡大の動きに対しどう対処するかであったと述べている。彼によると，この問題をめぐる対米交渉に際して，ロシア外務省は，NATO拡大に対する否定的態度を崩さず，同時にNATO拡大がロシアの安全保障，国益に及ぼす負の影響を最小限にするための交渉を行う方針をとったという（プリマコフ 2002）。つまり，この時点でロシアが選んだのは，NATO拡大路線を止める手段がないのであれば，そのプロセスにロシアが影響を及ぼしうる足がかりを作ろうという条件闘争の道であり，「ロシアとNATOの相互関係・協力・安全保障に関する基本文書」の調印（1997年5月）はその産物であった。

　プリマコフの登場は，国家アイデンティティをめぐる論争の収束と同時に，勢力均衡と国家安全保障を重視する伝統的な現実主義へロシアが回帰しつつあることを意味していた。プリマコフ外相期には全方位外交が掲げられ，2000年以降の積極外交の基盤が形成された。この時期に，G7にロシアが加わってG8になり，アジアではAPEC加盟が実現した。また，中国との建設的パートナーシップが「戦略的パートナーシップ」に格上げされ（1996年4月），

エリツィンと江沢民が「多極世界と新国際秩序の形成に関する共同声明」
（1997年4月）に署名したのもこのころである。

　1990年代後半以降のロシアでは，バルカン半島へのNATO介入やイラク戦争
を主導したアメリカおよび西側諸国への反発が，対外政策についての国内的コ
ンセンサスを形成していった。2000年に大統領に就任したプーチンは，「強いロ
シア」の復活を掲げ，ロシアの主権，領土保全，安全保障を優先的国益と位置
づけ，多極世界秩序を追求してきた。2010年代から2020年代にかけては，アメ
リカ一極主義への対抗のレトリックを強め，ウクライナ，シリアへの介入政策
を遂行し，国民の支持を集めてきた。このように，ロシアの国家アイデンティ
ティや外交路線をめぐる論争は，アメリカやヨーロッパ諸国を主要な「他者」
として，それとの関係性から形成・展開されてきたとも言える。しかし，この
ような認識や論争だけで対外政策が決定されるわけではない。以下では，より
実務的な観点も含めて対外政策決定システムおよび地域別政策を概観したい。

2　対外政策決定システム

　ここでは，対外政策策定にかかわる制度面の概要と問題を述べる。1993年憲
法は，対外政策について大統領の支配的役割を保証している。第80条は，ロシ
ア連邦の内外政策の基本方針は，憲法と連邦法に従って大統領が決定するこ
と，またロシア大統領は国家元首として国内および国際関係においてロシアを
代表することを定めている。さらに第86条では，大統領は対外政策を指導し，
ロシア連邦の国際条約の交渉および署名を行い，批准書に署名し，大統領に宛
てた外交代表の信任状および召喚状を受理するとしている。

　大統領を支える組織として，大統領府は大統領令や演説，年次教書などの文
書の草案作成を支援し，大統領が決定した政策の実施を監視する役目を担う。
対外政策に関しては大統領府に設置された燃料，エネルギー，外国との軍事技
術協力などの専門委員会などを通じて政策提言や分析を行っている。また，大
統領府の独立した組織であり，大統領が議長を務める安全保障会議は，外交政
策の指針を策定し，国家安全保障に対する脅威の予測，確認，分析評価などを
行う。他方で，プーチンにはさらにメンバーを限定したインナー・サークルが

あることも指摘されている（横手 2016）。

　外交に関する大統領の強力なイニシアティヴは，ロシア連邦初期から確立されていたわけではない。1990年代はエリツィン大統領による対外政策の統括やイニシアティヴが機能せず，外務省，対外情報庁などの行政機関が政策決定に影響力を有し，省庁間の対立も顕在化した。1992年から1996年の間に，エリツィンは対外政策の統合性を確保するために，対外活動に関わる行政機関の活動や，条約，協定の草案などを外務省が調整し監督することを大統領令で明確化した（Sergunin 2016：169-170）。これ以降，外務省とその他の省庁は基本的に対外政策の執行機関と位置づけられる。

　しかしそれでも，外国での活動に独自の目的と情報源を持つ省庁の間では，しばしば政策形成や実行において対立や連携の欠如が観察される。1993年４月にポーランド，チェコ，ハンガリーの大統領がクリントンに直接 NATO 加盟を訴えたことによって，米ロ間で NATO 拡大が焦眉の問題となった。当初，これを各国の主権問題であるとみなすエリツィンと，国内の反発を懸念する外務省，国防省の間で齟齬がみられた。しかしその後，アメリカが NATO と旧ワルシャワ条約機構加盟国との協力を具体化するための制度「平和のためのパートナーシップ（PfP）」を提案すると，憲法制定をめぐって最高会議との対立に直面したエリツィンとコズィレフが反対できなかったのに対し，対外情報庁長官のプリマコフは NATO 拡大の動きに否定的見解を示す報告書を発表し，外務省との対立を露呈した。

　プーチン体制の特徴は，彼の最初のキャリアである KGB での勤務経験がある者と，その後副市長を務めたサンクト・ペテルブルクの出身者が要職を占めていることである。プーチンはこうした人材を，国防省，連邦保安庁，対外情報庁などいわゆる「力の省庁」に送り込む一方，エリツィン時代に停滞した軍と武器輸出体制に梃入れし，軍の近代化と軍人の待遇改善を実行した。結果としてこれらはプーチン政権の強力な支持基盤となり，安全保障政策への影響力も強まった。2019年７月23日，初の共同航空パトロール中のロシアと中国の爆撃機による日本，韓国の防空識別圏（ADIZ）への侵入と，ロシア軍機（A-50早期警戒管制機）による竹島／独島領空侵犯が発生した。この際，韓国側の抗議に対して駐韓ロシア代理大使ヴォルコフが遺憾の意を表明したと報じられた

のに対し，ロシア国防省は翌日，任務を妨害したのは韓国であるとして領空侵犯を否定した。このようなロシア側の対応のズレは，国防省が関与する対外活動について外務省との連携が取れているわけではないことを示唆している。

3　地域別政策

ロシアは全方位の外交を掲げてきたが，以下では，実際の外交関係に照らして重要度の高い■1ヨーロッパ・大西洋地域（バルト諸国，ジョージア，ウクライナ含む）に焦点を当て，■2旧ソ連地域（中央アジア，コーカサス），■3アジア・太平洋地域との関係動向にも目を向けたい。

■1　ヨーロッパ・大西洋地域

協調から対立へ

エリツィン政権初期のロシアは，構想として欧米諸国への接近が掲げられただけではなく，制度面でも一定の和解が進められていた。それを象徴していたのが，情報機関間の協力，特に対外情報庁と中央情報局（CIA）の実務的交流の確立であった（プリマコフ 2002：112-118）。これにより，米ロ間では1993年のエリツィンと最高会議の対立や，ユーゴスラヴィア情勢について情報機関のチャンネルを使って意見交換が可能であったとされる。また，1993年に「経済および技術協力に関する米ロ合同委員会」（通称，ゴアーチェルノムィルジン委員会）が立ち上げられ，首相，副首相レベルの意思疎通を含む，パートナーシップの制度化が図られた。しかし，両首脳による米ロ協調路線は，双方の国内で反発にあい，1990年代末までに米ロ関係は緊張の時代へと後退した。

この時期に米ロ間の緊張を高めた要因は，第1に1999年（チェコ，ポーランド，ハンガリー）と2004年（エストニア，ラトヴィア，リトアニア）のNATO拡大である。クリントン政権は，ロシアの国益に矛盾しない形でNATO拡大を進めるという建前の下，PfPや常設合同評議会（2002年以降，NATO-ロシア理事会：NRC）を立ち上げて個別のコミュニケーション・チャンネルを設けた。ロシアにとってNATOの境界線がロシアに近づいてくることは，安全保障環境の不安定化をもたらし，歴史的空間，つまり勢力圏の喪失を意味していた。

　第2に，バルカン半島情勢が米ロ関係の悪化に大きく関わっている。ロシア
は正教徒の多いセルビアと関係が深いため，紛争が激化してNATOが介入す
ることを恐れていた。しかし1999年3月，NATOは人道的観点から，国連安
保理決議を得ずにコソヴォでNATO空爆を開始した。これは，冷戦後のヨー
ロッパ安全保障秩序が，ロシアが支持するOSCE中心ではなく，ロシア抜きの
NATO中心主義で形成されることを決定的にした。また，人道的惨事を食い止
めるためには国連安保理の承認を得ずに主権国家に軍事介入ができるという，
新たな「制限主権」概念が欧米によって実行に移されたという点で，ロシアに
とって冷戦終結後最大の国際的危機であった（Иванов 2002）。コソヴォは2008
年2月にセルビアからの独立を宣言したが，ロシアはこれを認めていない。

プーチンの登場と実利主義

　2000年に大統領に就任したプーチンの方針は，国内の垂直的権力構造を強化
し，対外的には大国間関係における正しい地位を回復し，「強いロシア」を復
活させることであった（⇒第3章2）。KGB出身のプーチンの対米観は根底に
疑念があることが指摘されるが，初期の欧米に対する姿勢は，ロシアの
NATO加盟の可能性に言及したり，EUとの協力にも積極的に取り組むなど，
敵対的というより実利的であった。とくに第1期プーチン政権（2000年5月～
04年5月）は，世界政治におけるロシアの国益や役割を主張する傾向がみられ
た。典型的な事例として，9.11事件直後にプーチンがブッシュに電話をかけ，
テロリズムという共通の敵との戦いにおける支援と結束を呼びかけたことが挙
げられる。これは一方で，国際的なテロとの戦いの文脈に，国内のチェチェン
武装勢力との戦いを位置づける狙いがあった（⇒第8章3）。この米ロ協調の
下，ロシアはアメリカ軍のアフガニスタン作戦を支援し，自国領空通過を認め
たり，ウズベキスタン，クルグズスタンに米空軍基地を置くことに協力した
り，旧ソ連地域へのアメリカの軍事的浸透に多くの譲歩をみせた。アメリカに
よる弾道弾迎撃ミサイル（ABM）条約脱退（2001年12月）と，それに伴う第2
次戦略兵器削減条約（START II）の無効化はこのような米ロ協調の時期に，問
題化しないように進められたことに留意したい。

アメリカ主導の国際秩序への反対

　対米協調路線に変化がみられたのは，2003年3月のアメリカによるイラク侵

攻への反対であった。ロシアはフランス，ドイツとともに，イラクでのいかなる軍事行動も国連の支援のもとで行われるべきだと主張し，「介入主義」（米英）と「平和主義／規範主義」（独仏）で割れたアメリカとヨーロッパの仲介者として振る舞おうとした（Sakwa 2008 : 383）。この時期以降，第2期プーチン政権（2004年5月〜08年5月）にかけて米ロ関係は協調から対立へと大きく変容した。関係悪化の要因として，第1に米ロ間の伝統的な協力分野である軍備管理問題での不一致が挙げられる。ABM条約脱退により，ブッシュ政権は「ならず者国家」（特にイラン）からのミサイル発射に備えたミサイル防衛（MD）計画を進めることが可能となった。アメリカは，MD計画はロシアに敵対するものではないと繰り返し確認してきたが，ポーランドに迎撃ミサイル基地を，チェコにレーダーサイトを配備する計画が浮上すると，プーチン政権は反発を強めた。

　第2に，東欧，旧ソ連諸国で起きたカラー革命が挙げられる。ユーゴスラヴィア連邦大統領であったミロシェヴィッチの失脚（2000年），そしてジョージアでのバラ革命（2003年），ウクライナのオレンジ革命（2004年），クルグズスタンでのチューリップ革命（2005年）で，市民による抗議デモや暴動によって親ロ派指導者が失脚し，親欧米路線を模索する政権が生まれた。これに対し，アメリカの高官が公然と市民社会を利用して政権を転覆させる戦略を発表したことから，プーチンはブッシュ政権が「対ロ封じ込めの弧（arc of containment）」を築こうとしていると捉え，警戒感を高めた（Sakwa 2008 : 383）。2007年2月のミュンヘン安全保障会議でのプーチン演説は，アメリカへの対抗の意思を宣言するものであった。プーチンは，単極世界とは，権威，力，意思決定の中心が1つであること，つまり唯一の主権者の世界を意味しており，それは民主主義とは何の共通点もないと述べ，ロシアを含む諸国に民主主義を「教えよう」としてきたアメリカの政策を糾弾した。

ロシア・ジョージア戦争から「リセット」へ

　この緊張関係は，相対的にリベラルと目されていたメドヴェージェフ政権の発足直後にピークに達した。2008年4月にブカレストで実施されたNATO首脳会議で，ジョージアとウクライナの「将来的」加盟が約束されたことは，ロシアを大きく刺激し，8月のロシア・ジョージア戦争の一因となった。フラ

ンスの仲介による停戦成立後，ロシアは南オセチアとアブハジアの独立を承認
した。この数日後の TV インタビューのなかで，メドヴェージェフは歴史的に
特別な関係にある地域，つまり旧ソ連地域を「特別な利益のある地域」である
と述べ，ロシアによる介入を正当化しようとした。これ以降，国家主権規範に
関わるロシアの言動は，大国間関係では主権の排他性と対等性を求める一方，
旧ソ連域内ではロシア人を「保護する責任」に基づく介入主義をとるという二
重基準が目立つようになった（⇒第 9 章 3）。

　2009年 1 月にアメリカでオバマ政権が発足すると，メドヴェージェフ政権と
の間で悪化した米ロ関係の「リセット」が図られた。2011年12月までの間に，
新 START 条約調印，ロシアの世界貿易機関（WTO）加盟承認などの成果を
上げた。また，オバマはポーランド，チェコへの MD システム配備の見直し
を発表し，NATO-ロシア理事会を通じたロシアとの協力も再開された。特に
アメリカにとって有益だったのは，アフガニスタンで活動する国際治安支援部
隊（ISAF）に対する，ロシアを通過する補給ルートの確保であった。このよう
に，対ロ封じ込め政策をとったブッシュと比較し，オバマはロシアとの関係を
政治資源として活用しようとした（トレーニン 2014）。しかし，角度を変えてみ
ると「リセット」はアメリカのアジア・シフトの時期に重なっていた。つま
り，アメリカ外交におけるロシアの価値が上がったというよりは，優先度の低
いロシアとの関係を紛争化させないための措置だったとも言える。

　2011年末から2012年にかけて，米ロ両国は大統領選の時期に入る。2011年12
月のロシア下院選挙で不正疑惑が持ち上がったのをきっかけに抗議デモが起こ
り，ロシア全土に「反政府」あるいは「プーチンなしのロシア」を掲げる抗議
運動が拡大した。後にプーチンはこの反政府運動と中東での「アラブの春」，
そしてウクライナのユーロマイダン革命を，カラー革命から続くアメリカによ
る非民主主義政権弱体化の試みであり，主権侵害であるという見方を示してい
る（McFaul 2020：111）。2012年 5 月にプーチンが大統領に復帰すると，米ロ関
係は再び悪化の一途を辿った。

米ロ対立と介入主義の時代へ

　第 3 期（2012年 5 月〜18年 5 月），第 4 期プーチン政権（2018年 5 月〜）では，
ヨーロッパ通常戦力条約（CFE）からのロシアの離脱（2015年），アメリカによ

る中距離核戦力全廃条約（INF 条約）からの離脱（2019年）など，ヨーロッパでの冷戦終結を可能にした軍縮レジームの崩壊が進んだ。米ロ関係の悪化を決定的にしたのは，2013〜14年の第1次ウクライナ危機であった。ヤヌコヴィチ政権は黒海艦隊基地のリース期間を2042年まで延長する協定を結ぶなど，安保面で親ロ政策をとったが，経済政策では欧州志向であった。2013年11月にウクライナが EU と連合協定を締結する直前，プーチンはガスの値引きを提案するなどして揺さぶりをかけた。ヤヌコヴィチが連合協定を棚上げにすると，これに怒った野党や市民がキーウで抗議行動を起こし，次第に過激化していった（ユーロマイダン革命）。翌年2月にヤヌコヴィチはロシアへ逃亡した。

　ソチ五輪が閉幕すると，プーチンはこの機に乗じてロシア系住民の多いクリミア半島に軍を派遣し，住民投票の結果をもとに，クリミア自治共和国とセヴァストポリ市の独立を承認し，3月18日にはロシア連邦への編入を決定した。プーチンはウクライナへの武力介入を正当化するために，クリミア住民の民族自決権を論拠とした。これに対し，アメリカ，EU 諸国そして日本は経済制裁を発動し，2023年4月現在も継続中である。また，国連安保理と並んでロシアの国際的地位を象徴していた G8でも，ロシアの参加資格が停止された。

　ロシアが国境を越えて軍事介入を行ったという点で，2008年のジョージアの事例とクリミア併合には共通性がみられる。しかし，ロシアによる介入のレベルには大きな違いがある。前者が，ソ連崩壊後独立状態にあった2地域に対してジョージアが軍事力で統合しようとしたことに端を発しており，2地域の独立承認は現状維持的側面が認められるのに対し，後者は帰属国家（キーウ政権）による大規模な弾圧が認められないなかで住民投票を実施して併合を決定しており，明らかにウクライナの主権を侵害し，その領土的一体性を損なう「現状変更」であった。2014年春以降，ウクライナ東部ドンバス地域で，ウクライナからの離脱を求める親ロ派武装勢力とウクライナ政府軍による内戦が激化するなかで，プーチンは在外ロシア人，ロシア語話者（民族的ロシア人に限らず，広く「ロシア世界」の一員であると考える者）の権利を擁護していくことを主張した。このようなプーチンの言動は，ロシアの本来の国境を超えて，「ロシア人」の居住範囲をロシアの特権が適用される範囲とする認識を示しており，近隣諸国の警戒を高めている（⇒第9章・コラム8）。

　同時期にロシアは，シリア内戦において同盟関係にあるアサド政権を支持し，アレッポの奪還と，イラクとシリアで勢力を拡大していたイスラーム国（IS）の掃討に貢献し中東でのプレゼンスを高めた。政府系の全ロシア世論調査センターによると，2015年9月のシリア介入直後，プーチンの支持率は89.9％を記録した。クリミア併合から続く軍事介入での支持率回復が，2022年2月のウクライナへの全面侵攻という誤った判断を招いた可能性は否定できない。

　2016年のアメリカ大統領選に勝利したトランプは，プーチンを称賛する言動をとっていたことから対ロ政策に注目が集まった。しかしトランプ政権発足後は，中東問題などでロシアを激しく糾弾したヒラリー・クリントンの陣営にロシアがサイバー攻撃を仕掛けたとして，米大統領選への干渉疑惑が加熱した。トランプ政権下ではこの疑惑に関わっていたとされる米高官が次々と解任され，米ロ対立が解消へと向かう可能性は潰えた。同政権は，2017年12月に発表した「国家安全保障戦略」のなかで，中国とロシアをアメリカとその同盟国への挑戦者として名指しした。

　2021年8月，民主党のバイデン政権の下，アメリカはアフガニスタンでの20年にわたる軍事作戦の終了を宣言した。これは同時に，冷戦終結後のアメリカの介入主義の時代の終わりを意味していた。バイデン政権発足後の米ロ関係は，失効間際であった新STARTの延長で合意するなど，改善の兆しもみえた。しかし，ウクライナ東部国境付近でロシアとの緊張が高まるなか，米ウ両国はハイレベルの接触を活発化させ，戦略的パートナーシップの枠内での協力を確認した。ロシアは12月にアメリカに対して「米ロ間の安全の保証に関する条約」草案を送り，NATO東方拡大の停止や，加盟していない旧ソ連諸国に軍事基地を設置しないことなどを求めた。緊張が高まるなか，バイデン政権はこの草案に応じない方針をとる一方，ロシアとウクライナの軍事紛争が起きてもアメリカは派兵しないことを明言し，ウクライナを支援するのはNATOの役割であるという考えを示した。ロシアとアメリカ，独仏の交渉は成果を上げず，ロシアは2022年2月24日にウクライナへの全面侵攻に踏み切った。侵攻決定の要因とタイミングはまだ完全には解明されておらず，今後の研究の進展を待ちたいが，プーチン個人の歴史観に加えて，バイデンによる不介入発言の影

響力は大きかったと考えられる（⇒コラム8）。

2023年3月31日付の大統領令No.229によって，外交分野の国益，基本原則，戦略目標などを示す「ロシア連邦の対外政策概念」が改定された。2016年版の同文書では，外交問題を解決する手段として市民社会や情報通信などのソフト・パワーの活用が挙げられていたが，今回の改訂ではそれらが削除され，国際法およびロシアの国際条約と法律に従って軍隊を使用することができるという前提が明記されたことが特徴的である。また，ロシア・ウクライナ戦争以降の国際関係の対立構造を反映し，アメリカとその衛星国（＝西側あるいは西側共同体）の反ロシア政策と覇権主義を繰り返し非難する一方，ロシアには対話と協力の用意があると呼びかけて実利的な相互関係に戻る道を残している点も注目に値する（Министерство иностранных дел Российской Федерации 2023）。

❷　旧ソ連地域（中央アジア，コーカサス）

1991年12月8日，ソ連を構成していたロシア，ウクライナ，ベラルーシのスラブ3共和国の首脳は，ソ連の消滅とともに独立国家共同体（CIS）の創設を宣言した。その後，バルト3国とジョージアを除く11ヶ国によってCISが発足することになった。目的が不明瞭なまま発足したCISであったが，1993年1月に調印された「CIS憲章」によると，ソ連崩壊に伴い，新たに独立した国家間の問題（国際条約の履行，政治，核兵器や軍の扱い，共通の経済空間，ソ連が残した資産の処理等）や，国民の生活に関わる問題（加盟国市民の移動・交流，輸送，通信，関税，年金等）における調整と協力という，ソ連崩壊による混乱の事後処理に主眼が置かれていたようである。しかし，独立後の諸国の対外政策は一様ではなく，エリツィン政権下で打ち出されたCISの統合強化路線に対しては，ロシアから離反して西側を志向する諸国（ウクライナ，アゼルバイジャン），分離独立紛争を抱えロシアと距離を置く諸国（ジョージア，モルドヴァ），統合に積極的な諸国（ベラルーシ，カザフスタン，クルグズスタン，タジキスタン，アルメニア），中立政策をとるトルクメニスタン，時期によって立場が変化するウズベキスタンなど，反応はバラバラであった。そのため，旧ソ連空間の地域協力は，関税同盟，集団安全保障条約，国境地域の信頼醸成と兵力削減の協議から始まった上海協力機構（SCO）など，機能別に分化していった。以下で

は，プーチン政権がいかにこの地域で大国としてのパワーと影響力を回復しようとしてきたのかに焦点を絞って論じたい。

ロシア主導の新しい地域機構の活性化

プーチンは動きの鈍かった地域協力枠組みを活性化させ，経済や安全保障分野のロシアの主導的役割の強化に利用してきた。特に重要なのが，2002年に機構化された集団安全保障条約機構（CSTO：ロシア，アルメニア，ベラルーシ，カザフスタン，クルグズスタン，タジキスタン）と2015年に発足したユーラシア経済連合（EEU：ロシア，ベラルーシ，カザフスタン，クルグズスタン，アルメニア。モルドヴァはオブザーバー）である。前述のとおり，アフガニスタン作戦で中央アジア諸国とアメリカの軍事協力が進んだことから，テロ対策分野を中心にロシアと旧ソ連諸国の連携を目指すようになった。CSTOは平和維持活動や国境管理，ロシア主導での合同防空システムの強化（加盟国の他，ウズベキスタンも参加）を行っている。またアラブの春以降，サイバーセキュリティに力を入れ反政府勢力の監視を強化している。

EEUは1990年代からロシアが推進しようとしてきた経済統合の枠組みを前身としており，関税同盟，域内の税関手続きの廃止などを一応達成し，共同市場の実現などを目指している。しかし，域内の経済規模の格差が大きく，石油や天然ガスなどロシアにとって重要な製品を共同市場の例外にするなど，加盟国間の支配 - 被支配関係の構造が批判されてきた。

一方，EEUは域外諸国との協力にも開かれており，ベトナム，セルビアとのFTAが発効している。2013年に中国の習近平が海と陸のシルクロード建設について，一帯一路構想を発表すると，中国とヨーロッパをつなぐカザフスタンや旧ソ連諸国の役割が重視されるようになった。これに対し，プーチンは一帯一路とEEUの連携で習近平と合意し，2016年には「大ユーラシア経済パートナーシップ」構想を提唱した。しかし，クリミア併合，ウクライナ侵攻による対ロ経済制裁で外資が撤退したことから，中国への経済的依存が深まっており，「大ユーラシア」構想の実現性には疑問が付される。

凍結された紛争，政情不安を利用

プーチン政権で顕著なのが，いわゆる「凍結された紛争」の仲介や，反政府運動が起きた国の治安維持でロシアの影響力を誇示する動きである。これまで

述べたように最初の事例は2008年8月の南オセチア，アブハジアの紛争への介入と両地域の独立承認であった（未承認国家問題⇒**コラム1**）。これ以外にも，2016年4月，2020年9〜10月にアゼルバイジャンとアルメニアの間でナゴルノ・カラバフ（アルメニア人が実効支配するアゼルバイジャン西部に位置する飛び地⇒**地図⑤**）をめぐる紛争が再燃し，アゼルバイジャンが領土を奪還する動きがあった。第1次ナゴルノ・カラバフ紛争ではロシアに支援されたアルメニアが勝利する形で紛争は「凍結」された。しかし2020年の第2次紛争では，石油・ガス収入で最新鋭の兵器とサイバー戦を展開し，トルコの軍事支援を受けたアゼルバイジャンがアルメニアを圧倒した。ロシアはアルメニアとCSTOの同盟国である一方，アルメニアとアゼルバイジャンの双方に武器輸出を行ってきた。第2次紛争時，ペスコフ大統領府報道官は，CSTOとしてのロシアの義務にナゴルノ・カラバフは含まれないと発言した。つまり，集団的自衛権の発動はアルメニア本土に攻撃があった場合に限るとして，ロシアは中立を維持した。10月に入るとロシアはアゼルバイジャン，アルメニアの両首脳・外相と協議を行い，プーチンのイニシアティヴの下，11月に停戦合意に達した。アゼルバイジャンに返還されたのは係争地の約4割であり，残った係争地にはロシアの平和維持軍が置かれることになった。この紛争でロシアはトルコとともに不安定な地域に影響力を残すことに成功したが，停戦協定はナゴルノ・カラバフの地位問題に触れておらず，紛争再燃の可能性が指摘されてきた。実際，2021年から2022年にかけて散発的に軍事衝突が繰り返された。双方に多数の戦死者を出した2022年9月の軍事衝突では，アルメニアのパシニャン首相がロシアとCSTOに支援を要請したが，拒否された。これについてパシニャンは2022年11月のCSTO首脳会議でCSTOの機能不全を強く非難しており，ロシア主導の集団安全保障システムの展望に暗い影を落とした。

　地域の情勢不安を利用して影響力を確保する行動は，2020年の大統領選で反体制派を弾圧して欧米から制裁を課されているベラルーシや，2022年1月に燃料価格の引き上げに対する抗議活動が大規模な反政府騒乱に発展したカザフスタンに対してもみられる。これらの国は治安維持でロシアに協力を求めていたが，ロシア・ウクライナ戦争の対応では温度差がみられる。ベラルーシは国連総会のロシア非難決議に反対し，戦争において自国領の通過で協力している

が，参戦の求めには応じていない。カザフスタンは国連総会決議を棄権し，CSTO加盟国として一見中立を保っているが，ロシアに近い東北部にロシア人人口の多い地域を抱えており，ロシアの介入主義に対する警戒も強い。歴史，安全保障，経済，文化など多方面でロシアとの関係が深い「近い外国」はロシアと共存せざるをえない事情を抱えているが，それは必ずしも，過去のプーチンの発言にみられるような大国の勢力圏に基づく多極的国際秩序に賛同していることを意味しないのである。

③　アジア・太平洋地域

「多角化」から中国依存の「東方シフト」へ

1990年代のロシアのアジア外交は，二国間関係では韓国との国交正常化（1990年9月），中国との戦略的パートナーシップ（1996年4月）と東部国境協定の履行（1997年11月）などの成果を上げた。しかし後者も地域戦略の要となる高いレベルの経済関係には達しておらず，北朝鮮に敵国指定されたことが象徴しているとおり，ソ連時代の同盟国との関係は解消されていた。このようななかで，北東アジア諸国に隣接するシベリア・極東地域の開発を見据えて，ロシアはAPEC，ASEAN地域フォーラム，東アジアサミットなどの地域協力枠組みへの参加を目指していった。

アジア・太平洋諸国との関係が実体を伴うものとなるのは第2期プーチン政権以降である。プーチンは就任当初，ロシアを「ユーラシア国家」と位置づけ，中国，日本へのエネルギー供給国となること，そしてヨーロッパとアジアをつなぐ陸・空・海の輸送回廊となることを掲げた。その一方で，外交資源を失った1990年代の反省から，積極的な首脳外交を通じて旧同盟国との関係回復に力を入れた。中国とは，現在の最も高いレベルの「包括的パートナーシップ」の基礎となる善隣友好協力条約を締結し（2001年7月），互いに領土要求を行わないこと，また台湾問題について中国の原則を尊重することなどを確認した。同条約は，2022年2月に20年目の期限を迎え，5年間の延長が決定した。また，インドには2000年10月に，ベトナムには2001年2〜3月に初訪問を行い，戦略的パートナーシップに関する宣言に調印した。北朝鮮の金正日とは3度の首脳会談を実施し，関係回復に努めた。

　この全方位外交は経済関係の多角化という目的のもとで展開された。ロシアにとってアジア・太平洋地域はエネルギー資源とロシア製武器の主要な市場と位置づけられる。エネルギー・金属鉱物資源機構（JOGMEC）によると，2020年の時点で，ロシア産原油の5割超がヨーロッパ向け，約3割が中国向けであった。中国にとってロシアはサウジアラビアと並ぶ最大の石油供給国である（シェア15-16％）。また，液化天然ガス（LNG）輸出では，欧州向けと中国向けがともに4割超となっている。なお，日本は2009年からサハリン2のLNGを購入しており，需要の約8％を占めている。2022年3月，サハリン2の運営主体が突然変更され，参加する日本企業は事業継続の可否を迫られたが，この事業のLNG生産量の6割は日本向けであり，日本が撤退すればロシアも輸出先の確保というリスクを抱えることになる。

　ロシア・ウクライナ戦争勃発後，G7やEU諸国が，ロシア産エネルギーからの段階的な依存脱却に取り組むことを表明し，ノルド・ストリーム1などを通じたパイプラインガスの購入を減らし，米国などに輸入先を変更した。しかし，中国，インド，トルコなどがロシア産天然ガス，石油，石炭の購入量を増やしており，エネルギー輸出の東方シフトが続くのかどうかに注目が集まっている。問題は，物流ネットワークが追いついていないことである。2022年9月にウラジオストクで開催された，ロシア主催の「第7回東方経済フォーラム」では，ロシア極東からアジア諸国向け（中国，インド，ASEAN諸国）の輸送インフラの整備が主要な議題の1つであった。5月にウラジオストクとベトナムの港を結ぶ直行航路が開設されるなど，港湾・航路新設の情報が飛び交うが，戦費が嵩むなか，輸出を支える物流インフラに投資できるかどうかが鍵となる。

　公式文書で「東方シフト」という言葉が使用されるようになったのは，第3期政権に入ってからである。これは外交政策におけるアジア・太平洋地域の優先順位が上がったわけではなく，ヨーロッパを足場とし，南を安定させ，東へ向かう，という意味合いで使われていた。しかし，皮肉にもロシアの東方シフトを本格化させたのは2014年のクリミア併合に対する欧米の経済制裁であった。これを機に，ロシアは政治面だけでなく，経済面でも中国を中心とするアジア諸国との関係を拡大することになった。**表11-1**が示すとおり，2003年と

表11-1　ロシアの外国貿易に占める地域グループの割合（単位：%）

	2003年		2021年	
	輸出	輸入	輸出	輸入
CIS	15.3	22.9	13.2	10.7
EAEU	8.4	13.1	−	−
EEU	−	−	9.3	8.1
EU	35.2	38.7	38.1	32.0
APEC	14.5	19.8	26.6	44.7
OPEC	2.0	0.5	3.4	2.0

出典：ロシア連邦関税局のウェブサイト（http://stat.customs.ru/documents）から，筆者作成。2022年9月25日現在，2003〜21年のデータが公開されている。

2021年を比較すると，ロシアの輸出に占めるEUとAPECのシェアは近づき，輸入に占める割合は，APECが44.7％でEUの32％を大きく超えた。ロシアの最大の貿易国は中国であるが，中国の主要貿易国のなかでロシアは11番目にすぎず，過度の依存が懸念される。

　過去20年以上，関係強化を続けてきたロシアと中国は，同盟に近いが互いに義務を負わない「連携」の耐久度を常に問われてきた。ロシア・ウクライナ戦争勃発後も両国は対米連携の体裁を維持しているが，プーチンの決断は習近平の目指す秩序像との違いを示したのではないだろうか。

📖📽 おすすめ文献・映画

①プリマコフ，エヴゲニー（鈴木康雄訳）（2002）『クレムリンの5000日──プリマコフ政治外交秘録』NTT出版。

　　エリツィン政権で対外情報庁長官，外務大臣，首相を歴任し，現代ロシア外交の礎を築いたエヴゲニー・プリマコフによる回想録。1990年代のロシア外交の内幕を知るための必読書。

②マクフォール，マイケル（松島芳彦訳）（2020）『冷たい戦争から熱い平和へ──プーチンとオバマ，トランプの米露外交（上・下）』白水社。

　　オバマ政権の国家安全保障会議ロシア・ユーラシア問題担当として「リセット」を立案し，ロシア駐在アメリカ大使（2012〜14年）を務めたマイケル・マクフォールによる米露関係論。

ウクライナ——ロシア・ウクライナ戦争への道

ユーロマイダン革命まで　まず，2014年のユーロマイダン革命に至るまでのロシア・ウクライナ関係を概観しよう。ソ連解体後によって生じた問題の解決という側面と，冷戦終焉後のロシアと欧米との関係という側面を便宜的に分けながら，それぞれが関連していく過程をたどる（独立からドンバス戦争までのより詳しい経緯は，D'Anieri 2019）。

まずソ連解体によって生じた大きな問題として，領土・安全保障問題と経済問題が挙げられる。領土・安全保障問題は，クリミア半島（クリミア半島の軍港市セヴァストポリ，およびセヴァストポリを拠点とする黒海艦隊を含む）の帰属に関するものである。クリミア半島は，ソヴィエト時代の1954年に，ロシアからウクライナに帰属が変更され，ソ連解体に伴って行政区画が国境となった。黒海艦隊をはじめとしてクリミア半島は，ロシアにとって安全保障上枢要な位置を占めるうえ，民族構成上もロシア人が多数派を成していることから，ロシアにはクリミア半島のロシアへの帰属を求める声が多かった。

経済問題は，主に天然ガスの支払いをめぐって生じた。ソ連時代は一体だった経済関係がソ連解体によって分断された。ウクライナの産業は，ロシア産の天然ガスに大きく依存していたが，この経済構造をソ連解体後も転換できず，かつウクライナ政府にはロシアの要求する国際価格での天然ガス支払い能力はなかった。これが領土・安全保障問題と結びついた。1997年5月に締結された諸合意では，ウクライナのロシアに対するガス債務をロシアの黒海艦隊の賃借料で相殺することとした（藤森 2000）。

他方，ウクライナは，冷戦後のロシアと欧米との関係のなかでも重要な位置を占めた。冷戦終焉により，ワルシャワ条約機構は解体したが，北大西洋条約機構（NATO）は存続した。さらに1999年（第1次東方拡大）と2004年（第2次東方拡大）にNATOは拡大し，ソ連構成国だったバルト3国も含むようになった。第1次東方拡大のあった1999年が，国連安保理の承認なしに（すなわちロシアの承認なしに）行われたNATO軍による新ユーゴスラヴィア連邦空爆の年でもあったことに象徴されるように，NATO側からロシアに対する安心供与はあまり行われなかった。ロシアにNATOに対する強い不信感のあるなか，ウクライナはNATOへの加盟要求をするようになった。

2004年のオレンジ革命はNATO加盟への転機となった。2005年に就任したユシチェンコ大統領は，NATO加盟路線を推進した（ただし，当時の国内世論においては，NATO加盟支持は多数ではなかった）。また，NATO側も2008年のブカレスト・サミットにおいて，ウクライナの将来的なNATO加盟に合意した。ロシアはウクライナのNATO加盟に向けた動きに反発した。例えば，2007年2月のミュンヘン安全保障会議でプーチンはNATO拡大を強く批判した。こうして，ロシアとウクライナの関係は緊張した。2006年と2009年にはロシアからの天然ガスの供給が停止した。結果，ウクライナはこれまでよりずっと高額で天然ガスを購入することになった。しかし，2010年2月に

大統領に就任したヤヌコヴィチは，黒海艦隊駐留期間延長と引き換えに，天然ガス供給価格の引き下げることに成功した。ロシアは，天然ガスで譲歩する代償として，黒海艦隊駐留によりウクライナのNATO加盟を阻止できると解釈した（藤森 2022）。

ユーロマイダン革命とクリミア併合・ドンバス戦争　　しかしながら，2014年のユーロマイダン革命によってヤヌコヴィチと彼の率いる地域党体制が崩壊したことで，新たな局面に入った。ロシアによるクリミア併合とドンバス戦争へのロシア軍の介入である。これらを一貫してロシアの帝国主義的意図から説明するものもある。つまり，ロシアはウクライナをはじめとした旧ソ連諸国に領土的野心を持っており，クリミア併合とドンバスへの介入はその一環であるとする考え方である。しかし，ここではクリミア，ドンバスの現地アクターとロシアとの関係から，この事態を理解する立場をとる。ユーロマイダン革命で地域党が崩壊したことによって，地域党が強固な地盤を築いていたクリミアとドンバスで権力の真空が生まれた。クリミアでは，ドネツィクから派遣されていた地域党エリートに代わって，ロシアへのクリミアの編入を望む現地エリートが台頭した。2013年12月には，クリミア現地指導者はパトルシェフ安全保障会議書記と接触し，2014年2月22〜23日に，プーチンほかわずか5人でクリミア併合を決定したと言われている。27日にはロシア軍がクリミアに展開し始めた。3月16日にクリミアで住民投票が行われ，18日に併合を正当化する調印式が行われた。この間，ウクライナの新政権はこれといった抵抗をみせることはなかった。

ドンバス（ドネツィク州とルハンシク州，ロシア語ではドネツクとルガンスク）では，地域党権力の瓦解による権力の真空は，地域党体制下で周辺化されていた分離主義者やウクライナ共産党の活動家によって埋められた。加えて，ロシアから来た人士の使嗾もあったとみられる。彼らは，4月には両州の行政府を占拠し，プーチンが（少なくとも公式には）延期を求めていた住民投票を5月に実行し，それぞれ「ドネツク人民共和国」「ルガンスク人民共和国」の建国を宣言した。クリミアをあっさりと手放してしまったウクライナの新政権は，ドンバスを明け渡す気はなかった。ウクライナ政府軍と人民共和国側で戦闘状態に陥った。当初ウクライナ政府軍が優勢だったが，7月の分離主義者側によるとみられるマレーシア機撃墜事件が，クレムリンの判断を軍事介入の方向に転換したと考えられる。8月末にロシア軍が大規模に介入し形勢が逆転した。ロシア・人民共和国側の軍事的攻勢のなか，2015年2月，ミンスク合意がドイツ，フランスの仲介の下，ロシアとウクライナと人民共和国指導者の間で結ばれた。この合意によって，停戦し，ウクライナは憲法改正を伴う地方分権化を行い，両人民共和国をウクライナに統合するとされた。ロシア側は，ウクライナを事実上連邦化し，ドンバス地域に影響力を保持することで，ウクライナのNATO加盟を阻止することを狙ったと考えられる。しかし，この合意は，ウクライナ側はもとより，独立もしくはロシアへの編入を求める人民共和国側も遵守する意思の乏しい合意であり，停戦は一時期を除き守られることもなかった（松里 2016）。

ロシア・ウクライナ戦争へ　　2014年から22年の戦争に至るロシア・ウクライナ関係

は，ロシアにとっては徐々に手詰まりになっていく過程であった。ロシアは，ウクライナ側にミンスク合意履行を求めながらも，履行される気配はなかった。他方，ロシアがウクライナに影響力を行使する手段は限られるようになった。まず，経済面でウクライナは本格的な脱ロシア依存を開始し，2015年終わりごろにはロシアからの天然ガス輸入をゼロにし，EUからのリバース輸入を利用した購入に切り替えた（藤森 2022）。これにより，ロシアはウクライナに影響を与える大きな経済的手段を失った。次に，政治面では，ドンバスの大多数の有権者がウクライナの選挙に参加できない状況では，いわゆる親露的な政治家が大統領になる可能性はなくなった。こうして，ウクライナはNATO加盟を追求できる環境を作り上げた。2019年には憲法改正を行い，NATO加盟方針を憲法に盛り込んだ。もっとも，NATO側は，ロシアと領土紛争を抱えているウクライナをNATOに受け入れると問題を複雑化させるので，公式の加盟には慎重だった。それでも，軍事面を含めてウクライナとの非公式の協力関係は深化させていたと考えられる。2019年12月に，ウクライナ大統領ゼレンシキーとプーチンは会談を持ったが，この場でゼレンシキーはミンスク合意を履行する意思のないことを伝えたとされる。

　さらに，人民共和国は経済・軍事両面で追い詰められつつあった。2017年以降，ウクライナは人民共和国地域を経済的に封鎖する手段に出た。ウクライナ政府地域との経済的なつながりが現地の鉄鋼業に不可欠だったが，この封鎖により，人民共和国は経済的に大きな打撃を受けた（服部 2022）。さらに，COVID-19はさらなる追い打ちをかけ，ウクライナ側との人的な往来も極端に制限された。またロシアによる，ドンバス住民へのロシア・パスポートの供与は，ロシア側の意図はともかくとして（しばしば「ロシア人」保護のための介入の口実を作るための手段とみなされている），結果としてはロシア・パスポートを得たドンバス住民のロシアへの人口流出を招いた。加えて，人民共和国はウクライナ軍から軍事的攻勢にさらされてきた。2020年8月から2021年2月ごろまではいったん停戦が順守されたかにみえたが，2021年4月ごろから停戦合意違反が激増した。人民共和国側はウクライナ軍の攻撃を受けていたとみられる（Matveeva 2022）。

　こうしてみると，ロシア側からすれば，時間がたてばたつほど徐々に不利になっていったことがわかる。公式加盟の現実的可能性はともかくとしてもウクライナはNATO加盟を求めていったが，ロシア側のウクライナへの影響力行使手段はますます限られてきた。ドンバスの人民共和国は，経済・軍事両面で追い詰められつつあった。ロシアの選択肢としては，人民共和国保護のためにドンバス限定で軍事介入をする案はありうるが，これではウクライナの残りの部分はNATO加盟により前のめりになるであろう。ウクライナとの全面戦争による，傀儡政権の樹立は一連の問題を解決できる方策ではある。もっとも，全面侵攻を受けたウクライナ側が総動員をかけると，ロシアが総動員をかけない限り兵員数でもウクライナがかなりの優位に立つので，全面侵攻案は軍事的合理性に欠ける。全面侵攻に踏み込む決定ができたのは，プーチン政権の個人支配化が進んでおり，ごく一握りの政策決定者は，甘い見込み（例えば，ゼレンシキー政権は脆弱であるといったものが含まれていたかもしれない）に基づいた情報によって判断したものと考えられよう。

エネルギーと外交

　ロシアは原油輸出量が世界第2位，天然ガス輸出量が世界最大のエネルギー資源大国である（2021年時点）。また原子力分野においても存在感は強く，燃料となる濃縮ウランの約半分をロシアが生産している。そして，ロシアの経済・財政面での石油および天然ガスの重要度は高く，ロシアの輸出全体に占めるこれら品目の割合は4割強，関連税収が連邦予算歳入に占める割合は3割弱であった（2021年時点）。これら産業はロシア経済の中核をなす戦略産業であり，主要な企業アクターはガスプロム，ロスネフチ，ロスアトムなど国営企業が多く，その帰趨は経済発展だけでなくロシアの国家安全保障にも深く関わってくる。このため，エネルギー問題はロシアの対外行動を把握するうえで非常に重要であると同時に悩ましい問題を突きつける。

　ある国のエネルギー分野での対外行動が経済的利益を最大化するため行動なのか，あるいは安全保障の確保に基づく行動なのか，対象がロシアでないとしても，明確に切り分けることは容易ではない。エネルギー資源供給国からすれば，安定的な価格で長期にわたり資源供給できる輸出相手を確保することは，生産設備や輸送インフラへの投資を行ううえで必須である。ロシアは天然ガス供給，特に欧州諸国を仕向け地としたパイプラインによる供給に関して，テイク・オア・ペイ条項（一定量のガス引取り下限を設ける条項）付きの長期契約に基づく安定的な取引を志向してきた（酒井 2010）。供給先の多様化という観点から推進されてきた日本や中国など東アジア諸国向けの石油ガス案件においても，ロシアは長期契約を重視した関係構築に一貫して取り組んできた（伊藤 2009）。また，原油供給に関しロシアは，OPECプラス（石油輸出国機構加盟国とロシアなど一部非加盟国により構成）の枠組みにおいて，他産油国と協調して原油の増産や減産に対応している。交易条件が長期的に供給国側にとって有利になるよう調整して供給を行うという意味で，こうした対外行動は経済の論理でも安全保障の論理でも読み解くことが可能である。原子力分野に関しても利益最大化だけでなく，輸出多様化やロシア国内の産業刷新，核燃料サイクルを基礎とした長期契約の締結など，考慮すべき事項は多い。

　ロシアがエネルギーを「武器化」して外交の道具として用いているとの主張は，天然ガスの輸出や輸送に関する支払いをめぐってロシアとウクライナとの間で緊張が生じた2000年代後半から国際的にも広く議論されるようになった（Stulberg 2007）。近年では，強制外交（coercive diplomacy）の概念を用いて説明する議論もある（Maness & Valerian 2015）。こうした対外的緊張が生じ始めた時期がロシアのエネルギー産業における国家関与が強化された時期とほぼ一致していることから，ロシアがエネルギーをめぐる対外経済活動を政治的動機に基づいて展開していると疑う向きが強まったのである。もちろん，このような見方には反論があり，ソ連時代から安定的に欧州へ原油や天

然ガスを供給してきた実績を背景に，貿易上の契約履行の観点，あるいはエネルギー資源輸送をめぐる技術的な観点から，ロシアの対外行動を説明しようとする主張もあった（本村 2019）。

　さらに指摘しておくべき点として，ロシアにてエネルギー事業に携わる国営企業は，政府の思惑通りに行動しているわけではない。（液化天然ガスを除き）天然ガス生産と輸送を独占的に担う権限を有するガスプロムは一企業ではあるが，政府機関であるエネルギー省よりもガス部門では強い権限を有している。例えば，消費国側の政府機関との協議においてガスプロムがロシア側のカウンターパートとなることは珍しいことではなく，政治的に一定の自律性を許容されているアクターであると言える。例えば，日ロ間においてはガス協力に関して共同調整委員会が存在するが，これは経済産業省資源エネルギー庁とガスプロムとの間に設けられてきた。

　しかしながら，企業アクターの自律性は，戦略的決定を行う大統領府や安全保障会議の影響により明確に制約される。エネルギー分野に関し，ロシアでは長期エネルギー戦略に代表される産業政策方針とは別に，エネルギー安全保障ドクトリン（以下，ドクトリン）が策定されている。前者がロシア政府決定により承認されるのに対し，後者が大統領令により承認されることに鑑みれば，どちらが外交および安全保障政策に重要な文書であるかは明白であろう。ドクトリンは1997年に簡素な文書として登場したのち長らく注目されていなかったが，2012年に脅威認識を整理した詳細な文書として全面改定されるに至った。ただし，この時点のドクトリンは大枠では政府が定めたエネルギー戦略と大差なかった。

　ドクトリンの方向性が明らかに変化したのは2019年の改定である。ドクトリンは，2015年の国家安全保障戦略，そしてその方針を受けた2017年の経済安全保障戦略を前提とした内容へと作り変えられた。上述の国家安全保障戦略や経済安全保障戦略は，2014年のロシアによるクリミア併合を受けて米欧により対ロ制裁の導入が開始されたことを前提としており，NATO の活動やロシア内政への外国の介入を脅威として強く警戒する内容となっている。経済安全保障に関しても，ロシアの経済主権と国益追及を前面に押し出した概念として整理された。ドクトリンはこれらの影響を受けて，エネルギー安全保障を国家安全保障の一部として定め，既存市場の喪失，環境や気候変動に関する国際法枠組み，またエネルギー供給元の多様化を理由としたロシア企業への差別的待遇などを脅威として列挙するものへと変化した。エネルギー分野における安全保障認識の変化は，企業アクターの行動にも変化を及ぼし，旧ソ連圏の国々だけでなく，一部の EU 加盟国に対してもエネルギーの「武器化」と捉えられうる行為が増加した。2022年のウクライナ侵攻後には，ノルドストリーム・ガスパイプラインをめぐる EU との応酬や，日本企業が関わるサハリン1および2案件の一方的なロシア法人化などの例において，その傾向がより顕著に表れていることに注目されたい。

第**12**章　日口関係

日本とソ連／ロシアの関係は，第二次世界大戦後，80年近くの長きにわたり，決して良好なものではなかった。日ソ／口関係は停滞・冷却化しがちであり，改善の淡い期待が深い幻滅に転じる過程が幾度となく繰り返されてきたのである。このような関係はなぜ，どのようにして形成されてきたのだろうか。そこには，国家間関係の基本となる境界画定の問題が強い影響を及ぼしている。本章では，1 で日口間の境界概念の形成過程を概観し，2 で，その後いかなる契機で両国の境界が変動してきたのかを扱う。3 では，戦後，なぜ境界未画定の状態に陥り，それが継続してきたのかについて検討する。

1　境界概念の形成

　主権国家体系において，国家間の境界である国境は，国家の内部と外部を区別し，各国家独自の秩序体系が適用される境界内部の空間を限界づけるとともに，望まない人，物，事の侵入を防ぐ防御壁の機能を期待されている。このため国境の防衛は，あらゆる国家において安全保障の中核に位置づけられている。一般に，境界線を引くことは，境界を挟んで向き合う政治主体間の関係を安定化させると考えられている。それは，線の所在について合意することにより，何らかの規範や行動基準，歴史認識などの価値観を共有することになるからである。

　ロシアは16世紀末から毛皮を求めてシベリアへの東漸を始め，17世紀半ばに太平洋岸に，18世紀初頭に千島列島に到達していた。また，江戸幕府から北海道の支配を任されていた松前藩は，和人（日本人）の居住地を松前地，アイヌの居住地を蝦夷地と呼んで区別していたが，蝦夷地の正確な範囲を把握していたわけではなかった。樺太が狭い水道で大陸から分けられている島であることを間宮林蔵が発見したのは，1809年のことである。第 3 国から入ってくる情報，漂流民からの聴取，探検や地図の作成作業を通じ，日口両国は相互の存在

を知り関心を有してはいた。だが，接触は恒常的なものではなく，曖昧な隣接関係が続いた。日本とロシアは，18世紀までは相互にどこまでが自国領でどこからが他方の領土なのか，明確な認識を有してはいなかったのである（木村2005）。

　鎖国政策をとっていた江戸幕府の門戸を，ロシアが最初に公式に叩いたのは，1792年のことであった。エカテリーナ2世は，1783年に遭難しロシアに漂着した大黒屋光太夫の送還を名目として，ラクスマン陸軍中尉を遣日使節として派遣した。幕府は，イルクーツク総督からの通商要求の信書を受理せず，長崎への入港許可証を交付したが，使節はこの時は長崎へは寄港せずに帰国した。入港許可証とアレクサンドル2世の親書を携えた宮廷侍従長レザーノフが長崎にやってきたのは1804年のことである。鎖国政策を強化していた江戸幕府は，約半年にわたり通商要求を拒否しただけでなく，この間，レザーノフを幽閉状態に置くなど礼節を欠く対応をした。日本に通商要求を受け入れさせるには軍事的圧力が必要と考えたレザーノフが，露米会社武装集団のフヴォストフに命じて樺太および択捉の日本人部落を攻撃させる事件が起きた（フヴォストフ事件）。他方，ロシア政府は1811年，全千島列島について初めての包括的な学術探検隊を組織した。旗艦の艦長として国後島に上陸した海軍少佐ゴロヴニンは，折からロシアへの脅威認識を高め，北方の守りを固めていた江戸幕府に捕えられ，松前で2年3ヶ月にわたって幽閉された。このゴロヴニン事件は，千島列島のうちどこまでを江戸幕府が自国領として統治しているのかをロシア側が正確に知っていなかったために起きたものである。日ロ両国はこの事件をきっかけに，相互の境界線が不明確であり，画定の必要があることを認識するに至った（木村 2005）。

　ロシアが日本に3度目の使節団を派遣する直接的な契機となったのは，米国の対日接近である。ロシアは1842年にアヘン戦争の敗北によって欧米列強が清国に諸港開港を要求し，また日本への接近を図るなか，極東における権益擁護への関心を強めていた。米国が日本に艦隊を派遣するとの情報に接したニコライ1世は，すかさず遣日使節団の派遣を決定した。ペリー提督の浦賀来航に遅れること約1ヶ月，プチャーチン海軍中将は，修好，通商，境界画定の要求を記した条約草案を長崎で手交した。米英との間ですでに修好条約を締結してい

図12-1　日露通好条約（下田条約）
（1855年）に基づく国境線

た幕府はロシアの申し出を拒みえず，1855年2月7日，日露通好条約（下田条約）が署名された。その第2条は，ウルップ島以北をロシア領，択捉島以南を日本領としていた（図12-1）。これは当時においてすでに事実上日ロ双方の認識上形成されていた境界を確認したものに他ならない。交渉に先立ち，ニコライ1世がプチャーチンに「ロシアに属する最南端はウルップ島であり，同島をロシア領の南方における終点と述べて構わない」と訓令していたことが後に確認されている（Allison 1992）。

2　境界変動の時代

　日ロ間の境界はこの後，大きく分けて2つの契機で変動した。1つは合意による変動であり，日ロ雑居の地とされた樺太をロシア領とする一方，千島列島を日本領とする交渉が1875年にまとまった。もう1つは武力による変動である。日露戦争の結果として，日本は1905年のポーツマス条約で南樺太を獲得した。そして，第二次世界大戦の結果として，日本の領土はポツダム宣言で日本の主権は本州，北海道，九州および四国並びに「吾等の決定する諸小島」に局限されることとなった。

■1　合意による変動

　日露通好条約の締結によって，両国の正式な外交関係が始動した。だが，樺太（サハリン）については境界を設けず「これまでの仕来り通り」とされ，境界問題が曖昧な状態のままに残された。ロシア側は軍隊と囚人，日本側は出稼ぎの漁業者や農工移民などをそれぞれ送り込んで，樺太において都合の良い既成事実の形成を試みた。アイヌ人，ロシア人，日本人の雑居状態は絶えず衝突や紛争の種となった（秋月 1994）。

日本では1868年に江戸幕府が崩壊して明治政府が成立し，この外交課題を引き継いだ。成立から間もない明治政府の国内基盤は脆弱であったことから，樺太を放棄して北海道の開拓に専念すべきであると説く立場が次第に政府内で優勢となり，1875年5月7日，ロシアが樺太全島，日本が全千島列島を領有するとした樺太千島交換条約が調印された（図12-2）。日本国内に

図12-2　樺太千島交換条約（1875年）に基づく国境線

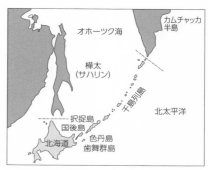

は，政治・経済上の価値が大きい樺太と小さな島々からなる千島列島とを交換することへの不満の声もあった。だが，当時の日本は，樺太を維持・経営していく財政・軍事上の力を欠いていた一方，ロシア側も日本に樺太を放棄させるために何らかの代償を支払う必要があり，当時の日本とロシアの国情や力関係に鑑みれば妥当な取引であったと言えよう（外川 1981）。

2　武力による変動

ロシアは，1860年に太平洋への出口としてウラジオストック市を建設すると，満州および朝鮮への進出を本格化させた。ここでロシアは，明治維新を経て近代化への道を進み，アジアへの進出を企てていた日本に直面した。朝鮮における影響力を確立しようとしていた日本の積極政策は，ロシアの権益を脅かしたのである。

ニコライ2世下のロシアは，日清戦争（1894～95年）での勝利の結果として日本が清国から割譲された遼東半島について，ドイツ，フランスとともに「日本の遼東半島所有は北京を脅かすだけでなく朝鮮の独立を有名無実にし，極東の平和を脅かす」として清に返還するよう勧告した（三国干渉）。日本は他の列国の協力を求め撤回を図ったが，英米が局外中立の立場に立ったため，やむなく遼東還付条約に調印し返還に応じることとした。しかしロシアは，その遼東半島の旅順と大連を力づくで清から租借して鉄道建設を進め，自らの極東艦隊の基地とした。

図12-3　ポーツマス講和条約（1905年）に基づく国境線

さらに，1900年に義和団の変を鎮圧するため諸列強が出兵した機会に乗じて，ロシアは満州を占領し，そのまま居座った。こうしたロシアの勢力伸長を，日本は脅威と認識した。イギリスも，ロシアの南下政策が自国の中国大陸における市場や利権を脅かすことになると危惧し，日本を極東におけるロシアの膨張に対する防波堤にしようと考えた。共通の利害を見出した日本とイギリスは，日英同盟を締結した。日本とロシアは，満州および朝鮮の問題を平和的に解決しえず，1904年，日露戦争に突入した。

　日露戦争は，満州と朝鮮という勢力範囲をめぐる日本とロシアの戦争であっただけではなく，塹壕戦と機関銃の組み合わせ，情報と宣伝の利用など，その後第一次世界大戦で列国が経験する戦争技術が先駆的に用いられた大国間の戦争であった。ポーツマス講和条約によるロシアの満州および朝鮮からの撤兵，そして南樺太の獲得は，日本を東アジアの大国に押し上げた（図12-3）。日本は日露戦争後，韓国を併合するとともに，清国に対して満州における日本の権益に対する特別の配慮を要求し，これら諸国や列強の警戒を招くことになる（横手 2005）。

　ロシアでは，1917年の二月革命と十月革命によって帝政が崩壊し，レーニン率いるボリシェヴィキがソヴィエト政権を発足させた。欧米列強は共産主義思想に依拠する政権の登場を脅威とみなし，この政権を打倒，あわよくば自国権益を拡大しようとする露骨な干渉を開始し，米仏独伊米日など計14ヶ国がロシア国内にそれぞれの軍隊を派遣した。日本は，7万2400人という大規模な兵力でシベリア出兵を展開した。ソヴィエト政権は孤立状態を脱するため，1918年3月，ドイツとの単独講和に踏み切った。日本はソ連と1921年8月から正常化交渉を行い，1925年1月，日ソ基本条約に調印した。日ソ基本条約は，ソ連を承認するとともに，ポーツマス条約の有効性を確認した。

　その後の10年間は，日ソ関係が比較的平穏だった時期であるとされている。

だが実際には，ソ連が国内戦と干渉戦によって消耗していたことや，工業化や農業集団化による国家建設事業に忙殺され，極東を顧みる余裕がなかった一方，日本では軍国主義が伸長した。特に，満州国建設（1932年）に伴い日ソが陸地で直接相対する状況が生まれたこと，日本がドイツとソ連を仮想敵とみなす防共協定（1936年）を締結したことは，日ソ間の対立の導火線となった。

1938年には，満州との境界地域にソ連が陣地を構築したことに日本軍が反発して戦闘行為を開始したものの，やがてソ連軍の猛反撃に遭い，辛うじて全滅を免れ停戦に至る武力衝突（張鼓峰事件）が発生した。さらに1939年には，ノモンハンで日ソ両国軍が衝突する事態が発生した。関東軍が，モンゴル人民共和国軍のハルハ川渡河を国境侵犯とみなして攻撃を加えたものの，ソ連・モンゴル軍の反撃により大損害を被ったのである。

このように極東の日ソ境界で緊張が高まっていた時，ナチス・ドイツは，ソ連と秘密協定を含む不可侵条約を締結したうえ，ポーランド侵略を開始し，第二次世界大戦が始まった。日本では，南進政策の展開により米国との関係が悪化したことで，ソ連からの攻撃を抑止し，あるいはソ連を枢軸の側へ引き入れようとする動きが生じた。他方ソ連では，日独伊三国同盟の成立と，ドイツによるソ連攻撃の可能性をふまえ，ドイツの同盟国である日本からの攻撃による二正面戦争を回避する必要が生じた。こうして戦時中，日ソは相対立する陣営に属しながらも，相互に直接の交戦国とはならないことに共通の利害を見出し，日ソ中立条約が成立した（Lensen 1972）。

1945年2月のヤルタ協定では，ソ連が対独戦勝利の2～3ヶ月後に対日参戦すること，ソ連に南樺太が「返還」（shall be returned）され，千島列島が「引き渡」（shall be handed over）されることが米ソ英間で約束された。南樺太は日露戦争の結果として日本が獲得したものである一方，千島列島については，交渉を経て合意により日本が獲得したものであることを区別したうえでの約束である。千島列島の引き渡しは，対独・対日戦争をともに戦う米ソの協調関係を象徴する意味合いを有していた（長谷川 2006）。

しかしながらこの後，ローズヴェルト大統領が死去すると，米国においては欧州における戦後処理をめぐって対ソ不信が強まるとともに，ソ連の対日参戦の価値が低下していった。7月17日に始まったポツダム会談の席へ届いた原爆

実験の成功の知らせは，これを決定的なものとし，トルーマン大統領はもはや，ポツダム宣言の起草過程にソ連を関与させなかった。ポツダム宣言にソ連の署名がなかったことは，米ソの埋めがたい溝を体現していた。

　8月6日に米国は広島に原爆を投下したが，ソ連は原爆投下によって，ソ連の参戦なしに米国が日本降伏を勝ち取ることを恐れ，ポツダム宣言への参加を自ら宣言し，予定を早め，また，依然有効だった日ソ中立条約に反して8月9日，対日参戦に踏み切ったのである。ソ連は，ヤルタで約束された取り分を確保すべく，日本のポツダム宣言受諾後，そして降伏文書調印後も占領範囲を拡大させ，北方領土を軍事占領した（長谷川 2006）。

3　境界未画定の時代

　一般的に，戦後処理に際しては関係諸国による講和会議が開催され，賠償や境界画定の問題を検討したうえで平和条約が締結される。だが，終戦後の東アジアでは，欧州における米ソ冷戦の影響を受けつつも，中国および朝鮮半島の情勢を軸に，独自の文脈で対立の構図が形成されていった（⇒第10章1）。サンフランシスコ講和会議は米ソ対立の劇場となり，平和条約は，南樺太と千島列島について，日本が権利・権原および請求権を放棄するとしたに留まった。そして，サンフランシスコ平和条約に署名しなかったソ連と日本が行った国交回復交渉は，平和条約の締結に至ることなく終わり，日ロの境界は未画定のまま現在に至っている。

■1　終戦から冷戦へ

　欧州では，ドイツおよびポーランドの問題をめぐって早期から米ソ対立が顕在化していたが，日本では，米国がほぼ単独で占領・改革を進めており，ソ連の発言力は限られていた。千島列島の帰属に関する米国の立場は，トルーマン政権下で「講和会議で決定される」に後退しており，これに不信を募らせたソ連は，南サハリン州の設置に関する最高会議幹部会令（1946年2月2日）により軍事占領の既成事実化を図った。とはいえ米国は，武力でもってソ連による占領という事実状態を変更しようとまではしなかった。米国は，連合国軍最高司

令官指令において日本の行政権の行使
範囲を画定するに際して，千島列島と
歯舞群島および色丹島を除外する一方
で，「この指令中の条項は何れも，ポ
ツダム宣言の第8条にある小島嶼の最
終的決定に関する連合国側の政策を示
すものと解釈してはならない」と述
べ，これが暫定的な指令である旨を明
示した（1946年1月29日，SCAPIN677）。

図12-4　サンフランシスコ平和条約
（1951年）に基づく国境線

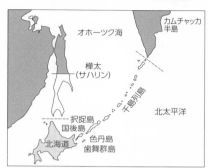

だが，中国情勢をめぐり，東アジア
でも米ソ対立が激化した。さらに，朝鮮戦争という熱戦が勃発したことで，日
本は自由主義陣営諸国を中心とする部分講和で主権を回復することになった。
この過程で，領土問題の検討に強い影響を及ぼしたのは中国承認問題であっ
た。1949年に毛沢東率いる共産党が中華人民共和国の成立を宣言したが，米国
はこれを承認しようとしなかった一方，英国は早期に承認を行っていた。どち
らの中国政府を招請するかで米英は折り合うことができず，中国抜きで講和会
議が開催されることとなった。共産党の中国が招請されない以上，ソ連の参加
も見込めない状況で交渉が進んだ結果，サンフランシスコ平和条約では，帰属
を確定できない領域が複数残されたのである（原 2005）。南樺太および千島列
島についても，日本による放棄のみが記載され，どの国に帰属するかを明記し
ないことになった（第2条c）（図12-4）。日本が放棄したとされる地域は，ソ
連（ロシア）による実効支配が続いている。また，千島列島の範囲について
は，日ソ（ロ）間に見解の違いがある。

ソ連は講和会議には出席したものの，サンフランシスコ平和条約には署名し
なかった。このため，日本はソ連との国交回復交渉を別途行う必要に迫られ
た。日本にとってソ連との交渉は，サンフランシスコ平和条約によって自由主
義陣営の一員として戦後国際社会への復帰を果たした後において，ソ連との間
にいかなる関係構築が可能か，つまり，冷戦にどう関わっていくべきなのかと
いう問題に1つの答えを出す試金石であった。

他方，スターリン死後のソ連の政治指導部内では，日本との交渉方針につい

て意見が対立した。モロトフ外相はじめ外務省は，平和条約を締結せずに国交回復することによって，軍事占領を既成事実化し領土の現状維持を図ろうと考えた。他方，フルシチョフ第1書記らは，日本に歯舞群島・色丹島を引き渡して平和条約を締結することを提案した。サンフランシスコ平和条約と日米安全保障条約によって東アジアにおける米国の軍事プレゼンスが維持されるなか，戦略的に重要になった国後島・択捉島の領有について国際的承認を得てソ連の安全保障を確保しつつ，二島引き渡しによって日本を少しなりともソ連の側に引き寄せることを意図したものである。交渉開始後，この提案に接した日本側は，二島返還を確保しつつ，国後・択捉両島について交渉の道が閉ざされることを回避すべく交渉を進めたが，二島引き渡しだけで領土問題の最終決着を図ろうとするソ連側と折り合うことができなかった（田中 1993）。日ソ共同宣言で両国は，平和条約締結交渉を継続すること，平和条約締結後にソ連が「歯舞群島及び色丹島を日本国に引き渡す」ことに同意した（第9項）。ソ連は交渉過程で，継続するとされる平和条約締結交渉に付されていた「領土問題を含む」という文言の削除を求め，平和条約締結交渉では歯舞・色丹以外が交渉されることはないとの立場を堅持した。他方，日本はこの文言が削除されても国後・択捉についての交渉継続は可能との立場をとった。米国は，ソ連が領土問題で譲歩してくるとは予想していなかった。ソ連の提案で平和条約が締結され，二島返還によって日ソが接近する事態，ひいては沖縄問題で日本世論における反米感情が高まる事態を警戒し，国後・択捉に関する日本の立場に歴史的正当性があることを認め，政治的に支持するに至った。

　日ソ国交回復交渉が平和条約締結に至らなかったことは，日本がソ連の望む形での境界画定を選択しなかったということであり，冷戦という国際環境のもとで，日本が米国の東アジア秩序のなかで対ソ政策を構築する道を選んだことを意味していた。

❷　冷戦終結・ソ連崩壊と東京宣言

　この後，1972年にニクソン米大統領が訪中したことで，ソ連が東アジアで孤立しかねない状況が生まれ，東アジアの冷戦構造に大きな変化が生じた。これにより，平和条約締結交渉の機会が訪れたものの，日本政府は中国との国交正

常化を優先させるとともに，平和条約の締結には四島返還が先決であるとの立場を固持したため，具体的な進展はみられなかった。

　次なる変化は，1985年3月，ゴルバチョフがソ連共産党書記長に就任した時に訪れた。ゴルバチョフによる新思考外交の展開により，東西の緊張緩和が促され，1989年12月には冷戦終結が宣言された（⇒第**10**章3）。日本からみれば，対日政策における変化は期待ほどに抜本的とは言えなかったものの，対話が促進され日ソ関係が大きく改善したことは確かであった。

　この時期のソ連の対日政策におけるもっとも大きな変化は，日米安全保障条約の事実上の容認である。ソ連は，サンフランシスコ平和条約の交渉段階から，独立後も米軍が日本に駐留し続けることに異議を申し立ててきた。そして，1960年に日米安全保障条約が改定された際，日ソ共同宣言第9項における歯舞・色丹二島の引き渡しに関し，「日本領土から全外国軍隊が撤退すること」というおよそ非現実的な条件を付す「対日覚書」を発したのである。このことは，日ソ国交回復交渉における二島引き渡し提案が，日本における米国の軍事プレゼンス低下を期待して行われたこと，そして安保改定によりその期待が裏切られたこと，日ソ国交回復交渉でソ連外務省が示した領土の現状維持へとソ連の立場が後退したことを示唆していた。

　1989年5月にモスクワで行われた日ソ外相定期会議の場において，シェワルナゼ外相は，「日米安全保障条約が存続している状況下であっても，ソ連側は，ソ日平和条約交渉をはじめ，同条約の締結に踏み切る用意がある」と発言した。対日覚書は取り下げられたのである。ただしこのことは，第9項を含む日ソ共同宣言の有効性確認を意味したわけではなかった。ゴルバチョフ大統領は1991年4月に来日し，日ソ間に境界画定の問題が存在することを認めたものの，当時日ソ間に存在していた，領土問題に触れる唯一の取り決めである日ソ共同宣言の有効性に踏み込むには至らなかった。同年12月，ソ連が崩壊し，問題はソ連からロシアに承継されることになった。

　エリツィンは，1990年1月に急進改革派の人民代議員として訪日し，領土問題解決のための5段階案を提示していた。この時点においては，ゴルバチョフさえ領土問題の存在自体を認めていなかったために注目されたが，そこで平和条約は，共同事業地帯の設定や非軍事化の後に締結するとされており，境界画

定を想定した提案とは言えなかった。日本では検討に値するものとは捉えられなかったのである。

　ロシア大統領としてエリツィンが日本を訪問したのは，1993年10月のことである。細川護煕首相との首脳会談後に発表された東京宣言は，四島の帰属の問題を解決して平和条約を締結し，両国関係を完全に正常化するとの道筋を示すとともに，両国が合意した諸文書および法と正義の原則を基礎として問題の解決を図るとした。

　この後，1997年11月の橋本龍太郎首相との首脳会談では，「東京宣言に基づき，2000年までに平和条約を締結するよう全力を尽くす」ことで合意した（クラスノヤルスク合意）。エリツィンは，2000年までという目標期限を自ら提案し，領土問題を解決する強い意欲をみせたものの，その具体策についてロシア側の考えは明かされなかった。1998年4月に静岡県の川奈で行われた首脳会談では，北方四島の北に国境線をひき，当面はロシアの施政を認めるという内容の川奈提案を日本側が提示したと言われている。だが，同年11月，小渕恵三首相が訪露した際，この提案は受け入れられないという返答とともに，ロシア側から，境界画定は時期尚早として，2000年までにまず平和友好協力条約を結び，領土問題解決を目指す「双方の意図を固定」し，ビザなし交流の拡大や，四島における共同経済活動を可能にする特別な法体制の整備などを行って友好的な環境を整えてから国境条約を結ぶという提案が示された。これは中間条約案と呼ばれ，境界画定が先送りになるにすぎない，という懸念の声が上がった。エリツィンは1999年末に大統領の地位を退いた。

　2000年9月，プーチン大統領が初めて公式に訪日し，森喜朗首相との間で首脳会談を行った。プーチンは，2000年までに平和条約締結に全力を尽くすという目標は実現困難だとしつつ，「領土問題が存在しているということは認めるし，話し合いを継続する用意もある」としたうえで，日ソ共同宣言および東京宣言の有効性に言及した。

　ロシア側が平和条約締結後の歯舞・色丹二島の引き渡しを規定した日ソ共同宣言を積極的に確認したことで，日本国内の一部では，これを問題解決の突破口として，歯舞・色丹の先行返還を期待する考え方が生まれた。このような考え方については，日本が四島の帰属問題を解決するという従来の基本政策を転

換し、妥協点を探っているとの誤解を与える恐れがあることや、領土問題が二島の返還で最終的に解決したとされ、ロシアが以後の協議には応じなくなる危険性が高いことなどが指摘され、論争となった。

　領土問題に対する日本政府の公的な立場は、東京宣言に基づき北方四島の帰属の問題を解決して平和条約を締結するというもので、解決にあたっては、北方領土の日本への帰属が確認されるのであれば、実際の返還の時期および態様については柔軟に対応する、というものである。この立場は、主権・施政権ともに即時の返還を求める四島即時一括論、あるいは四島の日本への帰属の確認を行う以前に返還を進めようとする段階論とは異なる。ただ、四島の帰属の問題解決を先行させようとする立場にロシア側が応じる見込みは低く、段階論や並行協議によって打開しようとする考え方が、政府の内外から唱えられるようになった。

　2001年3月、森喜朗首相とプーチン大統領の会談の結果発表されたイルクーツク声明は、日ソ共同宣言について、「平和条約に関する交渉プロセスの出発点を設定した基本的な法的文書であることを確認」し、そのうえで「東京宣言に基づき、択捉島、国後島、色丹島および歯舞群島の帰属に関する問題を解決することにより、平和条約を締結し、もって両国間の関係を完全に正常化するため、今後の交渉を促進する」と述べた。これは実質的に、日ソ共同宣言で日本への引き渡しが約束されている歯舞・色丹の返還交渉と、東京宣言で帰属問題が争点となっている国後・択捉の返還交渉を並行して進める、いわゆる並行協議方式であった。

　こうした動きを封じるべく2003年1月、小泉純一郎首相は公式にロシアを訪問し、プーチン大統領との会談で政治対話、平和条約、治安・防衛などにおける密接な協力を掲げる「日露行動計画」に合意した。だがこの後、二島引き渡しは既定事項であり、四島の帰属の明確化が必要であるとする日本側と、二島引き渡しで最終決着であるとするロシア側の認識の相違が表面化した（木村2005）。このように、日ロ間では、声明や宣言が形成されては具体的な進展を見ずに終わるというサイクルが繰り返されてきたのである。

❸　安倍・プーチン交渉――繰り返される期待と幻滅

　安倍晋三首相は，就任（2012年12月）直後から北方領土問題の解決に意欲を表明していた。そして2013年4月，日本の首相として10年ぶりにロシアを公式訪問し，日ロ首脳レベルでのコンタクトを強化して，双方に受け入れ可能な平和条約問題を検討すること，2＋2（両国の外務・防衛担当大臣による会談の場）を立ち上げることなどで合意した。安倍首相はクリミア併合に対する対ロ制裁が行われるなかでも，平和条約交渉を続ける姿勢を示した。2016年5月6日にソチで行われた日ロ首脳会談では，平和条約締結交渉について，今までの発想にとらわれない「新しいアプローチ」で交渉を進めていくことで合意した。そして同年12月15～16日にはプーチン大統領が来日し，択捉島，国後島，色丹島および歯舞群島における共同経済活動の実施に向けた協議の開始等について合意した。この後，北方四島における共同経済活動の実施枠組みや墓参の問題を中心に両国間で協議が進められた。

　2018年9月12日には，ウラジオストックで開催された東方経済フォーラムに安倍首相が出席した。この時プーチン大統領は，「平和条約を締結しよう。しかし今ではなく，年末までに。いかなる前提条件もなしに締結しよう……その後，この平和条約を基盤として，友人として，すべての係争問題の解決を継続しよう」と述べた。ここへ来てロシア側は，国境線の画定や領土の返還に関する合意なしの平和条約締結を示唆し始めたのである。だが，日本側がこれに応じられるはずはなかった。11月14日，シンガポールでの日ロ首脳会談の後，安倍首相は記者会見で，「1956年共同宣言を基礎として，平和条約交渉を加速させる」ことで合意したことを明らかにし，ロシア側もこれを確認した。その後も外相級，次官級協議が重ねられ，平和条約や北方四島における共同経済活動，元島民の航空機墓参等に関する議論が継続された。

　他方，ロシア側は平和条約締結の敷居を高め始めた。「第二次世界大戦の結果」を日本が受け入れることが「あらゆる話し合いで不可分の第一歩」であるとする一方，日ソ共同宣言は，二島の引渡しの根拠および島が誰の主権下に置かれるかについて述べていないとの発言がなされるようになった。その後も，日ソ共同宣言を基礎として平和条約交渉を加速させるという言葉が幾度か繰り返されたものの，新型コロナウイルス感染症拡大の影響や安倍首相の退任によ

り交渉は尻すぼみとなった。2019年9月以降，対面での首脳会談は行われていない。

　さらにこの後，ロシアで憲法の修正が行われ，2020年7月4日に施行された。修正憲法には，第67条第2項1として，「ロシア連邦は，自らの主権および領土的一体性の擁護を保証する。ロシア連邦領土の一部の譲渡（отчждение）に向けた活動，ならびにそのような活動を呼び掛けることは認められない」との規定が新たに加わった。ただし，この規定は，隣国との境界画定，ならびに画定作業およびその再画定作業を例外としている（⇒第4章3）。

　日本では，この規定を受けて，平和条約締結交渉の先行きに関する悲観的な報道が相次いでなされた。他方，ロシア側は当初，この規定は日本との平和条約締結交渉を禁じるものではないと説明していた。だが，2022年3月21日，ロシア外務省は，ウクライナ情勢に対する日本政府の対応がロシアに対して明らかに非友好的であるとして，平和条約交渉を継続する意図を持たないことを声明した。

　こうした近年の平和条約交渉も成果なく終わった。さらに2021年以降は，国際社会の対ロ姿勢が急速に厳しさを増すなかで，日本の対ロ政策は再構築を迫られた。日本政府は，ロシアによるウクライナ侵略後，いち早くウクライナ支援と対ロ制裁に関与する姿勢を明確にした。2022年4月に公表された2022年版外交青書は，ロシアに関する記述を一変させ，北方領土が「不法占拠」されたことを明記するとともに，日ロ関係の発展を重視する記述を削除した。国際秩序の根幹を揺さぶるウクライナ侵攻を受け，ロシアとの交渉を継続することは困難であるとの認識である。ロシア・ウクライナ戦争の行方はまだ定かではないが，ロシアが国際社会に再び迎え入れられるまでには，一定の年月を要することになろう。平和条約締結交渉がさらに先送りされ，境界未画定の時代が当面続くことを覚悟しつつ，どのような条件のもとに平和条約の締結が可能になるか，しっかりとした議論を積み重ねておく必要がある。

📖 📽 おすすめ文献・映画

① 　司馬遼太郎（2004）『坂の上の雲（第1～6巻）』文藝春秋。
　　明治維新を成功させて近代国家として歩み出し，日露戦争勝利に至るまでの勃興期の明治日本を描いた小説。2009年から2011年にかけてNHKがスペシャル大河としてドラマ化し

ており，DVD でも販売されている。

②　長谷川毅（2006）『暗闘——スターリン，トルーマンと日本降伏』中央公論新社。
　　　太平洋戦争の終結過程に関する国際関係史。日本降伏をめぐるアメリカ，ソ連の外交・軍事的駆け引きや，決断できない日本の国内過程を，関係諸国の史料を用い緻密に描いている。

③　五百旗頭真・下斗米伸夫，A.V. トルクノフ・D.V. ストレリツォフ編（2015）『日ロ関係史——パラレル・ヒストリーの挑戦』東京大学出版会。
　　　日ロ両国の代表的な歴史家が，共同研究を積み重ね，双方の見解の相違を含めて紛争・不信・敵対と和解・信頼・友好の250年を描き出した，736頁にわたる共著。日ロ同時出版。

第**13**章　ロシアの軍事力と世界

　ソ連崩壊後，ロシアの軍事力は大幅に低下したが，もはや全く取るに足りない存在であると断ずることもできない。2014年から2015年の第１次ロシア・ウクライナ戦争や2015年以降のシリア介入において，ロシアは軍事力を行使して一定の政治的目的を達成することには成功し，2022年にはウクライナへの全面侵攻（第２次ロシア・ウクライナ戦争）に及んだ。

　このようなロシアの軍事力を評価・理解するために，本章では，①冷戦期との比較（時系列的アプローチ），②兵力や組織からみた現在のロシア軍（同時代的アプローチ），③世界のなかにおけるロシアの軍事力（相対的アプローチ）の３つの手法を採用した。以上により，ロシアの軍事力はもはや世界のなかで圧倒的ではないものの，膨大な核戦力，旧ソ連諸国に対する相対的な軍事的優位性，そして軍事力行使の目的が勝利にあるとは限らないという事実の３点から，ロシアの軍事力が無視しがたい効用を有するという図式を本章では描いた。

1　軍事力の成り立ち──ソ連時代からプーチン時代まで

1　冷戦期におけるソ連軍

　近代史上の多くの時期において，ロシア軍は欧州最大の軍隊であり続けてきた。この点はソ連時代も同様で，第二次世界大戦では，戦時動員によってその規模が1100万人以上にも達したことが知られている。戦後，ソ連軍の兵力は一時的に300万人ほどまで削減されたが，米ソ冷戦が顕在化すると再び兵力は増加傾向へと転じ，1980年代半ばには500万人以上を数えた。

　しかも，これは平時の兵力である。ソ連軍では欧州・中国正面に配備された精鋭部隊がＡ型（充足率90〜100％，常時即応）師団に指定される一方，これ以外はＢ型（充足率60〜80％，戦闘準備完了に要する期間１〜３日），Ｖ型（充足率25〜50％，戦闘準備完了に要する期間４〜10日），Ｇ型（充足率１〜10％，戦闘準備完了に要する期間11〜30日）といった低充足率師団とされていた。このうちのＶ型

およびＧ型師団は有事における予備役動員の受け皿（動員師団）という位置づけであり、有事には第二次世界大戦当時に匹敵する巨大な兵力を回復するという想定であった。

　これが冷戦期においてさえ破格に巨大な軍隊であったことは言うまでもない。例えば新冷戦と呼ばれた1980年代半ばの状況をみると、中国の人民解放軍が390万人、米軍が215万人、西ドイツが47万2000人というところであり、ソ連軍の量的優位は圧倒的であった。それゆえに北大西洋条約機構（NATO）は、仮に欧州有事が発生した場合、ソ連を中心とするワルシャワ条約機構軍に通常戦力で対抗することは困難であり、早期の戦術核兵器使用を念頭に置いた柔軟反応戦略を採用せざるをえなかったのである。

❷　新生ロシア軍の多難な船出

　ソ連崩壊後、ロシア政府は各国に駐留する旧ソ連軍部隊を独立国家共同体（CIS）統一軍として自国の管理下に置くことを試み、モスクワに CIS 統一軍司令部を設置したものの、各国はこれを受け入れなかった。この結果、ロシアの独自軍として1992年５月７日に設立されたのがロシア連邦軍（Вооруженные силы Российской Федерации）である。

　ロシア軍の兵力は当初、272万人とされ、旧ソ連軍の兵力の約半分に相当した。また、ソ連各地に配備されていた核兵器の継承権は唯一ロシアのみにあるとの合意が旧ソ連諸国との間で結ばれ、1990年代中にはすべての核兵器がロシアへと移送されるか、あるいは破棄された。この意味では、ソ連崩壊後もロシアは少なからぬ軍事力を保有する軍事大国としての地位を保ったことになる。

　しかし、新生ロシア軍の船出は多難であった。ソ連軍の精鋭部隊は西側諸国との旧国境線付近やアフガニスタン・中国に面する中央アジア部に多く配備されており、これらが軒並み失われてしまったことがその第１点である。第２に、深刻な経済難に見舞われたロシアはもはや272万人もの兵力を維持するための財政能力を持たず、兵器の更新、訓練活動、軍人の生活に困難をきたすようになった。第３に、冷戦後の世界でロシア軍にどのような役割を果たさせるのかという社会的合意がなかなか形成されなかった。軍は冷戦後も旧西側諸国を敵視する傾向が強く、引き続き大規模な軍事力を保持することにこだわった

のに対し，リベラル派は旧西側の脅威は差し迫ったものではないとして軍事力の縮小や徴兵制の廃止を主張した。この結果，新たな軍事力像を描くことができないロシアは，敵を失ったままソ連時代と同様の大規模軍を抱え込み続けたが，予算不足から兵力はなし崩し的に縮小していき，装備の旧式化や訓練不足による練度の低下も進んだ（Herspring 2006）。

　第4に，ロシア軍の士気や規律は極端に悪化した。給料の未払いや第1次チェチェン戦争での苦戦によってロシア社会では徴兵忌避が常態化し，契約軍人（志願兵）の募集もままならなくなった。この結果，軍隊は貧困層や前科者ばかりで構成されるようになり，新兵いじめやこれを苦にした自殺，麻薬・アルコール汚染，汚職（兵器や燃料の横流し等）が横行するようになったのである（Webber and Zilberman 2006）。

❸　プーチン政権下におけるロシア軍

　状況が大きく変化したのは，2000年にプーチン政権が成立して以降のことであった。この頃からロシア経済は国際的な資源価格の高騰で高度成長期に入り，国防予算も年々増加していった（図13-1）。また，プーチンは冷戦後の現実に軍事力を合わせるべきだというリベラル派の主張に一定の理解を示した。徴兵制の廃止や兵力の大幅削減（2000年当時の120万人から60～80万人程度へ）は軍の強硬な反対によって貫徹できなかったものの，徴兵期間は従来の2年間から1年半へと短縮され，代わりに契約軍人を増加させることを定めた「契約軍人移行プログラム」が2003年に採択された。

　また，この「契約軍人移行プログラム」において，徴兵を戦地に送らないことが定められたことは少なからぬ意義を持つ。これによって徴兵は事実上，常備兵力にカウントされなくなり，将来の予備役動員に備えた基礎軍事訓練基盤とでもいった位置づけに変化したからである。その後も徴兵が戦場に投入されるという事例がなくなったわけではないが，発覚するたびに一種の政治問題化している。

　さらに2007年，プーチンは，軍との関わりが薄いセルジュコフを国防相に任命し，軍改革を加速させた。ここでの焦点となったのは，軍のコンパクト化と質的改善である。兵力を120万人から100万人ちょうどへと削減すること，軍の

図13−1　プーチン政権下における国防費の増加状況（単位：10億ルーブル）

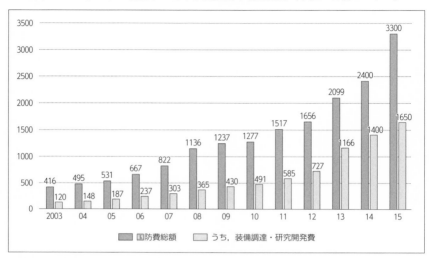

出典：Центр анализа стратегий и технологий (2015) *Государственные программы вооружения Российской Федерации: проблемы исполнения и потенциал оптимизации*, 12.

　部隊数を大幅に削減する代わりに残った部隊には定数通りの兵士を配属して常時即応化すること，高級将校を半減させること，約1万人から成る師団をほぼすべて廃止して定数3500〜4500人程度の旅団へと改編することなどがその目玉とされた。これは旧西側との大規模戦争を想定した軍事力から訣別し，より蓋然性の高い対テロ戦争や局地紛争に迅速に対処できる能力へと転換することを意図したものであった。「ピョートル大帝が近代軍を設立して以来の大改革」などと評されたのはそれゆえである。また，この時期の軍改革では各軍管区に統合戦略コマンド（OSK）の地位が付与され，従来はモスクワの陸海空軍総司令部が別々に指揮していた兵力を西部・南部・中央・東部の4個コマンドが指揮するという統合運用体制も導入されている。さらに2008年には徴兵期間がさらに短縮されて1年ちょうどとなった。

　しかし，2014年の第1次ロシア・ウクライナ戦争によって欧米との軍事的対立が激化すると，ロシアの軍事態勢には変化が生まれる。兵力自体は100万人のままとしつつ，師団が復活し，特にNATO加盟国を睨む西部軍管区に重点

的に配備されるようになったのである。軍の演習も様変わりし，従来は「対テロ戦争演習」などとされていたものが，NATOとの大規模戦争を想定した訓練が中心に据えられるようになっていった（小泉 2021）。また，2017年11月には大統領令によってロシア軍の総兵力が100万人から101万3628人へとやや増加したが，わずかとはいえロシア軍の定数が増加に転じたのはこれが冷戦後で初めてのことであった。

2　ロシア軍の兵力と組織

　今度は，現在のロシア軍について概観してみたい。とはいえ，2022年2月に勃発した第2次ロシア・ウクライナ戦争によってロシアの軍事態勢は大きな影響を被ったと考えられ，しかもその実態は不透明である。そこで，ここではとりあえず，開戦直前の段階におけるロシア軍を対象とした。

1　兵　力

　まず兵力である。2021年12月の国防省拡大幹部評議会におけるショイグ国防相報告では，ロシア軍の充足率が92％であることが明らかにされた。すでに述べたように，この時点におけるロシア軍の定数は101万3628人であったから，単純計算すればロシア軍の実勢は93万人強ということになる。英国際戦略研究所（IISS）の年鑑『ミリタリー・バランス』も2010年代末以降，ロシア軍の兵力が90万人ちょうどであるという評価を維持しており，このあたりがロシア軍の実勢であると考えてよいだろう。

　その内訳は，職業軍人である将校，有給で勤務する任期制の契約軍人，国民の義務として勤務する徴兵（現在の徴兵期間は12ヶ月）で構成される。このうち最も具体的な数字が明らかになっているのは徴兵であり，毎年春と秋に大統領令で徴兵数が指定される。2021年の場合はこれが26万1500人（春季徴兵13万4000人，秋季徴兵12万7500人）であったが，一部は準軍事部隊（後述）にも配属されるため，ロシア軍向けは20万人台前半とみられる。契約軍人の数は2020年に40万5000人に達したことが報告されて以来，具体的な数字が明らかにされていないが，2020年には「徴兵の倍に達した」とのショイグ発言があった。これを信

じるならば，契約軍人は50万人弱程度と考えられよう。将校についてはセル
ジュコフ時代の改革でいったん15万人まで定数が削減され，後に22万人まで増
員されたという経緯がある。2020年の国防省拡大幹部評議会ではその充足率が
96％とされているため，単純計算では21万人ほどになるはずである。

❷　組織構成

　組織面からみると，ロシア軍は3つの軍種，2つの独立兵科，そして国防省
や参謀本部の直轄部隊によって構成される。軍種の内訳は陸軍（SV），海軍
（VMF），航空宇宙軍（VKS）であり，諸外国でいう陸海空軍に概ね相当する。
　一方，独立兵科というのはロシアに特有の制度で，本来は軍種の一部を成す
兵科がその戦略的重要性ゆえに独自の司令部を保有し，大統領を長とする最高
司令部の直轄下で運用される（ただし，軍種の司令官や司令部が「総司令官」，「総
司令部」と呼ばれるのに対し，独立兵科の場合は「総」が付かない）。大陸間弾道ミ
サイル（ICBM）を運用する戦略ロケット部隊（RVSN）と空中機動部隊である
空挺部隊（VDV）がこれに相当する。国防省の管轄下には兵站支援組織が置か
れ，鉄道部隊（ZhDV），パイプライン部隊，道路部隊，物資装備補給部隊
（MTO）などを含む。最後に，参謀本部の直轄部隊としては，情報総局の偵
察・破壊工作部隊である特別任務部隊（スペツナズ）と特殊作戦群（SSO）が置
かれている。それぞれの兵力は明らかにされていないが，前述の『ミリタリー
バランス』2022年度版は次の**表13-1**のように見積もっている。

❸　指揮系統

　セルジュコフ改革によって，ロシア軍の作戦指揮は，各軍管区を基礎とする
OSKによって担われることになった。各OSKがフォースユーザーとして各担
任地域内の陸海空軍部隊を統合指揮するというのが現在のロシア軍における基
本的な指揮系統である。従来，軍管区／OSKは西部・南部・中央・東部の4
個であったが，近年では西部軍管区の一部であった北方艦隊が独立の軍管区の
地位を付与され，5個軍管区／OSKとなっている。一方，各軍種の総司令部
は作戦指揮を直接担うのではなく，装備行政や訓練の方針などを決定する
フォースプロバイダーと位置づけられるようになった。また，各軍管区／

表13-1　ロシア軍の組織構成と兵力

軍種	陸　軍	28万人
	海　軍	15万人
	航空宇宙軍	16万5000人
独立兵科	戦略ロケット部隊	5万人
	空挺部隊	4万5000人
その他	特殊作戦軍	1000人
	鉄道部隊	2万9000人
	指揮・支援要員	18万人

出典：The International Institute for Strategic Studies（2022）*The Military Balance 2022*, 192. より筆者作成。

OSK は国防省が直轄する兵站支援組織もその指揮下に置く。他方，独立兵科が最高司令部の直轄下で運用されることはすでに述べたとおりである。

　これよりも上位のレベルにおいては，参謀本部の一部である国家防衛指揮センター（NTsUO）が軍種／独立兵科や軍管区／OSK の垣根を越えた戦略レベルの統合指揮機能を有している。同センターは情勢分析や軍・軍需産業の活動監督，通常戦力の指揮，戦略核戦力の指揮の３つを主な任務としており，有事には準軍事部隊や地方自治体の活動調整も行う。したがって，参謀本部は純粋な参謀機関（分析・予測・作戦立案機関）に留まらず，事実上のロシア軍総司令部としての性格を有することがここから読み取れよう。

　セルジュコフ改革ではこうした司令部機能を参謀本部から剥奪し，参謀本部を純粋に戦略立案・分析機関化することが試みられたが，軍の強い反発によってこの構想は実現しなかった。さらに現在の国防法では参謀総長が国防相をバイパスして大統領に対する直接報告権を持つとされており，政軍関係上の軍の権限は非常に強い。

４　多様な準軍事組織

　ロシア軍は，ロシアの軍事力を構成する唯一の要素ではない。ソ連の場合には，国防省のソ連軍に加え，内務省が管轄する国内治安部隊である国内軍（VV），国家保安委員会（KGB）が管轄する国境警備隊（PS）の３つから軍事力

表13-2　ロシアの軍事力を構成する諸機関

国防に携わる機関	所属官庁	任　務	兵　力	備　考
ロシア軍	国防省（MO）	国防	約90万人	
国家親衛軍（VNG）の諸部隊	国家親衛軍庁（FS-VNG）	国防への関与	約34万人（うち軍事部隊約17万人）	2016年に内務省傘下の国内軍，機動隊等を基礎として設置
軍事救難部隊	国家非常事態省（MChS）	国防に関する個別の領域への関与	不明	国防省民間防衛部隊から独立
対外情報庁（SVR）			不明	旧国家保安委員会（KGB）からソ連崩壊後に独立
連邦保安庁（FSB）の諸機関	FSB		・特殊部隊約4000人 ・国境警備隊約16万人	
国家警護機関	連邦警護庁（FSO）		4-5万人	
ロシア連邦機関の動員準備を保障する連邦機関	大統領付属特別プログラム総局（GUSP）		不明	
軍事検察機関	連邦検察庁		不明	
連邦捜査委員会（SK）の軍事捜査機関	SK		不明	
戦時に設置される特別編成	平時の定めなし		平時の定めなし	

出典：ロシア連邦法「国防について」をもとに筆者作成。

が成っていた。このような軍事力の構成要素は多くの旧ソ連諸国に共通するものである。

　現在のロシアについて言えば，軍事力の構成は国防法によって**表13-2**のとおりとされている。ロシア軍についてはここまで詳しく述べてきたので割愛するが，これに次ぐ存在としては国家親衛軍（VNG）がある。内務省の国内軍と警察機構の治安部隊を統合して2016年に設立されたもので，装甲車や火砲などの重装備を保有し，総兵力は34万人に及ぶ。KGBの後継機関である連邦保安庁（FSB）も国境警備隊や対テロ特殊部隊を保有しており，これらに連邦警護庁（FSO）の重要施設防護部隊や諜報機関等を加えた総体が「ロシアの軍事力」を構成するというのが国防法の建て付けである。実際，国家親衛軍の部隊

は第２次ロシア・ウクライナ戦争にも投入されており，この点からもロシアの軍事力が多様な組織によって構成されていることが確認できよう。

3　世界のなかにおけるロシアの軍事力

1　主要国との比較

　次に，ロシアの軍事力を現在の世界各国と比較してみたい。『ミリタリー・バランス』によると，2022年時点で世界最大の軍隊は中国の人民解放軍であり，その総兵力は約203万人とされている。これに続くのはインド（146万人），米国（139万5000人），北朝鮮（128万人）であり，約90万人のロシア軍は世界第５位ということになる。依然としてロシアの軍事力は世界有数の規模ではあるものの，かつてのソ連軍のように圧倒的な存在ではなくなった。

　さらにこの点を，ロシアの仮想敵との比較において検討してみたい。ロシアの安全保障政策は「ロシア連邦国家安全保障戦略」（現行バージョンは2021年公表）によって規定されており，その下位文書としては軍事政策の指針である「ロシア連邦軍事ドクトリン」（同2014年公表）が策定されている。両文書において，米国をはじめとする西側諸国は脅威そのものではないものの，脅威に転化しうる「軍事的危険性」と位置づけられており，特にNATOの東方拡大やロシア近傍への軍事インフラの配備，ミサイル防衛の推進等が問題であるとされている。2022年の第２次ロシア・ウクライナ戦争によって西側の軍事的対立がかつてなく先鋭化し，NATOの新たな「戦略概念」がロシアを明確に脅威と位置づけたことを考えるならば，ロシアの軍事力はまず，西側との相対的比較において評価されねばならない。

　しかし，NATO軍の総兵力は欧州側加盟国だけでも180万人以上に及び，有事にはここに大規模な米軍の増援が加わる。わずか90万人に過ぎないロシア軍の劣勢は明らかであろう。また，世界最大の国土を持ち，シリアや中央アジアにも軍事プレゼンスを持つロシアは，限られた兵力をユーラシアの全域に分散配備せざるをえず，欧州正面に展開させられる分はさらに少なくなるという弱点を抱える。

　状況は極東においてさらに悪化する。前述した各種政策文書はロシア極東部

において明確な脅威認識を示していないが，ロシア軍は伝統的に中国を潜在的
な脅威とみなす傾向が強く，このほかには日米同盟も過去の軍事演習では仮想
敵と位置づけられてきた。しかし，極東部にロシア軍が配備している地上兵力
は8万人程度というのが日本の『防衛白書』による評価であって，これは陸上
自衛隊の半分強，中国陸軍の12分の1程度に過ぎない。北東アジアにおいては
もはや最小の陸軍力しか持たない，というのが現在のロシアの立ち位置なので
ある。

　最後に，ウクライナ軍との比較も行っておこう。『ミリタリー・バランス』
によると，開戦前のウクライナ軍の兵力は約19万6000人であり，このほかに内
務省の治安部隊（国家親衛軍）6万人，国境警備隊4万2000人などの準軍事部
隊が存在していた。これは旧ソ連においてロシアに次ぐ第2位の兵力である。
しかも，ウクライナは開戦後，即応予備23万4000人を含む数十万人の一般市民
を軍に動員しており，2022年6月には総兵力100万人に達していた。そのすべ
てが正規軍並みの練度を持つわけではないとしても，これだけの兵力を持つウ
クライナに対して平時の兵力のまま戦争に突入したのだから，ロシアの苦戦は
ある意味で必然であったと言える。

❷　兵力増強と持続可能性

　プーチン大統領は2022年8月，2023年1月1日以降のロシア軍の定員を101
万3628人から13万7000人増加させ，115万628人とすることを命じる大統領令に
署名した。さらに翌9月21日，プーチン大統領は部分動員令を発令し，ウクラ
イナとの戦争のために30万人の一般市民を軍に召集した（のちにプーチン大統領
が述べたところによると，最終的な召集数は31万8000人に達した）。仮に開戦前の兵
力を90万人と見積もるならば，戦時下のロシア軍は定員数を大きく超えて120
万人以上に達していると考えられよう。

　これに加えて2022年12月には，ロシア軍の兵力を150万人に増強し，新たな
師団を増設したり，既存の旅団を師団へと大型化するとの方針がショイグ国防
相によって打ち出された。この方針は2023年1月にプーチン大統領によって承
認されたとショイグは述べており，併せてその達成期限が2026年とされたこと
が明らかにされた。これにより，ロシア軍の兵力は額面上，1990年代末の水準

を回復することになる。

　ただし，これだけの兵力をロシアが持続的に維持できるかどうかについては疑問符が付く。2022年の連邦予算における国防費は，当初，約3兆5100億ルーブル（2022年8月のレートで約8兆円），対GDP比では2.6％とされていた。その他の準軍事部隊向け予算や軍需産業向け補助金も含めた広義の軍事支出は4兆8550億ルーブル（同約11兆700億円），対GDP比では4.1％であるとストックホルム国際平和研究所によって見積もられており（2021年度），第2次ロシア・ウクライナ戦争開戦前からかなりの高負担傾向であったことが読み取れよう。つまり，101万人強の定数に対する実勢が90万人であったという事実は，平時のロシアの財政能力で維持できる兵力の上限がこの程度であったことを意味する。

　ところが，開戦後の補正によって，2022年のロシアの国防費は4兆6787億ルーブルと当初の計画より1兆5600億ルーブルも増加した。これは動員と戦費によって軍事負担が膨れ上がっていることを示唆する。2023年の国防費は4兆9816億ルーブル（対GDP比3.3％）が予定されており，兵力を150万人まで増加させるならばさらなる増額も予想される。

　膨張する軍事負担に，ロシア経済はどれだけ耐えられるのだろうか。この点は，戦争の推移とロシア経済の今後に大きくかかってこよう。仮に戦争が長期化すれば，ロシアはかなりの期間にわたって大規模な兵力を抱え込まざるをえないだろうし，比較的早期に停戦できれば動員を解除して軍事負担を軽減することが可能になる。また，ロシア経済が2000年代のような高度成長を再び遂げることはもとより困難であるとしても，G7諸国を中心として実施されている経済制裁がいつまで続き，どの程度の効果を発揮するのかは，やはりロシアの軍事力を支える財政能力に影響するはずである。

❸　軍事技術の独立性

　ロシアの軍事力に関する将来像を展望するうえでは，軍事技術も重要なファクターとなる。ロシアは艦艇・航空機・戦闘車両といった軍用装備品をほぼ国産で賄うことができているが，その部品やコンポーネント（特に電子部品等のハイテク製品）はかなりの程度外国に依存してきた。ロシアのウクライナ侵略

後，英防衛研究所（RUSI）が行った調査によると，戦場で鹵獲されたロシア製兵器27種類からは米国，日本，台湾，韓国，スイス，オランダ，英国，フランス，ドイツ製のマイクロエレクトロニクス機器450品目が発見されており，ロシアの軍事力はもはや国際的なサプライチェーンなしでは成立しえないことが確認できる（Byrne et al. 2022）。したがって，経済制裁と並行して西側が進めてきた技術制裁がどこまで維持・拡大されるのかは今後の大きな焦点となろう。

　例えば，ロシアが今後とも西側から機微技術を遮断され続けた場合，ロシアの兵器生産が悪影響を受けることは確実である。こうなると，第2次ロシア・ウクライナ戦争でダメージを受けた軍事力を再建したり，外貨獲得のための兵器輸出は著しく困難になるはずである。また，それでもロシアが独自の兵器生産能力を維持しようとするならば中国との協力が有力な選択肢となろうが，これはロシアの中国に対する立場を大きく弱体化させる可能性が高い。2010年代移行，中国はもはやロシア製兵器への依存からほぼ脱却しており，ここでロシアが中国の技術に依存するとなれば，近代以降で初めて中国が軍事技術面でロシアに対して優位に立つという転機が訪れることになる。

4　それでも軍事大国であり続けるロシア

　以上でみてきたように，現代世界におけるロシアの軍事力はソ連時代のように圧倒的なものではなくなっており，第2次ロシア・ウクライナ戦争を契機としてさらに低下することさえ予期される。しかし，そうであっても，ロシアの軍事力は今後とも無視できない存在であり続けるだろう。主な理由は次の3点である。

■1　核戦力と核戦略思想

　ロシアは現在も世界最大の核戦力を保有している。戦略核戦力はICBM310基，弾道ミサイル原潜（SSBN）11隻，戦略爆撃機68機と米国に次ぐ規模（搭載弾頭数の合計は2600発弱）であり，戦術核兵器を含めた非戦略核戦力は核弾頭数にして1900発強にも及ぶというのが米国科学者連盟の推定である。通常戦略が

弱体化しても依然としてロシアは核超大国なのであって，そうであるがゆえに
ロシアは装備調達計画においても常に核戦力を最優先項目としてきた。戦略核
戦力が失われない限り，西側はロシアとの全面戦争を回避せざるをえないし，
万一そのような事態に至った場合にはロシアが戦術核兵器を大規模使用する可
能性が排除できない。言い換えるならば，ロシアの軍事力は西側に対して勝利
するには不十分であるが，抑止力としては十分なものであり続けている。

　また，1990年代以降のロシアでは，より限定的な形で核兵器を先行使用する
ことを想定した核戦略が議論されてきた。米国等で「エスカレーション抑止の
ためのエスカレーション（E2DE：Escalate to de-escalate）」と通称されるこの核
戦略思想は，ロシアが通常戦争で劣勢となった場合，決定的な敗北を喫する前
に停戦を強要することを目的としている。具体的には，核兵器を限られた目標
にだけ使用したり，あるいは全くの無人地帯等に使用することで「警告射撃」
としての機能を果たさせ，ロシアにとって受け入れ可能な条件で戦闘を停止さ
せるというものである（Fink and Kofman 2020；Fink et al. 2020）。

　このような積極核使用戦略をロシアが本当に採用しているのかどうかは定か
ではない。少なくとも前述の「ロシア連邦軍事ドクトリン」が謳う核使用基準
はこうしたケースについて一切言及しておらず，のちに公表された「核抑止分
野におけるロシア連邦国家政策の基礎」（2020年公表）でも一般論として触れら
れているのみ（ロシア自身の核使用基準のなかには含まれていない）だからであ
る。ただ，積極核使用に関する思想がロシア軍の内部で長らく議論されてきた
ことと，実際にそれを実行可能な能力を有していることとを考えるならば，西
側諸国はロシアの核抑止力を一定程度考慮に入れざるをえなくなる。NATO
がウクライナでの戦争に直接介入できないのはもちろん，軍事援助にも一定の
制限を設けざるをえないことは，万一の核使用の可能性が抑止力として現に機
能していることを示す好例と言えよう。

２　旧ソ連諸国に対する相対的優位

　また，ロシアの軍事力は，旧ソ連諸国に対して相対的優位にある。ウクライ
ナがロシアに次ぐ旧ソ連第2位の兵力を有していることはすでに指摘したが，
第3位以下はいずれも10万人未満の小規模な軍隊しか保有していない。また，

ロシア軍の装備や練度はセルジュコフ時代の軍改革以来，旧ソ連諸国内では突出して優良であり，質的にも大きな優位性を持つ。

　この事実は，次の2つの方法で一定のパワーとして機能してきた。その第1は軍事的ソフト・パワーとでも呼ぶべきものであり，質量ともに弱体な旧ソ連諸国に対して集団防衛，平和維持，兵器，訓練等の軍事的利益を供与することがロシアに対する求心力となってきた。ロシアを除いた旧ソ連14ヶ国のうち5ヶ国がロシアと軍事同盟を結んでおり，さらに多くの国がロシアからの兵器購入や合同軍事演習を行っていることを考えれば，この種の軍事的ソフト・パワーは侮り難いものがある。

　ただし，2020年のアルメニアとアゼルバイジャンの紛争（第2次ナゴルノ・カラバフ紛争）において，ロシアは相互防衛義務を結ぶアルメニアを軍事支援せず，あくまでも調停者として振る舞おうとした。このように，ロシアの軍事的ソフト・パワーはしばしば同国の地政学的利害の影響を受けるため，その信憑性には疑問が呈されることも少なくない。

　一方，第2の方法は軍事力による威圧や公然たる軍事力行使といったハード・パワーである。2022年の第2次ロシア・ウクライナ戦争は，その最も顕著な事例と言えよう。しかもロシアは開戦の前後，戦略核部隊に大規模な演習を行わせたり，その警戒態勢を上昇させるなどして，あからさまな核の恫喝を行った。つまり，核抑止力によって西側の介入を制止しつつ，ウクライナに対してはハード・パワーを行使するというのがロシアの戦略であった。

　問題は，ウクライナが戦時体制を導入することでロシアを上回る兵力を短期間で動員したこと，そして西側が（ロシアの核恫喝にもかかわらず）一定の軍事援助をウクライナに対して実施したことである。この結果，ロシアはウクライナに対する通常戦力の相対的優位を十全に発揮することができず，戦争は長期化の様相を呈している。

❸　軍事力の効用に関する多元性

　最後に，ロシアの軍事力行使は，必ずしも勝利を目的とするとは限らない。

　2014年の第1次ロシア・ウクライナ戦争では，ロシアはウクライナを軍事的に打倒しようとせず，一定の軍事的成果を挙げたところで自国に有利な停戦合

意を受け入れさせるという戦略をとった。第2次ロシア・ウクライナ戦争においても，勝利できないならば紛争状態を長引かせ，ウクライナの疲弊を待つとか，停戦と引き換えにロシアの望む政治的合意（ゼレンシキー政権の退陣や非武装化，中立化等）を強要することは考えられよう。

　また，ロシアは，情報戦やサイバー戦といった多様な闘争手段を駆使したり，非国家主体などの軍以外の主体を動員することで，いわゆるハイブリッド戦争を展開する能力を持つ。この点からしても，ロシアの軍事的能力は狭義の軍事力のみによっては理解できない（Jonsson 2019；Fridman 2018；Thomas 2016）。

　ロシアが国家としての極めて大きな耐性を有していることも無視できないだろう。ロシアは世界最大の国土を戦略縦深（状況を好転するための時間を稼ぎ出すために活用しうる地理的広がり）として用いることができるうえに，エネルギー資源や食料の自給率も高く，長期の戦争に耐える能力は非常に高い。

　もはやロシアは大戦争に勝てる国ではないかもしれないが，かといって容易に敗北することは考えにくく，しかも軍事力を使って混乱を引き起こす能力を持ってもいる——ロシアが見通しうる将来においても軍事大国であり続けると考えられる所以である。

📖🎦 おすすめ文献・映画

①スコット，ハリエット・F.／ウィリアム・F. スコット（乾一宇訳）（1986）『ソ連軍——思想・機構・実力』時事通信社。

　ロシアの軍事力について理解するためには，その前身であるソ連軍について知ることが欠かせない。本書は英語圏におけるスタンダードなソ連軍についての概説書の翻訳である。

②乾一宇（2011）『力の信奉者ロシア——その思想と戦略』JCA出版。

　ソ連崩壊後のロシア軍がどのように軍事力を立て直そうしてきたのか，その背後にある軍事戦略は如何なるものであるのかを自衛隊で長年ロシア研究に携わってきた著者が解説したもの。日本語によるロシア軍研究としては必読文献の1つと言える。

③小泉悠（2021）『現代ロシアの軍事戦略』筑摩書房。

　2010年代になってから，ロシアの軍事思想には大きな変化が生まれた。非軍事手段の活用によって古典的な武力闘争とは異なる闘争が可能なのではないかという考え方がそれである。本書ではその理論的動向と軍事戦略への波及などについて論じられている。

引用・参考文献

【欧 文】

Adachi, Yuko (2009) "Subsoil Law Reform in Russia under the Putin Administration," *Europe-Asia Studies*, 61 (8): 1393-1414.

Adamsky, Dmitry (2019) *Russian Nuclear Orthodoxy, Religion, Politics, and Strategy*, Stanford: Stanford University Press.

Allison,Graham, Hiroshi Kimura and Konstantin Sarkisov (1992) *Beyond Cold War to Trilateral Cooperation in the Asia-Pacific Region*, Cambridge, Ma: Harvard University Press.

Anderson, John (2015) *Conservative Christian Politics in Russia and the United States: Dreaming of Christian Nations*, London: Routledge.

Barany, Zoltan (2007) "Superpresidentialism and the Military: The Russian Variant," *Presidential Studies Quarterly*, 38 (1): 14-38.

Blakkisrud, Helge (2018) "Russkii as the New Rossiiskii? Nation-Building in Russia After 1991," *Nationalities Papers*, 1-16.

Brown, Archie (1997) *The Gorbachev Factor*, Oxford: Oxford University Press（小泉直美・角田安正訳（2008）『ゴルバチョフ・ファクター』藤原書店）.

Byrne, James Gary Somerville, Joe Byrne, Jack Watling, Nick Reynolds and Jane Baker (2022) *Silicone Lifeline* , RUSI, https://static.rusi.org/RUSI-Silicon-Lifeline-final-updated-web_1.pdf (Retrieved 1 October 2011).

Caspersen, Nina (2012) *Unrecognized States: The Struggle for Sovereignty in the Modern International System*, Malden: Polity press.

Chaisty, Paul (2006) *Legislative Politics and Economic Power in Russia*, Basingstoke: Palgrave Macmillan.

Chaisty, Paul (2012a) "Business Representation in the State Duma," Lena Jonson and Stephen White (eds.), *Waiting for Reform under Putin and Medvedev*, Basingstoke: Palgrave Macmillan, 140-158.

Chaisty, Paul (2012b) "The Federal Assembly and the Power Vertical," Graeme Gill and James Young (eds.), *Routledge Handbook of Russian Politics and Society*, Abingdon: Routledge, 92-101.

Cook, Linda J. (2007) *Postcommunist Welfare States: Reform Politics in Russia and Eastern Europe*, Ithaca and London: Cornell University Press.

Curanović, Alicja (2014) *The Religious Factor in Russia's Foreign Policy*, London and New York: Routledge.

D'Anieri, Paul (2019) *Ukraine and Russia: From Civilized Divorce to Uncivil War*, Cambridge: Cambridge University Press.

Dusseault, David, Martin Hansen and Slava Mikhailov (2005) "The Significance of Economy in the Russian Bi-lateral Treaty Process," *Communist and Post-Communist Studies*, 38 (1): 121-130.

Elkins, Zachary, Tom Ginsburg and James Melton (2009) *The Endurance of National Constitutions*, Cambridge; New York: Cambridge University Press.

Fink, Anya and Michael Kofman (2020) *Russian Strategy for Escalation Management: Key Debates and Players in Military Thought*, Washington D.C.: CNA Corporation.

Fish, Steven M. (2000) "The Executive Deception: Superpresidentialism and the Degradation of Russian Politics," Valerie Sperling (ed.) *Building the Russian State: Institutional Crisis and the Quest for Democratic Governance*, Boulder, Co.: Westview Press, 177-192.

Fortescue, Stephen (2009) "The Russian Law on Subsurface Resources: A Policy Marathon," *Post-Soviet Affairs*, 25(2): 160-184.

Frantz, Erica (2018) *Authoritarianism: What Everyone Needs to Know*, Oxford: Oxford University Press(上谷直克・今井宏平・中井遼訳(2021)『権威主義——独裁政治の歴史と変貌』白水社).

Fridman, Ofer (2018) *Russian 'Hybrid Warfare': Resurgence and Politicisation*, London: C. Hurst & Co. Ltd.

Frye, Timothy, and Andrei Shleifer (1997) "The Invisible Hand and the Grabbing Hand," *American Economic Review*, 87(2): 354-358.

George A. Lensen (1972) *Strange Neutrality: Soviet-Japanese Relations During the Second World War1941-1945*, Diplomatic PR Research.

Gill, Graeme (2013) "Political Symbolism and the Fall of USSR," *Euro-Asia Studies*, 65(2): 244-263.

Hale, Henry (2006) *Why Not Parties in Russia: Democracy, Federalism, and the State*, New York: Cambridge University Press.

Hale, Henry E. (2018) "How Nationalism and Machine Politics Mix in Russia," Pål Kolstø and Helge Blakkisrud (eds.), *The New Russian Nationalism: Imperialism, Ethnicity and Authoritarianism 2000-15*, Edinburgh: Edinburgh University Press, 221-248.

Hale, Henry E. and Marlene Laruelle (2020) "Rethinking Civilizational Identity from the Bottom Up: A Case Study of Russia and a Research Agenda," *Nationalities Papers*, 48(3): 585-602.

Hellman, Joel, Geraint Jones and Daniel Kaufmann (2000) "Seize the State, Seize the Day: State Capture, Corruption and Influence in Transition," *World Bank Policy Research Working Paper*, no. 2444.

Herspring, Dale R. (2006) *The Kremlin and the High Command: Presidential Impact on the Russian Military from Gorbachev to Putin*, Kansas: Kansas University Press.

Jonsson, Oscar (2019) *Russian Understanding of War: Blurring the Lines between War and Peace*, Washington D.C.: Georgetown University Press.

Kelly, Donald R. (2016) *Russian Politics and Presidential Power: Transformational Leadership from Gorbachev to Putin*, Los Angeles: CQ Press.

Kofman, Michael, Anya Fink, Jeffrey Edmonds (2020) *Russian Strategy for Escalation Management: Evolution of Key Concepts*, Washington D. C.: CNA Corporation.

Kolstø, Pål (2016) "The Ethnification of Russian Nationalism," Pål Kolstø and Helge Blakkisrud (eds.), *The New Russian Nationalism: Imperialism, Ethnicity and Authoritarianism 2000-15*, Edinburgh: Edinburgh University Press: 18-45.

Laruelle, Marlene (2021) *Is Russia Fascist? Unraveling Propaganda East and West*, Cornell: Cornell University Press (浜由樹子訳 (2022)『ファシズムとロシア』東京堂出版).

Laruelle, Marlene, Ivan Grek, and Sergey Davydov (2023) "Culturalizing the Nation: A Quantitative Approach to the Russkii/Rossiiskii Semantic Space in Russia's Political Discourse," *Demokratizatsiya: The Journal of Post-Soviet Democratization*, 31(1): 3-28.

Ledeneva, Alena (1998) *Russia's Economy of Favours: Blat, Networking and Informal Exchange*, Cambridge: Cambridge University Press.

Leffler, Malvin and Odd Arne Westad (eds.) (2010) *The Cambridge History of the Cold War, vol. 1-3*, Cambridge: Cambridge University Press.

Libman, Alexander (2016) *Consequences of Informal Autonomy : the Case of Russian Federalism*, Frankfurt: Peter Lang Edition.

Maness, Ryan C. and Brandon Valeriano (2015) *Russia's Coercive Diplomacy: Energy, Cyber, and Maritime Policy as New Sources of Power*, London: Palgrave Macmillan UK.

Matveeva, Anna (2022) "Donbas: the Post-Soviet Conflict that Changed Europe," *European Politics and Society*, 23(3): 410-441.

McFaul, Michael (2020) "Putin, Putinism, and the Domestic Determinants of Russian Foreign Policy," *International Security*, 45(2): 95-139.

McMahon, Robert J. (2003) *The Cold War: A Very Short Introduction*, Oxford: Oxford University Press (青野利彦監訳 (2018)『冷戦史』勁草書房).

Nagashima, Toru (2019), "Russia's Passportization Policy toward Unrecognized Republics", *Problems of Post-Communism*, 66(3): 186-199.

Noble, Ben (2017) "Amending Budget Bills in the Russian State Duma," *Post-Communist Economies*, 29(4): 505-522.

Noble, Ben (2019) "Parliamentary Politics in Russia," Richard Sakwa, Henry E. Hale, and Stephen White (eds.), *Developments in Russian Politics 9*, London: Red Globe Press, 54-66.

Noble, Ben (2020) "Authoritarian Amendments: Legislative Institutions as Intraexecutive Constraints in Post-Soviet Russia," *Comparative Political Studies*, 53(9): 1417-1454.

Noble, Ben and Ekaterina Schulmann (2018) "Not Just a Rubber Stamp: Parliament and Lawmaking," Daniel Treisman (ed.), *The New Autocracy: Information, Politics, and Policy in Putin's Russia*, Washington D. C.: Brookings Institution Press (Kindle ed.).

OECD (2004) *OECD Economic Surveys: Russian Federation*, Paris, OECD.

Ogushi, Atsushi (2016) "Executive Control over Parliament and Law-Making in Russia: The Case of the Budget Bills,"『法學研究——法律・政治・社会』89(3): 276-292.

Papkova, Irina (2009) *The Orthodox Church and Russian Politics*, Oxford: Oxford University Press.

Ploss, Sidney (2010) *The Roots of Perestroika : The Soviet Breakdown in Historical Context*, Jefferson: McFarland.

Protsyk, Oleh (2004) "Ruling with Decrees: Presidential Decree Making in Russia and

Ukraine," *Europe-Asia Studies*, 56(5): 637-660.

Remington, Thomas (2006) "Presidential Support in the Russian State Duma," *Legislative Studies Quarterly*, 31(1): 5-32.

Remington, Thomas (2008) "Patronage and the Party of Power: President-Parliament Relations under Vladimir Putin," *Europe-Asia Studies*, 60(6): 959-987.

Remington, Thomas (2010) "Parliamentary Politics in Russia," Stephen White, Richard Sakwa and Henry Hale (eds.), *Developments in Russian Politics 7*, Basingstoke: Palgrave Macmillan, 43-61.

Remington, Thomas (2014) *Presidential Decrees in Russia: A Comparative Perspective*, New York: Cambridge University Press.

René, De La Pedraja (2019) *The Russian Military Resurgence: Post-Soviet Decline and Rebuilding, 1992-2018*, North Carolina: McFarland & Company, Inc., Publishers.

Renz, Bettina (2018) *Russia's Military Revival*, Milwankee: Cambridge: Polity.

Reuter, John Ora (2017) *The Origins of Dominant Parties: Building Authoritarian Institutions in Post-Soviet Russia*, Cambridge University Press.

Roberts, Andrew (2009) "The Politics of Constitutional Amendment in Postcommunist Europe," *Constitutional Political Economy*, 20(2): 99-117.

Roberts, Sean (2012) *Putin's United Russia Party*, New York and Abingdon: Routledge.

Roznai, Yaniv (2017) *Unconstitutional Constitutional Amendments: The Limits of Amendment Powers*, Oxford: Oxford University Press (山元一・横大道聡監訳 (2021)『憲法改正が「違憲」になるとき』弘文堂).

Rutland, Peter (2010) "The Presence and Absence: Ethnicity Policy in Russia," Julie Newton and William Tompson (eds.), *Institutions, Ideas and Leadership in Post-Soviet Russia*, London: Palgrave Macmillan, 116-136.

Sakwa, Richard (2008) *Russian Politics and Society*, Fourth edition, Abingdon: Routledge.

Sakwa, Richard (2021) *Russian Politics and Society*, Fifth edition, London: Routledge.

Sergunin, Alexander (2016) *Explaining Russian Foreign Policy Behavior: Theory and Practice*, Stuttgart: Ibidem-Verlag.

Shevel, Oxana (2012), "The Politics of Citizenship Policy in Post-Soviet Russia", *Post-Soviet Affairs*, 28(1): 111-147.

Shugart, Matthew S. and Stephan Haggard (2001) "Institutions and Public Policy in Presidential Systems," Stephan Haggard and Mathew D. McCubbins (eds.), *Presidents, Parliaments, and Policy*, Cambridge: Cambridge University Press, 64-102.

Smith, Gordon B. (2015) "The Russian Constitution," Graeme Gill and James Young (eds.), *Routledge Handbook of Russian Politics and Society*, London: Routledge: 71-80.

Smith, Kathleen E. (2002) *Mythmaking in the New Russia: Politics & Memory during the Yeltsin Era*, Ithaca and London: Cornell University Press.

Söderlund, Peter (2003) "The Significance of Structural Power Resources in the Russian Bilateral Treaty Process 1994-1998," *Communist and Post-Communist Studies*, 36(3): 311-324.

Stulberg, Adam (2007) *Well-Oiled Diplomacy: Strategic Manipulation and Russia's Energy Statecraft in Eurasia*, Albany: State University of New York Press.

Thomas, Timothy L. (2016) *Thinking like a Russian Officer: Basic Factors and Contemporary Thinking on the Nature of War*, Fort Leavenworth: FMSO.

Tishkov, Valery (2009) "What Are Russia and the Russian People?," *Russian Politics & Law*, 47(2): 30–59.

Treisman, Daniel (2007) "Putin's Silovarchs," *Orbis*, 2007, 51(1):141–153.

Webber, Stephen L. and Alina Zilberman (2006) "The Citizenship Dimension of the Society-Military Interface," Stephen L. Webber and Jennifer G. Mathers, *Military and Society in Post-Soviet Russia*, Manchester and New York: Manchester University Press.

Westad, Odd Arne (2017) *The Cold War: A World History*, London: Allen Lane (益田実監訳, 山本健・小川浩之訳 (2020)『冷戦――ワールド・ヒストリー 上・下』岩波書店).

White, Stephen (1992) *Gorbachev and After*, New York: Cambridge University Press.

Wilson, Andrew (2006) *Virtual Politics Faking Democracy in the Post-Soviet World*, New Haven and London: Yale University Press.

Yakovlev, Andrei (2003) "Interaction of Interest Groups and Their Impact on Economic Reform in Contemporary Russia," *Forschungsstelle Osteuropa Working Paper*, 51, Forschungsstelle Osteuropa Bremen.

Ziegler, Charles E. (2018) "Diplomacy," Andrei P. Tsygankov (ed.), *Routledge Handbook of Russian Foreign Policy*, London & New York: Routledge, 123–137.

Zubok, Vladislav (2007) *A Failed Empire: The Soviet Union in the Cold War from Stalin to Gorbachev*, Chapel Hill: The University of North Carolina Press.

【ロシア語】

Алексиевич, Светлана (2013) *Время секонд хэнд*, Москва: Время (松本妙子訳 (2016)『セカンドハンドの時代――「赤い国」を生きた人びと』岩波書店).

Ефимов, Николай (2021) *Распад СССР: 1991 год*, Москва: Вече.

Иванов, И. С. (2001) *Новая российская дипломатия: Десять лет внешней политики страны*, Москва: Олма-Пресс. (イワノフ, イーゴリ (鈴木康雄訳) (2002)『新ロシア外交――十年の実績と展望』三元社)

Коток, В.Ф. (1960) "О развитии форм сочетания народного представительства с непосредственной демократией в СССР," *Советское государство и право*, 12: 12-22.

Крыштановская, Ольга (2005) *Анатомия российской элиты*, Москва: Захаров.

Ленин, В.И. (1962) "Государство и революция," *Полное собрание сочинений*. 5 изд. Т. 33. Москва: Государственное издательство политической литературы: 1-120 (宇高基輔訳 (1957)『国家と革命』岩波書店)(原著は1918年).

Лозо, Игнац (2014) *Августовский Путч 1991 года: Как Это было*, Москва: Российская политическая энциклопедия.

Министерство иностранных дел Российской Федерации (2023) *Концепция внешней политики Российской Федерации (утверждена Президентом Российской Федерации В.В.Путиным 31 марта 2023 г.)*, https://mid.ru/ru/foreign_policy/official_documents/1860586/ (Retrieved 6 April 2023).

Паппе, Яаков (2000) *"Олигархи": Экономическая хроника. 1992-2000*, Москва: Высшая школа экономики.

Росстат（2021a）*Регионы России: Социально экономические показатели 2021*, Москва.

Росстат（2021b）*Регионы России: Основные характеристики субъектов Российской Федерации 2021*, Москва.

【日本語】

秋月俊幸（1994）『日露関係とサハリン島──幕末明治初年の領土問題』筑摩書房。

浅川あや子（2017）「ペレストロイカの下での経済改革──その成果と限界」松戸清裕ほか編『ロシア革命とソ連の世紀　第3巻　冷戦と平和共存』岩波書店、89-108頁。

安達祐子（2016）『現代ロシア経済──資源・国家・企業統治』名古屋大学出版会。

安達祐子・岩﨑一郎（2020）「現代ロシアの企業システムと産業組織」『上智大学外国語学部紀要』55号、1-35頁。

油本真理（2015）『現代ロシアの政治変容と地方──「与党の不在」から圧倒的一党優位へ』東京大学出版会。

伊藤庄一（2009）『北東アジアのエネルギー国際関係』東洋書店。

大串敦（2011）「ソ連共産党中央委員会からロシア大統領府へ──ロシアにおける半大統領制の発展」仙石学・林忠行編『ポスト社会主義期の政治と経済──旧ソ連・中東欧の比較』北海道大学出版会、79-105頁。

大串敦（2015）「議会・選挙」横手慎二編『ロシアの政治と外交』放送大学教育振興会、52-63頁。

大串敦（2017）「ペレストロイカと共産党体制の終焉」松戸清裕ほか編『ロシア革命とソ連の世紀　第3巻　冷戦と平和共存』岩波書店、171-195頁。

大串敦（2018）「重層的マシーン政治からポピュリスト体制への変容か──ロシアにおける権威主義体制の成立と展開」川中豪編『後退する民主主義、強化される権威主義──最良の政治制度とは何か』ミネルヴァ書房、159-188頁。

河本和子（2017）「利益の一体性の中の齟齬──スターリン後のソヴィエト民主主義理念」松戸清裕責任編集『ロシア革命とソ連の世紀　第3巻　冷戦と平和共存』岩波書店、113-139頁。

木村汎（2005）『日露国境交渉史──北方領土返還への道』角川書店。

本村真澄（2019）『石油・ガス大国ロシア』群像社。

久保慶一（2013）「権威主義体制における議会と選挙の役割」『アジア経済』54巻4号、2-10頁。

雲和広（2021）「ジェンダー規範に見る旧社会主義圏の特異性──ミクロデータによる接近、ロシアの場合」『ロシア・東欧研究』50号、42-58頁。

小泉悠（2021）『現代ロシアの軍事戦略』筑摩書房。

小杉末吉（2019）『ロシア──タタールスタン権限区分条約論』中央大学出版部。

酒井明司（2010）『ガスパイプラインとロシア──ガスプロムの世界戦略』東洋書店。

佐々木卓也（2011）『冷戦——アメリカの民主主義的生活様式を守る戦い』有斐閣。

佐藤史人（2014）「現代ロシアにおける権力分立の構造——大統領権限をめぐる憲法裁判の展開」『名古屋大学法政論集』255号，481-518頁。

塩川伸明（2007a）『多民族国家ソ連の興亡Ⅱ　国家の構築と解体』岩波書店。

塩川伸明（2007b）『多民族国家ソ連の興亡Ⅲ　ロシアの連邦制と民族問題』岩波書店。

塩川伸明（2007c）「国家の統合・分裂とシティズンシップ——ソ連解体前後における国籍法論争を中心に」塩川伸明・中谷和弘編『法の再構築〔Ⅱ〕　国際化と法』東京大学出版会，83-124頁。

塩川伸明（2008）『民族とネイション——ナショナリズムという難問』岩波書店。

塩川伸明（2020）『歴史の中のロシア革命とソ連』有志舎。

塩川伸明（2021）『国家の解体——ペレストロイカとソ連の最期』東京大学出版会。

竹森正孝（2003）「大統領・政府・議会」小森田秋夫編著『現代ロシア法』東京大学出版会，79-99頁。

立石洋子（2011）『国民統合と歴史学——スターリン期ソ連における「国民史」論争』学術出版会。

立石洋子（2019）「ロシアにおける第二次世界大戦の記憶と国民意識」成蹊大学法学部編『教養としての政治学入門』筑摩書房。

立石洋子（2020）『スターリン時代の記憶——ソ連解体後ロシアの歴史認識論争』慶應義塾大学出版会。

田中孝彦（1993）『日ソ国交回復の史的研究——戦後日ソ関係の起点:1945〜1956』有斐閣。

中馬瑞貴（2009）「ロシアの中央・地方関係をめぐる政治過程——権限分割条約の包括的な分析を例に」『スラヴ研究』56号，91-125頁。

富樫耕介（2015）『チェチェン——平和定着の挫折と紛争再発の複合的メカニズム』明石書店。

富樫耕介（2018）「マイノリティの掲げる「国家」が変化するとき——カディロフ体制下におけるチェチェンの現状と課題」『ロシア・東欧研究』47号，81-97頁。

富樫耕介（2021）『コーカサスの紛争——ゆれ動く国家と民族』東洋書店新社。

外川継男（1981）「北方領土の歴史」木村汎編『北方領土を考える』北海道新聞社。

鳥飼将雅（2020）「アウトサイダーの増加とそのペナルティ」『ロシア・東欧研究』49号，144-166頁。

トレーニン，ドミトリー（2014）「オバマ政権の対ロシア政策——モスクワの視点」『国際問題』630号，26-34頁。

西山美久（2018）『ロシアの愛国主義——プーチンが進める国民統合』法政大学出版局。

長谷川雄之（2016）「プーチン政権下の現代ロシアにおける国家安全保障政策の形成——『プーチン‐パートルシェフ・ライン』と安全保障会議附属省庁間委員会」『ロシア・ユーラシアの経済と社会』1009号，2-21頁。

長谷川雄之（2019）「プーチン政権下の現代ロシアにおける大統領の「権力資源」——大統領府による重要政策の指揮監督」『ロシア・ユーラシアの経済と社会』1037号，2-19頁。

長谷川毅（2006）『暗闘——スターリン，トルーマンと日本降伏』中央公論新社。

服部倫卓（2022）「ロシアによるドンバス占領経営」『ロシア NIS 調査月報』67巻12号，102-105頁。

原貴美恵（2005）『サンフランシスコ平和条約の盲点――アジア太平洋地域の冷戦と「戦後未解決の諸問題」』渓水社。

藤澤潤（2019）『ソ連のコメコン政策と冷戦――エネルギー資源問題とグローバル化』東京大学出版会。

藤森信吉（2000）「ウクライナと NATO の東方拡大」『スラヴ研究』47号，301-325頁。

藤森信吉（2022）「ウクライナの『中立』は買えた――ロシア天然資源外交の興亡」『IDE スクエア――世界を見る眼』。

プリマコフ，エヴゲニー（鈴木康雄訳）（2002）『クレムリンの5000日――プリマコフ政治外交秘録』NTT 出版。

松里公孝（2016）「クリミア問題――社会革命としての東部ウクライナ動乱，およびロシアの関与について」塩川伸明・池田嘉郎編『東大塾　社会人のための現代ロシア講義』東京大学出版会，57-76頁。

松戸清裕（2017）『ソ連という実験――国家が管理する民主主義は可能か』筑摩書房。

溝口修平（2016）『ロシア連邦憲法体制の成立――重層的転換と制度選択の意図せざる帰結』北海道大学出版会。

溝口修平（2017）「ロシアにおける1993年憲法体制の成立と変容――憲法改正なき変容から憲法改正を伴う変容へ」『レヴァイアサン』60号，79-99頁。

溝口修平（2022）「ロシアの選挙権威主義体制における地方統制――公選制のもとでの知事のローテーション」『日本比較政治学会年報』24号，175-198頁。

皆川修吾（2002）『ロシア連邦議会――制度化の検証：1994-2001』渓水社。

森下敏男（2003）「体制転換と法」小森田秋夫編『現代ロシア法』東京大学出版会，49-69頁。

山本健（2021）『ヨーロッパ冷戦史』筑摩書房。

横手慎二（2005）『日露戦争史――20世紀最初の大国間戦争』中央公論新社。

横手慎二（2015）「1993年憲法体制」横手慎二編『ロシアの政治と外交』放送大学教育振興会，24-37頁。

横手慎二（2016）『現代ロシア政治入門〔第2版〕』慶應義塾大学出版会。

吉岡潤（2017）「ソ連による東欧「解放」と「人民民主主義」」松井康浩・中嶋毅編『ロシア革命とソ連の世紀　第2巻　スターリニズムという文明』岩波書店，289-314頁。

吉留公太（2021）『ドイツ統一とアメリカ外交』晃洋書房。

人名索引

事項索引

著者紹介 （執筆順，＊は編者。①所属，②経歴，③主要業績）

河本和子（かわもと　かずこ）　　　　　　　　　　　　　［第1章／コラム6］
①一橋大学経済研究所ロシア研究センター専属研究員
②東京大学大学院法学政治学研究科博士課程修了
③「戦間期ソ連におけるコンセッションと対外経済関係——外国人の権利を通して」『国際政治』201号，2020年。
『ソ連の民主主義と家族——連邦家族基本法制定過程1948-1968』有信堂高文社，2012年。
『ロシア革命とソ連の世紀第3巻　冷戦と平和共存』（共著）岩波書店，2017年。

松嵜英也（まつざき　ひでや）　　　　　　　　　　　　　［第2章／コラム1］
①津田塾大学学芸学部准教授
②上智大学大学院グローバル・スタディーズ研究科博士後期課程単位取得満期退学
③『民族自決運動の比較政治史——クリミアと沿ドニエストル』晃洋書房，2021年。
「ウクライナにおける政軍関係の構造的変容——紛争後の国軍改革と自警団の台頭」『日本比較政治学会年報』23号，2021年。
「オレンジ革命後のウクライナにおける半大統領制の機能不全——執政部門内の紛争の発生過程の解明」『ロシア・東欧研究』47号，2018年。

長谷川雄之（はせがわ　たけゆき）　　　　　　　　　　　　　　　　　　［第3章］
①防衛省防衛研究所地域研究部研究員
②東北大学大学院文学研究科博士後期課程修了
③「プーチン政権下の現代ロシアにおける大統領の「権力資源」——大統領府による重要政策の指揮監督」『ロシア・ユーラシアの経済と社会』1037号，2019年。
「プーチン政権下の現代ロシアにおける国家安全保障政策の形成——『プーチン‐パートルシェフ・ライン』と安全保障会議附属省庁間委員会」『ロシア・ユーラシアの経済と社会』1009号，2016年。
「プーチン政権下の現代ロシアにおける政治改革と安全保障会議——規範的文書による実証分析」『ロシア・東欧研究』43号，2014年。

立石洋子（たていし　ようこ）　　　　　　　　　　　　　　　　　　　［コラム2］
①同志社大学グローバル地域文化学部准教授
②東京大学大学院法学政治学研究科博士課程修了
③「ロシアの愛国主義と自国史像——マンネルヘイムの記念彫刻をめぐる論争」『アジア太平洋研究』46号，2021年。
『スターリン時代の記憶——ソ連解体後ロシアの歴史認識論争』慶應義塾大学出版会，2020年。
『国民統合と歴史学——スターリン期ソ連における『国民史』論争』学術出版会，2011年。

＊溝口修平（みぞぐち　しゅうへい）　　　　　　　　［第4章／第9章／コラム3］
　①法政大学法学部教授
　②東京大学大学院総合文化研究科博士課程修了
　③『入門講義　戦後国際政治史』（共著）慶應義塾大学出版会，2022年。
　　『連邦制の逆説？——効果的な統治制度か』（共編著）ナカニシヤ出版，2016年。
　　『ロシア連邦憲法体制の成立——重層的転換と制度選択の意図せざる帰結』北海道大
　　学出版会，2016年。

＊油本真理（あぶらもと　まり）　　　　　　　　　　［第5章／第9章／コラム4・5］
　①法政大学法学部教授
　②東京大学大学院法学政治学研究科博士課程修了
　③『現代ロシアの政治変容と地方——「与党の不在」から圧倒的一党優位へ』東京大学
　　出版会，2015年。
　　"The Politics of Anti-Corruption Campaigns in Putin's Russia: Power, Opposition and
　　the All-Russia People's Front," *Europe-Asia Studies*, 71(3), 2019.
　　「腐敗防止の国際規範とロシア——公職者の資産公開制度を事例として」『国際政治』
　　199号，2020年。

大串　敦（おおぐし　あつし）　　　　　　　　　　　　　　　［第6章／コラム8］
　①慶應義塾大学法学部教授
　②グラスゴー大学大学院社会科学研究科政治学専攻博士課程修了
　③ *The Demise of the Soviet Communist Party*, Routledge, 2008.
　　"Weakened Machine Politics and the Consolidation of a Populist Regime? Contextual-
　　ization of the 2016 Duma Election," *Russian Politics*, 2(3), 2017.
　　"The Opposition Bloc in Ukraine: A Clientelistic Party with Diminished Administra-
　　tive Resources," *Europe-Asia Studies*, 72(10), 2020.

安達祐子（あだち　ゆうこ）　　　　　　　　　　　　　　　　　　　　　［第7章］
　①上智大学外国語学部教授
　②ロンドン大学（UCL）博士課程修了
　③「プーチン政権下における国家産業支配と企業管理——現代ロシアのインフォーマ
　　ル・ガバナンスの視点から」『比較経済研究』60号，2023年。
　　『現代ロシア経済——資源・国家・企業統治』名古屋大学出版会，2016年。
　　*Building Big Business in Russia: The Impact of Informal Corporate Governance
　　Practices*, Routledge, 2010.

富樫耕介（とがし　こうすけ）　　　　　　　　　　　　　　　　　　　　［第8章］
　①同志社大学政策学部准教授
　②東京大学大学院総合文化研究科博士課程修了
　③『コーカサスの紛争——ゆれ動く国家と民族』東洋書店新社，2021年。

「「記憶」を「記録」する――あるシベリア抑留経験者のオーラル・ヒストリー（3）」
『同志社政策科学研究』22巻2号，2021年。

『チェチェン――平和定着の挫折と紛争再発の複合的メカニズム』明石書店，2015年。

長島　徹（ながしま　とおる）　　　　　　　　　　　　　　　　　　[第9章]

①外務省国際協力局国別開発協力第一課課長補佐

②ロンドン大学スラブ東欧研究所修士課程修了

③「ロシアの二重国籍推進政策の再検討」『境界研究』13号，2023年。

「ソ連国籍はロシアに承継されるのか――90年代後半のロシアにおける国籍をめぐる議論と，その影響」『ロシア・東欧研究』49号，2020年。

"Russia's Passportization Policy toward Unrecognized Republics," *Problems of Post-Communism*, 66(3), 2019.

高橋沙奈美（たかはし　さなみ）　　　　　　　　　　　　　　　　[コラム7]

①九州大学人間環境学研究院講師

②北海道大学大学院文学研究科博士課程修了

③『迷えるウクライナ――宗教をめぐるロシアとのもう一つの戦い』扶桑社，2023年。

『アジアの公共宗教――ポスト社会主義国家の政教関係』（共著）北海道大学出版会，2020年。

『ソヴィエト・ロシアの聖なる景観――ソヴィエト・ロシアの聖なる景観』北海道大学出版会，2018年。

藤澤　潤（ふじさわ　じゅん）　　　　　　　　　　　　　　　　　[第10章]

①神戸大学大学院人文学研究科准教授

②東京大学大学院人文社会系研究科博士課程修了

③「ソ連のコメコン改革構想とその挫折――1990-91年の域内交渉過程を中心に」『史学雑誌』130編1号，2021年。

『ソ連のコメコン政策と冷戦――エネルギー資源問題とグローバル化』東京大学出版会，2019年。

"The Soviet Union, the CMEA, and the Nationalization of the Iraq Petroleum Company, 1967-1979," Anna Calori et al. (eds.), *Between East and South: Spaces of Interaction in the Globalizing Economy of the Cold War*, DeGruyter Oldenbourg, 2019.

加藤美保子（かとう　みほこ）　　　　　　　　　　　　　　　　　[第11章]

①広島市立大学広島平和研究所専任講師

②北海道大学大学院文学研究科博士課程単位取得退学

③ "Competing Sovereignty Regimes within Northeast Asia," Akihiro Iwashita, Yong-Chool Ha and Edward Boyle (eds.), *Geo-Politics in Northeast Asia*, Routledge, 2022.

「『東方シフト』のなかの方向転換――米ロ対立下のロシアの東方政策と地域秩序への

インパクト」『ロシア・東欧研究』48号，2019年。

『アジア・太平洋のロシア——冷戦後国際秩序の模索と多国間主義』北海道大学出版会，2014年。

長谷直哉（はせ　なおや）　　　　　　　　　　　　　　　　　　　　［コラム9］

①一般社団法人ロシアNIS貿易会モスクワ事務所所長

②慶応義塾大学大学院法学研究科後期博士課程単位取得退学

③「制裁下のロシア——『新たな現実』と中東へのアプローチ」『中東研究』546号，2022年。

「先鋭化するロシアの制裁対抗措置」『ロシアNIS調査月報』67巻5号，2022年。

「ロシアのガス輸出政策とガスプロム」『国際政治』176号，2014年。

岡田美保（おかだ　みほ）　　　　　　　　　　　　　　　　　　　　［第12章］

①防衛大学校総合教育学群教授

②防衛大学校総合安全保障研究科後期課程修了

③「日ソ国交回復交渉——「冷戦の受益者日本」の意味をめぐる交錯」『国際政治』209号，2023年。

「日ソ国交回復交渉の再検討——ソ連による日米安保の『受容』」『国際政治』200号，2020年。

小泉　悠（こいずみ　ゆう）　　　　　　　　　　　　　　　　　　　［第13章］

①東京大学先端科学技術研究センター講師

②早稲田大学大学院政治学研究科修士課程修了

③『ウクライナ戦争』筑摩書房，2022年。

『現代ロシアの軍事戦略』筑摩書房，2021年。

『「帝国」ロシアの地政学——「勢力圏」で読むユーラシア戦略』東京堂出版，2019年。

Horitsu Bunka Sha

地域研究のファーストステップ

現代ロシア政治

2023年8月25日　初版第1刷発行

編　者　　**油本真理・溝口修平**
　　　　　あぶらもとまり　みぞぐちしゅうへい

発行者　　**畑　　光**

発行所　　**株式会社 法律文化社**

〒603-8053
京都市北区上賀茂岩ヶ垣内町71
電話 075(791)7131　FAX 075(721)8400
https://www.hou-bun.com/

印刷：中村印刷㈱／製本：㈲坂井製本所
装幀：白沢　正

ISBN978-4-589-04279-8

Ⓒ2023　M. Aburamoto, S. Mizoguchi Printed in Japan

乱丁など不良本がありましたら，ご連絡下さい。送料小社負担にて
お取り替えいたします。
本書についてのご意見・ご感想は，小社ウェブサイト，トップページの
「読者カード」にてお聞かせ下さい。

井上 淳著

はじめて学ぶEU
—歴史・制度・政策—

A5判・228頁・2640円

現代ヨーロッパ情勢を論じるうえで欠かせないEUとはどういった組織なのか。EUが成立・発展していく歴史をひもとき，EUの運営や各種政策を易しく丁寧に解説する入門書。より理解を深めるための論点を各講末に設置。

渡邊啓貴・上原良子編著

フランスと世界

A5判・272頁・3300円

フランスと世界をめぐる事情に関心のある方を対象とする書籍。第三共和制から現代までのフランス外交史を概観したうえで，フランスと各国・地域との関係を読み解き，トピック別にフランスの政策・立場を紹介。コラム，文献案内，年表も充実。

坂本治也・石橋章市朗編

ポリティカル・サイエンス入門

A5判・240頁・2640円

現代政治の実態を考える政治学の入門書。政治に関する世間一般の誤解や偏見を打ち破り，政治学のおもしろさを伝え，政治を分析する際の視座を提示する。コラムや政治学を学ぶためのおススメ文献ガイドも収録。

稲垣文昭・玉井良尚・宮脇 昇編

資 源 地 政 学
—グローバル・エネルギー競争と戦略的パートナーシップ—

A5判・190頁・2970円

地政学的観点から資源をめぐる国際政治動向を学ぶ。「接続性」概念から地政学的な経路や障壁を俯瞰し，資源貿易が政治体制や民族問題の構図にどのような影響を与えているのかを考察。資源をめぐる世界での争いのダイナミズムを捉える視座を提供する。

益田 実・齋藤嘉臣・三宅康之編著

デタントから新冷戦へ
—グローバル化する世界と揺らぐ国際秩序—

A5判・368頁・6160円

1979年ソ連のアフガニスタン侵攻で米ソ間のデタントは終わり，両国は新冷戦に突入した。ここに至るまでの国際史的な変化と，あわせて出現していたグローバル化とを総合的に分析，冷戦期とポスト冷戦の世界の連続性を明らかにする。

―――――法律文化社―――――

表示価格は消費税10%を含んだ価格です